노동자, 쓰러지다

노동자, 쓰러지다

르포, 한 해 2000명이 일하다 죽는 사회를 기록하다

희정 지음

오월의봄

300여 명이 탄 배가 바다로 가라앉고
구조라는 말이 무성해도 살아 돌아오는 사람은 없을 때,
거대 기업의 조선소에서 8명의 노동자가 차례차례 죽어나갈 때,
나는 이 책이 소꿉장난 같다고 생각했다.

어떤 행위도 어떤 사물도 노동을 거치지 않은 것이 없다.
커다란 선박과 이를 관리하는 안전시스템 또한 노동이라는 과정을 거친다.
그 노동의 어딘가가 고장 나면
배는 가라앉고 누군가 목숨을 잃는다.
지금도 삐걱대고 있는 우리 사회의 노동에,
그리고 목숨을 잃은 모든 이들에게 이 책을 바친다.

이 책을 손에서 놓지 마세요

전수경 노동건강연대 활동가

형광등 닦는 청소 노동자

출퇴근길에 지하철 환승로를 걷다가 가끔 사진을 찍습니다. 멀찍이 떨어져서 상대방의 얼굴이 나오지 않게 조심스럽게 화면을 잡아봅니다. 사각의 철제구조물에 바퀴가 달려 있고, 서너 명의 중년 여성이 기둥을 잡고 한 여성은 합판에 엉거주춤 서서 걸레질을 합니다. 역사 천장의 형광등을 닦는군요. 여성 청소 노동자들의 시선은 일제히 천장을 향해 있습니다. 바로 아래는 계단입니다.

조악한 철제구조물이 지하철 역사마다 청소도구로 등장하는 것을 여러 차례 보아왔습니다. 천만 명을 실어 나르는 서울의 지하철에서 저 형광등을 닦을 방법이 허공에 서서, 손걸레로 닦는 방법밖에 없다네요. 사람값이 싸서, 여성 청소 노동자들의 임금이 싸서 청소용역업체는 구조물을 튼튼히 만들 필요도, 청소도구를 개발할 필요도 없나 봅니다.

대학생과 열아홉 살 공장 실습생

지난겨울의 막바지, 동해안 지방에 내린 폭설은 건축물을 무너뜨리고 대학 오리엔테이션에 참석한 학생 9명을 죽음에 이르게 했습니다. 이 사고가 일어나기 며칠 전, 졸업식을 앞둔 고3 학생이 공장에서 죽은 일이 있었습니다. 공장은 국내 최대 자동차 공장의 하청기업이었고, 원청 대기업도 눈 때문에 조업이 어려운 날이었습니다. 대학생들의 죽음도 그 시설을 운영한 대기업의 행태로 보아 어느 정도 예고된 사고였습니다. 이 부품 공장 역시 재난에 가깝게 눈이 온 날에도 늦은 밤까지 기계를 돌렸습니다.

같은 종류의 불행으로 보이던 두 사고는 다른 결말로 끝을 맺었습니다. 두 사고는 언론의 기사 양과 '보상' 금액에서 큰 격차를 보입니다. 대학생들의 죽음은 희생자가 많고 신입생환영회였다는 점에서 충격을 주었습니다. 야근을 해서 부모를 돕고 싶어했던 십대 소년의 짧은 생도 언론이 외면할 수 없는 아픈 진실을 담고 있습니다. 스무 해를 살지 못하고 공장에서 죽음을 맞이한 청소년의 이야기는 폭설로 인한 인명사고들 중 하나로 묻혔습니다. 사고 2주 후 인터넷에 뜬 소식은 고3 학생의 죽음에 대해 장례를 치르지 못하고 있다는 것과 학생이 다니던 학교에서 추모행사를 막는다는 것이었습니다. 사장은 책임을 지지 않으려 하고, 학교는 '명예가 훼손된다'는 거짓 구실로 친구의 죽음을 애도하려는 학생들을 막았습니다.

대학생들의 죽음에 수억 원의 보상금 소식을 보았을 때, 불행한 사고에 이어 보상액으로 직행하는 언론과 이를 바로 수긍하는 나 자신의 각박한 인정이 불편하긴 했습니다.

그렇지만 공장 실습생의 죽음은 왜 이런 대우를 받아야 하는지요.

사회 일부 세력은 노동이라는 말을 밀어내려 하고, 노동하는 이를 우습게 봅니다. 그러나 이들은 노동을 둘러싼 먹이사슬에는 앞장서 뛰어들면서 노동자에게 돌아가야 할 몫을 갈취합니다. 공동체의 윤리에 어긋나는 행위를 하면서도, 자본주의 체제는 이득을 취하려는 어떤 비열한 짓도 정당화해준다고 믿습니다. 사람을 수단으로 생각하고 인권을 빼앗으면서도 경제적 행위라고 생각합니다. 실습생을 죽음에 이르게 한 공장 사장, 청소년을 실습이란 이름의 값싼 노동력으로 쓰게 만드는 교육제도, 이 문제를 외면한 언론, 그리고 무뎌진 나를 돌아봅니다.

권리 없는 노동자들의 땅

노동하는 사람들에게 필요한 안전그물을 어느 정도라도 갖춘다면 막다른 골목에서 삶의 비참에 맞닥뜨리는 일은 줄어들 것입니다. 기업, 정부 관료, 법관들은 노동하는 이들이 깊은 좌절에 빠질 때까지 약간의 권리조차도 쉽게 내주려 하지 않습니다. 삶의 조건을 개선시키고자 하는 의지를 상실하길 기다리며, 결국에는 포기하길 기다립니다.

나라 곳곳에서 비정규직, 하청, 알바, 일용직, 여러 이름으로 일하는 노동자들이 무정부 상태에 가까운 권리의 흑색지대에서 일하고 있습니다. 정규직 노동자와 비정규직 노동자 사이의 노동조건과 건강상태 사이에는 좁혀지기 힘든 차이가 생깁니다. 노동과 건강에서 무권리의 지대는 점점 영토를 넓혀가고 있습니다.

여러 조사 자료를 보면 비정규직 노동자가 정규직 노동자보다 더 위험하고 더 해로운 환경에서 일하고 있는 것으로 나옵니다. 하청 노동자들이 일하는 공간에는 소음, 분진, 중금속, 유기용제가 더 많습니다. 일상생활에서 정규직 노동자들보다 병에 걸리거나 아픈 일도 더 많은 것으로 나옵니다. 직업과 관련해서, 일을 하다가 아픈 경우도 비정규직이 정규직보다 높습니다. 신체적 이상증상, 근골격계 증상 호소율, 만성 피로도가 높게 나타나고, 정신건강도 비정규직이 정규직보다 안 좋게 나타납니다. 여성 노동자만을 대상으로 조사를 한 경우에도 비정규직

여성 노동자가 정규직보다 더 아프고, 정신건강 상태가 안 좋은 것으로 나타납니다. 비정규직이 정규직보다 사망위험이 3배가 높다는 연구 결과도 있다는군요.

비정규직 노동자는 정규직보다 스트레스도 높은 것으로 나타났습니다. 직업불안정성, 직무요구도, 스트레스 정도가 높고, 직무재량도와 사회적 지지도는 낮다고 합니다. 자료가 충분치 않은 상태에서 분석한 결과들이지만, 대체로 비정규직 노동자가 정규직 노동자보다 해롭고 위험한 작업 조건에서 일을 하며, 건강상태나 정신적 안정상태도 비정규직 노동자들이 안 좋다는 것을 보여줍니다.

죽음도 외주를 주는 대기업

비정규직은 정규직보다 산재를 더 많이 경험하고, 산재로 목숨을 잃는 경우도 더 많은 것으로 나타납니다. 조선산업을 조사한 연구를 보면 사내하청 기업에서 산재와 사망이 더 많이 일어납니다. 사내하청 기업은 영세해서 자체적인 안전인력을 두기 어렵고, 위험하거나 열악한 환경에서 해야 하는 작업을 주로 맡습니다.

정부기관의 보고서에도 비정규직 노동자의 산재와 사망이 정규직보다 높게 나타났습니다. 이 조사들은 전수조사가 아니고 조사한 수가 적어 전반적인 실태를 반영한다고 단언하기는 어렵습니다. 그러나 비정규직 노동자, 불안정한 일자리에서 노동하는 사람들이 처한 현실을 설명한다고 말할 수는 있습니다.

원청 대기업은 산재를 하청업체에 떠넘기고 있습니다. 정부가 관리 감독에 손 놓고 있기에 하청기업이 산재를 감추는 일은 일도 아닙니다.

조선소의 사내하청 노동자에게 산재를 입은 후 어떻게 대응했는지 물어보았습니다. 산재보험으로 치료했다는 답은 열 명 중 두 명밖에 안 됩니다. 열 명 중 여덟 명은 회사가 임의로 치료비를 주는 공상부터 건강보험 처리, 개인비용 부담까지 있었습니다. 정부기관 조사에서도 산재를 입은 비정규직 노동자의 18퍼센트만이 산재보험을 했다는 자료가 있습니다.

외국의 자료에서도 불안정한 일자리에서 일하면 직무 불안정을 느끼고, 건강상태가 나빠진다는 연구들이 있습니다. 나라마다 비정규직의 정의가 다르고 사용된 건강지표가 다르지만 대체로 비정규직의 건강상태가 정규직보다 좋지 않다는 결과는 주요한 흐름으로 나타납니다. 임시직 노동자들이 정규직 노동자들보다 정신건강 문제에서 발병률이 더 높게 나타나고, 산재의 위험성이 더 높은데도 병가는 더 적게 사용한다는 연구 결과도 있습니다.

1989년, 미국의 석유화학기업에서 23명의 노동자가 사망하고 130명이 부상을 당하고, 7억 5,000만 달러의 피해를 입은 폭발 사고가 일어났습니다. 사고 후 석유화학산업에서 하청 노동이 넓게 퍼져 있다는 사실이 밝혀집니다. 미국 안전보건위원회(OSHA)와 에너지부(DOE)에서는 하청 노동과 산재의 관계를 밝히려고 했습니다. 미국 에너지부의 의뢰로 진행된 연구를 보면 어리고, 경험 없고, 제대로 훈련되지 않은 노동자들을 위험지대로 내몰아 사고가 높아질 수 있다고 경고합니다. 미국에서도 하청 노동자들의 산재에 대한 자료가 제대로 파악되지 않거나 새나가는 경우가 많아 신뢰할 수 없다는 지적도 많다고 합니다.

제도가 노동자를 공격한다

법제도는 쟁투와 타협의 결과물이므로 그 자체로 받들어야 할 절대성 같은 건 없을 것입니다. 제도의 보호를 필요로 하는 이들은 사회의 약자입니다. 사회의 약자를 위해서 제도는 아주 작게라도, 할 수 있는 한 계속 변화해야 합니다. 정규직 노동조합에 몸담고 있는 이들 중에는 제도의 개선과 개혁을 촉구할 힘이 있는 경우에도, 당장 자신에게 돌아올 이해관계를 계산한 후 계산이 조금 복잡해지거나 단기적인 이익을 침해하면 외면해버리기도 합니다. 그것이 다수 노동하는 사람들의 복지에 부합하는 일일지라도 놓아버립니다.

작고 옅은 울타리라도 되어줄 '현실'적이고 '구체'적인 제도들만 갖추어져 있어도 노동하는 삶에서 큰 곤란을 겪는 일은 줄어들 것입니다. 이 사회의 노동, 사회보장 관련 법과 제도는 노동하는 이들에게 공격적이고 거칩니다.

노동조합은커녕, 연대나 지원 같은 것은 기대도 할 수 없는 조건에서 노동하는 이들에게는 꼭 필요한 변화가 그들은 알지도 못하는 사이에 채택되지 않거나 기각됩니다.

바로 이 시간에도 250만에 이르는 특수고용직 노동자들에게 꼭 필요한 산재보험법 개정안이 집권당 국회의원 한 명의 방해로 국회 본회의장에 가지도 못하고 주저앉았다는 기사를 읽었습니다. 이 국회의원은 민간보험사의 이득이 줄어들까봐 법안통과를 막으려 한다는군요.

노동하는 사람들의 생명과 건강이 이렇게까지 망가지고 있는 데에는 정부가 구실을 못하는 이유도 있습니다. 기업은 노동자의 생명과 건강에 대한 투자를 비용으로 생각합니다. 어느 나라든 정부의 개입이 없으면 기업 자신이 먼저 책임지는 일은 없습니다. 우리 정부가 운영하는 산업안전근로 감독관은 영국의 8배, 독일의 6배의 사업장을 감독해야 합니다.

정부 인력이 너무 없으니 큰 기업, 작은 기업 너나할 것 없이 법을 어기고, 노동자들을 불안정한 환경에서 일하도록 괴롭히고 있어도 그 현장을 감독하기도 어렵습니다. 현재의 정부 감독 인력으로 전체 사업장을 점검하기 위해서는 23년이 걸린다는 얘기가 있을 정도입니다. 인력도 예산도 존재감이 없습니다. 노동부 안에 부서 하나 있는 지금 현실에서 노동자의 건강과 생명을 지키는 것은 어림도 없는 일입니다. 미국이나 영국처럼 노동자의 안전과 건강을 위한 독자적 행정이 있다면 모를까요.

법원과 검찰도 바꾸어야 합니다. 무수히 많은 노동자가 기업의 잘못으로 사망했지만, 법원은 기업의 편을 들어왔습니다. 너무도 관대한 법원 덕택에 기업들은 벌금 몇 푼만 내면 모든 형사 책임에서 벗어납니다. 노동자의 사망으로 그 가족의 삶은 물론 사회도 큰 상처를 입지만 기업과 경영자들은 죄책감도 미안함도 가질 필요가 없습니다. 서민들의 생계형 범죄에 대해서는 그토록 엄격한 법관들의 원칙은 어디로 갔는지요. 법원은 노동자 세 명이 한 번에 사망한 사고조차도 벌금만 내면 된다고 판결합니다. 원심에서 유죄 판결을 받은 사장님에게 대법원이 무죄 판결을 내린 경우도 있습니다.

거르고 또 거른다

위험한 노동을 하는데도 보호해주고 도와주는 복지제도가 너무 없습니다. 고용형태와 차별의 구조를 바꾸는 일은 쉽게 손대기 어려울지 몰라도, 그 안에서 일어나는 생존의 위협에 대해서는 바로바로 구제해줄 수 있어야 합니다.

사회보험제도 중에 제일 구실을 못하는 것이 산재보험입니다. 산재보험은 구멍 하나를 큼직하게 뚫어놓고 거의 모든 노동자들이 보험의 혜택을 받지 못하도록 만들어놓았습니다.

우리나라 대부분의 복지제도처럼 산재보험 역시 신청서를 내야 보험심사에 들어가게 되는데 신청서를 쓰자고 결심하는 것 자체가 일자리에서 잘릴 각오를 해야 하는 일입니다. 비정규직, 하청, 파견, 아르바이트…… 갈수록 불안정한 일자리가 늘어가니 이 현실이 고스란히 산재보험의 구멍입니다.

큰 결심을 하고 산재신청서를 썼다고 해도 또 걸러냅니다. 2중, 3중의 잠금장치를 온갖 신기를 동원해서 뚫고 들어가야 숨겨진 금고를 손에 넣는 영화들이 떠오르는군요. 직업병 인정기준에 맞추어 신청자는 전문적, 의학적 입증자료들을 내야 합니다. 크나큰 불이익을 볼 수도 있다는 걸 알면서도 산재보험을 신청한 노동자들은 그 신청 자체가 이미 산재라는 것을 입증하고도 남습니다. 건강보험과 산재보험을 갈라놓고 산재보험을 신청하려는 사람을 부도덕한 '나이롱 환자' 취급하는 것은 노동하는 사람을 업신여기기 때문이라는 생각밖에 들지 않습니다. 기업이, 사장이 산재보험료를 내니까 노동자를 억누를 권한이 있다고 생각하나 봅니다. 산재보험료는 사장이 자기 집 팔아서 내나요? 노동하는 사람들이 받아갈 몫을 떼어서 보험료를 내는 겁니다.

일을 하다 다치거나 아픈 노동자는 산재보험을 받으면 됩니다. 그런데 비정규, 영세, 하청, 아르바이트 노동자에게는 휴지 조각밖에 안되는 게 산재보험입니다.

노동자가 다치거나 아프면 무상으로 치료받아야 합니다. 기업이 돈을 더 내야 합니다. 정부는 산재가 적게 일어났다고 대기업 산재보험료를 깎아줍니다. 하청 비정규 노동자들에게 산재를 옮겨놓고 보험료를 덜 내는 꼼수가 정부 눈에만 안 보이는 걸까요? 병과 관련이 있다고 알려진 직업에 종사하면 쉽게 산재보험을 받을 수 있어야 합니다. 하나의 질병에는 여러 원인이 있습니다. 하나의 원인으로 판단하는 것 자체가 비과학, 비합리입니다. 직업병, 산재를 무슨 근거로 판단할 수 있나요. 과학, 의학의 이름으로 노동자를 밀어내고, 아픈 노동자들이 잡으려는 밧줄을 끊어버리는 제도와 이를 절대화하는 정부 관료, 전문가들은 사회보험에 개입하는 일을 그만해야 합니다. 사람을 구하려고 복지제도가 있어야 하는데 못된 제도에 맞춰 사람을 잘라내는 일을 정부와 일부 전문가들이 하고 있습니다.

한 해 백만 명의 노동자들이 일을 하다 다쳐도 건강보험으로 치료받는다고 합니다. 이러한 사정이니 건강보험은 적자에 허덕이고 산재보험은 흑자가 5조 원이라고 자랑을 하는 것이겠지요. 사회보험료를 걷어놓고 돈을 얼마나 아꼈으면 흑자가 저리 나나요?

2014년 서울에서 일어난 '세 모녀'의 자살사건은 긴 겨울을 지나며 봄이 시작되는 주말을 기다리는 시민들에게 큰 충격과 슬픔을 안겨주었습니다. 겨울은 끝나지 않았다고 말하는 것처럼요. 인터넷 댓글에서 "이 나라의 일용직이나 비정규직은 일 그만두면 바로 굶어죽게 되어 있다"는 말을 보았습니다. 그 어머니는 식당에서 일하던 중 퇴근길에 넘어져 다친 후 일을 못하게 되었다고 합니다. 그러나 우리는 알고 있습니다. 겨울철에 넘어지는 일은 흔히 있는 일입니다. 예사로운 사고로 지나갈 일이 비극의 단초가 되었습니다. 공무원처럼 출퇴근길에 산재가 적용되었다면, 어려운 신청서를 쓰지 않아도 사회복지에 구제신청을 할 수 있었다면 절망으로 떨어지지 않았을지도 모릅니다. 서류 보는 게 서툰 사람이든, 문자해독 능력이 없는 사람이든, 쉽게 손을 뻗칠 수 있어야 복지 아닐는지요.

노동자 살해하고 세금 쓰는 대기업

충청도 당진 땅에서는 재벌기업이 야심차게 짓고 있는 제철소가 있습니다. 지난 7년간 스무 명이 넘는 하청 노동자가 죽었습니다. 제철소를 짓고 쇳물을 녹이는 일에, 그 거대한 산업에 들어가는 생산 인력을 하청으로 죄다 쓰면서 일하다 죽어도 크게 신경을 쓰지 않았으니 계속 죽어간 것이지요. 이쯤 되면 고의적인 노동자 살해가 아닌가요? 노동자의 산재 사망이 기업의 살인이라고 외쳐온 저희 단체도 그 사망자 숫자에 놀랐습니다. 며칠 전에 저희 단체는 하청 노동자를 죽게 만든 죄를 물어달라고 그 제철소 사장을 고발하고 고발인 조사를 받으러 갔습니다. 노동부 공무원 말씀이 하청 노동자들이 하도 죽어서 수시근로감독, 특별근로감독이 계속 들어가니까 다른 영세 노동자들의 민원을 해결할 시간이 없다고 합니다.

못난 대기업이 하는 짓 때문에 그나마 없는 근로감독 인력이 다 그일에 매달리고 있습니다. 노동자들이 파업하면 없는 손해, 있는 손해다 끌어모아 손해배상을 하라고 아우성을 치는 게 대기업들입니다. 대기업이 하청 노동자를 쉽게 보고 계속 죽게 하니까 공무원들의 일손이 모자라고, 세금을 써서 근로감독을 계속하게 됩니다. 대기업 사장들, 재벌들은 노동자와 국민에게 손해배상을 해야 합니다.

이 책을 펼친 손

이 책을 읽은 당신은 깜짝 놀랄지도 모릅니다. 구석구석에 퍼져 있는 불안한 노동, 노동하는 사람을 수단화하는 자본의 냉혹함과 우리는 동거하고 있습니다. 작가가 만난 사람들은 노동자계급이라는 덩어리가 아니라 사람, 사람입니다. 노동자라는 이름으로 노동 내부의 격차를 무시하거나 더 힘든 처지의 노동자가 처한 불평등한 현실을 알려고 하지 않았던 것은 아닌지 돌아보았습니다.

비정규직도 다 같은 비정규직이 아니며 수백 수천의 다른 비정규 노동이 있다는 것을 이 책은 보여줍니다. 조선소에서만 하청으로 청춘을 보낸 노동자와 치킨집 배달 알바를 뛰는 청소년 노동자는 노동에서 생활에서 필요한 것이 다릅니다. 더 많은 현실을 알게 되는 일은, 다른 이야기를 품고 있는 현실 수만 개를 알게 되는 일이라는 것을 이 책은 보여줍니다.

이 책을 많은 사람들이 읽으면 좋겠습니다. 마음이 약한 독자들은 도중에 콧등이 시큰해질 수도 있습니다. 불의를 참지 못하는 독자들은 화가 많이 날지도 모릅니다.

그래도 책을 편 손에 힘을 빼지 마세요.

더 많은 불평등과 더 많은 차별 이야기를 모으는 것이 변화의 한 걸음이 될 테니까요.

차례

이상한 일, 안타까운 일, 무서운 일

이상한 일

반도기계 생산과 직원 이창석은 머리가 어지러웠다. 침조차 삼킬수 없이 목이 붓더니 호흡 곤란이 찾아왔다. 큰 병원에 입원했으나 곧 혼수상태에 빠졌다. 갑자기 쓰러진 사람은 그만이 아니었다. 그의 동료 둘도 같은 증세를 보였다. 회사 간부가 병원에 쫓아와 의사를 붙잡고 식중독이라고 했다. 의사도 아닌 사람이 왜 진단을 하며, 대체 어떤 음식을 먹어야 사람이 혼수상태에 빠지는지 모르겠지만 담당 의사는 식중독 대신 '납성 중독'이라 진단을 내린다.

어지럼증을 호소한 지 열흘 만에 이창석은 세상을 떠난다. 사망진단서에는 납성 중독이라는 단어가 적히지 않았다. 그의 병은 단순 질환으로 보고됐다.

1982년의 일이다.

안타까운 일

열다섯 살 문송면은 중학교 졸업을 앞두고 협성계공이라는 온도계 제작 회사에 취직했다. 두 달 후 설날에 고향을 찾은 문송면은 많이 아파 보였다. 열이 들끓고 걷는 것도 힘들어했다. 그러다 전신발작을 일으켜 병원에 실려 갔다. 병원을 전전했지만 병명은 밝혀지지 않았다.

가족들은 괴질이라며 무당을 불러 굿까지 벌였다.

그럼에도 효과가 없자 서울로 올라와 큰 병원을 찾았다. 서울대 부속병원에서 병명이 밝혀졌다. '수은 중독'이었다. 문송면은 수은온도계를 만드는 회사에 다녔다. 그러나 회사는 "시골서 자란 녀석이라 농약에 중독된 것 아니냐?"고 했다. 수은증기가 가득한 수은주입실에 환기시설 하나 제대로 갖추지 않은 회사가 할 말은 아니었다. 문송면이 열흘간 수은주입실에서 한 일은 유리관에 입을 대고 수은을 빨아들이는 작업이었다.

열다섯 살 소년이었던 문송면의 병이 언론에 알려지자, 직업병이 아니라고 버티던 회사와 노동부는 그제야 산업재해를 인정했다. 하지만 너무 늦었다. 제대로 된 치료를 받을 시간이 없었다. 산재 승인 3일 후, 문송면은 가족들이 잠든 사이 숨을 거뒀다.

1988년의 일이다.

슬픈 일

한 남자가 사글세방에 연탄을 피우고 스스로 죽어버렸다. 어린 자식들에게 유서로 남긴 말은 다음과 같았다.

"나 죽으면 실업급여가 안 나올 테니 니네 서른 될 때까지 사망신고 하지 말고 살아가라."

병 걸린 몸에 돈 나올 구석이 없어 죽음을 택한 그는 마지막까지 돈 걱정을 하며 떠났다. 권경용이라는 남자의 병은 이황화탄소 중독이었다. 신경을 마비시키는 이황화탄소에 중독되면 중풍 맞은 것처럼 픽픽 쓰러져 거동을 못하게 된다. 완치가 안 되는 병이었다. 자신의 병이 남은 가족을 갉아먹을 것임을 안 그는 스스로 죽음을 택했다.

아들이 죽자, 그의 아버지는 지팡이를 짚어가며 새벽녘 아들이 일한 원진레이온 공장 앞을 찾았다. 공장 앞에는 아들보다 몇 개월 먼저 간 이의 관이 놓여 있었다. 김봉환, 그 또한 원진레이온의 노동자였다. 딸의 고등학교 등록금을 내기 위해 나서다 길에 쓰러진 그는 감은 눈을 다시 뜨지 못했고, 죽은 자는 말이 없으니 회사는 직업병을 인정치 않았다. 동료들은 그의 관을 회사 앞에 두고 싸웠다. 직업병을 인정하라고 요구했다. 그곳에 일흔의 노인이 찾아왔다. 이황화탄소에 중독되어 세상을 떠난 이가 한둘이 아니었다. 레이온사를 만드는 방직기계는 이황화탄소를 내뿜었다. 이황화탄소 중독자만 1,000여 명. 기네스북은 단일 공장에서 일어난 세계 최대 규모의 산업재해로 이를 기록했다.

1991년의 일이다.

어이없는 일

솔벤트 5200에 포함된 2-브로모프로펜은 외국 어디에서도 독성을 보인 적이 없는 물질이다. 그러나 LG전자 산하 한 부품 공장에서 이 물질에 중독된 노동자들이 나왔다. 무월경증과 골다공증이라는 후유증을 보인 것이다.

2-브로모프로펜이 하루아침에 독성물질이 된 까닭은, 귤이 탱자가 된 사연과 비슷하다. 공장에는 국소배기장치(환기기구)가 턱없이 부족했다. 노동자들이 해가 지는 것을 보는 것이 일의 능률에 도움이 되지 않아서일까, 회사의 창문은 작았고 그마저도 늘 닫혀 있었다. 밀폐된 공간은 상상할 수 없을 만큼 높은 농도의 2-브로모프로펜을 만들어냈고,

이에 노동자들이 노출되었다. 이로써 한국에서 세계 최초로 2-브로모프로펜에 의한 직업병 환자가 나왔다.

2006년 일이다.

무서운 일

방직기계가 배출하는 이황화탄소를 일본 도레이 사는 알고 있었다. 지하에 폐기처분한 방직기계의 손해를 만회할 방법도 알고 있었다. 방직기계는 한국으로 팔려갔다. 기계를 사들인 원진레이온 사는 그 사실을 모르지 않았다. 독가스라 불려도 좋을 유독물질을 내뿜는 기계는 한국에서 30년을 있으며 1,000여 명의 환자(그중 사망자 60명)를 냈다. 그러는 동안 회사는 쓰러진 사람들이 술을 많이 먹고 오입질을 해 중풍이 빨리 온 거라는 소문을 냈다.

직업병임이 밝혀지고 몇 차례 사장이 바뀐 끝에 원진레이온은 1993년 폐업을 했다. 윤리적인 이유로 회사 문을 닫은 것은 아니었다. 레이온의 저조한 수익이 원인이었다. 합성섬유의 인기가 끝이 났다. 원진레이온 폐업 절차를 밟은 기업은행은 방직산업의 신흥 주자인 중국에 독가스를 내뿜는 기계를 팔았다. 일본 도레이 사와 마찬가지로 한국 정부도 손해를 만회할 방법을 알고 있던 게였다. 양심의 가책은 있었겠지만, 50억 원이라는 큰돈 앞에 그것은 잠시였다.

중국 외교 담당자들 역시 기계의 실체를 모르지 않았다. 원진레이온 직업병 문제를 해결하기 위해 모인 사회단체들이 영사관을 찾아가 항의를 한 터였다. 국가 차원의 이익이 더 크다는 외교관의 답변을 듣고 돌아와야 했다. 일본에서 한국으로, 한국에서 중국으로 기계가 옮겨가는 동안, 기계를 사들인 기업주와 정부에게 이황화탄소 중독은 비밀이 아니었다. 싼 가격으로 사들일 수 있는 기계는 오히려 선호 대상이었다.

박정희 대통령이 친히 개공식에 참석할 정도로, 섬유 수출을 시작으로 신흥국으로 도약을 꿈꾸던 한국의 욕망은 20년 후 중국에서 재현된다. 시대가 변하고, 국가가 바뀌어도, 누군가에게는 이윤이 목숨보다 귀중하다는 사실은 변하지 않는다. 중국으로 간 방직기계는 가동을 멈췄다고 한다. 멈추기 직전까지 누군가 중독시켰을지 모른다. 안타깝게도 그 노동자의 가족들도 그저 중풍이 일찍 왔나 보다 여겼을 테다.

무섭도록 우스운 일

원진레이온 사장만 천하에 나쁜 놈은 아니었다. 직원 30명의 생명을 앗아간 국내 최대의 석면 방직 공장이 있었다. 제일화학이라는 회사였다. 방직기계가 한참 돌아갔을 때는 석면이 1급 발암물질이라는 사실이 알려지기 전이었다. 하지만 국외에는 이미 알려진 석면의 위험이 국내에 알려지는 데는 30년이라는 시간이 걸렸다.

회사 경영자들은 석면 방직 기술을 국외에서 전수받을 때부터 석면의 유해성을 알고 있었다.

임원들은 유해성을 알고 있었다. 임원들은 석면 방직기를 점검하러 공장에 들르는 그 짧은 순간조차 방진 마스크를 쓰고 보호의를 뒤집어 쓴 채 무장을 했다. 우주인마냥 보호복을 갖춘 그들 옆에서 면 마스크하나 없이 노동자들은 일했다. 호흡기를 통해 들어온 석면은 그들의 폐를 굳게 했다. 제일화학에서 일한 석면 피해자는 2007년까지 추가 발생

했다.

그리고 지금

10만 원짜리 안전펜스가 없어 1000℃ 용광로 쇳물에 젊은 목숨이 빠져 죽고, 감시원 하나가 없어 선로 보수 작업을 하던 노동자들이 열차에 깔려 죽었다. 반도체 공장에서 일하다 백혈병에 걸린 노동자들은 자신들이 사용한 물질이 무엇인지조차 모르고, 타이어 공장에서는 고무 녹이는 벤젠을 20년 동안 사용한 이들이 픽픽 쓰러진다. 불과 몇 년 사이 일어난 일이다. 돈만 된다면 건강 따위는 안중에도 없는 일은 여전히 반복되고 있다.

어린 문송면이 세상을 떠나고 20년이 지난 뒤, 문송면보다 여덟 살 위인 스물세 살의 황유미가 백혈병으로 세상을 등졌다. 황유미가 일한 반도체 공장에는 수백 종의 독성물질과 여태껏 밝혀지지 않은 부산물들이 존재한다고 했다.

"회사가 유해한 물질을 쓰는지 몰랐을까요?"

딸을 잃은 황유미의 아버지는 말했다.

"회사가 알고도 그냥 둔 것이라면, 이거는 살인이에요. 살인."

사고가 아니다. 죽지 않아도 될 목숨이 죽은 것은 살인이다. 안전펜스가 있었다면 죽지 않았을 사람들, 앰뷸런스를 서둘러 불렀다면 살았을 목숨들, 유독물질을 사용하지 않았더라면 암에 걸리지 않았을 이들. 모질게 말하자면, 그들은 살해당했다.

더 이상 누구도 살해당하지 않기 위하여, 죽어간 이들의 이야기를 시작한다.

1부

위험한 일터

"삶은 죽음에 의하여 완성된다."

— E. B. 브라우닝

1

사람이 일하다 왜 죽나요?
―위험의 외주화 현장 조선소

현대중공업 협력업체 근로자 1명 추락사

현대중공업 울산조선소에서 작업 중이던 근로자 3명이 바다로 떨어져 1명이 익사했다.

25일 관련 업계에 따르면 이날 오전 10시께 현대중공업 울산조선소 안벽 내에서 건조 중인 시추선 작업을 위해 임시로 설치해놓은 발판이 무너져 협력업체 직원 3명이 바다로 추락했다.

2명은 사고 직후 동료들에 의해 즉각 구조됐다. 그러나 1명은 신고를 받고 출동한 울산해양경찰서에 의해 사고 발생 1시간 정도 후 바다 속에서 발견됐다. 이 피해자는 급히 인근 병원으로 후송됐으나 오후 12시 30분께 사망했다.

경제투데이, 2014.3.25.

위험마저 외주화하다

조선소 현장에 들어가기 전, 나는 그곳에서 무언가 충격적인 장면을 보게 되리라 기대했다. 한 사업장에서 한 달에 서너 명도 죽어나가는 곳. 한눈에 강한 인상을 받고 분노하리라 생각했다.

착각이었다. 주변 환경은 눈에 잘 들어오지도 않는다. 넘어지지 말아야지, 부딪히지 말아야지, 그 생각뿐이다. 안전모가 시야를 가린다. 안전화를 신은 걸음은 둔탁하다. 철판으로 된 바닥은 자칫 미끄러질 것만 같다. 힘을 주어 걸으니 몸이 무겁다. 내 키를 훌쩍 넘는 고철 덩어리들이 어느새 눈앞에 와 있다. 부딪혀 넘어지면 큰일이다. 사방에서 용접 불꽃이 튄다. 그리로 미끄러지고 싶진 않다. "여긴 살짝 스쳐도 전치 2~3주고, 넘어지기만 해도 중대재해"라던 조선소 노동자의 말을 그제야 이해한다.

눈에 보이는 것도 분주한데, 귀마저 평온치 않았다. 용접 소리인지 망치 소리인지 주변은 시끄럽기만 하다. 동행한 노동조합 사람이 무어라 설명을 하지만 들리지도 않는다. 일하는 몇몇이 귀마개를 한 것이 보인다. 소음을 막아줄 귀마개지만, 끼고 싶은 생각은 들지 않는다. 머리 위로 사람들이 작업을 하고 있다. 위에서 연장이 떨어질 때, "위험해!"라고 외치는 소리는 듣고 싶었다. 사고와 난청 둘 중 굳이 고르자면 난청을 선택하겠다. 그래서 대부분의 40~50대 조선소 노동자들은 난청이다. 그들은 인터뷰 내내 "예? 예?"라고 되물었다.

유달리 소음이 심한 곳은 취부 작업장. 연신 망치 소리가 난다. 목수들이 쓰는 작은 망치를 생각하면 안 된다. 무거운 것은 하나에 10킬로 그램도 나간다. 망치가 철판에 부딪히면 작업장 전체가 울린다. 동시에 안전모 속 머리가 지끈하다.

"굳이 횟수를 세본 적은 없는데…… 아침에 딱 투입되어서 절단기 불붙임과 동시에 망치질을 종일 하는 거예요. 물론 한 번 치고 10분간 다른 일을 할 때도 있지만, 한 번에 10개 정도를 안 쉬고 칠 때도 있고요."

취부 노동자의 말이다. 거대한 고철 블록 수백 수천 개가 이어져야 배의 모양을 갖춘다. 잇는 작업은 일일이 사람 손을 거친다.

"설계를 아무리 잘해도 철인지라 냅두면 수축되고 팽창이 되니까. 갖다 대면 안 맞아요. 틀어진다고요. 그럼 이걸 집어넣고 당겨서 맞춰야 된다고, 맞춰야 용접을 할 수 있으니까."

용접을 할 수 있게 자재를 펴고 잘라 모양을 맞추는 작업이 취부이다. 망치가 너무 크기에 물었다.

"괜찮으세요?"

저것을 종일 어깨 위로 쳐들어 사용한다.

"평지에서 작업을 할 때는 괜찮아요. 그런데 비좁은 공간에 들어가서 이렇게 망치질을 해야 할 때는, 자세가 안 나오니까 자칫하면 몸이 그 충격을 고스란히 받는 거죠."

나는 취부공이 말한 좁은 공간을 이해하지 못한다. 사상(그라인딩) 일을 10년 이상 했다는 하청 노동자가 말을 거든다. 자신은 파이프에 껴서 어깨 탈골을 당했단다.

"파이프 사이로 이동하다가, 그걸 못 빠져나와 몸부림치다가 어깨가 뒤로 젖혀져서 꺾였죠."

파이프에 껴서? 그 말 또한 이해 못한다. 사람 몸이 낄 정도로 촘촘히 파이프가 들어찬 공간, 아니 그 공간에서 일하는 이들의 모습이 그려지지 않는다. 그는 답답하다는 듯 말한다.

"사람 들어갈 공간만 되면 들이밀어넣고 일하라 그러는 거예요."

그의 말을 조금이나마 이해한 것은 선박 아래쪽을 보고 나서다.

배의 마지막 작업을 하는 도크장. 이곳에서 배가 완성되어 바다로 간다. 배를 가까이서 보는 일은 처음이다. 탄성부터 나오게 하는 크기다. 너비도 너비지만 제 모습을 다 드러낸 배의 높이는 엄청나다. 포클레인은 물론, 45미터 크레인이 장난감처럼 보인다. 배에 달라붙어 일하는 사람들은 점을 찍어놓은 것만 같다. 그래서 조선소 목숨이 저 점 하나 취급을 당하는 건가, 그런 생각이 들게 하는 위압감이다.

배의 크기는 상당하지만, 외벽 작업이 아니고서야 대부분은 칸칸이 나누어진 작은 공간에서 이루어진다. 배가 침수되지 않도록 선박 내부를 여러 칸으로 나누기 때문이다. 말이 선박 내부고 배 밑바닥이지, 타원형이기에 지상에서 20여 미터 이상 떨어진 곳도 있다. 건물 5~6층 높이이다.

선박 내부로 들어간다. 사다리가 놓인 위로 사람 하나가 들어갈 구멍이 보인다. 앨리스가 흰토끼를 따라 들어간 구멍 크기만 하다면 될까. 사다리를 타고 올라가니 작은 공간이 나온다. 서서 팔을 벌리면 꽉찰 공간. 3면의 벽마다 비슷한 크기의 구멍들이 뚫려 있다. 이동통로인가 본데, 몸을 숙이고야 들어갈 수 있을 정도다. 바닥에서 용접불꽃이 튄다. 납작 엎드린 채 용접을 하는 사람이 있다. 넓지도 않은 바닥은 무릎 높이의 격자로 또다시 나눠져 있다, 공간 하나마다 사람 하나가 간신히 몸을 웅크리고 들어갈 크기다. 이곳에서 쪼그려 용접도 하고 사상도 하고 도장(페인트)도 한단다.

조선소 노동자들에게 이 공간을 물어보자, 엔진 블록이라고 말해준다.

"그 정도는 큰 공간이죠."

크단다.

"말 그대로 개집만 한 데도 있어요. 솔직히 그런 공간은 몸이 받히고 긁히기도 하죠. 그거 안 부딪히고 들어가지는 못해요. 거기서는 용접이나 그라인딩도 누워서 해요. 이렇게 누워서 빙그르 돌면서."

누워서 하는 용접이라. 보호장구를 착용한다 해도 얼굴 위로 불꽃이 떨어진다고 상상하니 기분이 별로다.

그곳에서 일하는 사람들 대다수는 하청 노동자라고 한다. 하청 직원들은 주로 배 안의 좁은 밀폐 공간에서 작업을 한다. 이유는 그것이 더 힘들고 위험하기 때문이다. 매년 조선소 하청 직원 사망자 수가 늘어난 까닭은 결코 우연이 아니다.

그러고 보니 도크장에서 얼굴에 수건을 돌돌 말아 쓴 사람들을 보았다. 수건을 가리켜 뭔가요? 물으니, 먼지나 냄새를 막으려고 쓰는 거라고 했다. 마스크는 두었다 뭐에 쏠려고? 그들은 두었다 쓸 마스크가 없다. 마스크는 쉽게 더러워지는데, 하나 더 달라 하기에도 눈치가 보인다. 수건으로 돌돌 말아 눈만 내놓은 사람들, 하청업체 직원들이다.

이들에게 위험한 일이 몰리는 것은 당연하다. 조선소에서 만난 한 젊은 정규직 노동자는 자신을 도장에 15년 만에 들어온 신입이라고 소개했다. 원청회사는 예전만큼 사람을 뽑질 않는다. 기존 노동자들은 늙

모습을 드러낸 배의 크기는 엄청나다. 달라붙어 일하는 사람들은 점을 찍어놓은 것만 같다.
그래서 조선소 목숨이 저 점 하나 취급을 당하는 것일까.

어간다. 오십 줄에 들어선 정규직 노동자들은 힘든 일을 꺼린다. 노동자들이 위험한 일을 거부하는 것은 당연한 권리다. 다만 특정 계층에게 위험이 전가되는 것을 눈감는 일은 치사하다. 원청회사는 귀찮은 일도, 자사 직원들의 저항도, 위험도 피하기 위해 하청 직원들을 위험한 작업으로 몰아넣는다. 누군가의 말이 맞다. "원청업체는 위험마저 외주화하고 있다"[1]고.

운이 좋으면 사고는 안 날 수 있지만

안전관리 직원이 점검을 도는 시간, 하청업체 반장이 와서 노동자들에게 말한다.

"어이, 작업 좀 멈춥시다. 알아서 딴 데들 있다 와요."

노동자들이 순순히 자리를 피한다. 숨는 것이다. 안전관리 직원 눈에 띄면 피곤해진다. 안전관리 직원이 하는 일은 매뉴얼에 따르지 않는 편법 작업들을 잡아내는 것. 도장 작업 옆에서 용접을 하고 있는 노동자를 발견하면, 안전관리 직원은 훈계를 한다.

"여기서 용접하면 안 된다는 거 모릅니까?"

"알죠."

스프레이로 페인트칠을 하는 도장 작업은 가스가 잔류하게 마련인데, 이것이 용접 불꽃과 만나면 폭발 화재를 일으킨다. 안전관리 직원은 다시 묻는다.

"그런데 왜 합니까?"

1 한국일보, "위험마저 영세 노동자에 하청하는 대한민국", 2012.4.26.

용접공은 속으로 생각한다.

'당연히 안 되지. 안 된다고 맨날 듣는데. 그런데 왜 했냐? 나야 뭐, 반장이 시켰으니까 했지. 그럼 시키는데 목줄 내놓고 안 된다 하나.'

그가 속으로 삭이는 사이, 벌금 스티커가 발급된다. 시킨 대로 일한 것밖에 없는 용접공은 억울하다. 일이 바쁘면 하청업체 반장들은 뭐든 시킨다. 감전 위험이 높은 장마철에도 천막 치고 용접을 할 정도다.

고기술 분야를 선점한 유럽과 노동력이 값싼 중국을 견제하기 위해 한국의 조선업은 저가 수주를 유지한다. 낮은 가격에 배를 만든다. 줄 어든 수익을 만회하기 위해 무리하게 수주를 받는다. 비용을 줄이기 위 해 최대한 짧은 기간에 제작을 끝낸다. 속도와 불법이 공존한다. 그러 나 노동조합 사람은 수주가 없을 때도 한가한 것은 아니라고 했다. 그 는 "이상하죠?"라고 물어왔다.

"일이 많으면 바쁘게 움직여야 하고, 일이 없으면 더 시간을 맞추어 야 하는 거예요. 물량이 없을수록 정신이 흐트러지면 안 된다고, 위에 서 그러는 거죠."

시간이 우선이다. 돈을 들어오게 하는 것이 시간이니, 한가할 때도 시간에 대한 강박을 가져야 한다고 교육한다. 출근시간과 점심시간을 엄수하라는 명이 내려온다. 평소에도 이럴지니 하청업체는 납기일 맞 추는 데 목숨 걸 수밖에 없다.

수백 개의 업체가 들어와 서로 빠듯한 납기일을 맞추겠다고 하다보 니, 한 공간에 2~3개 혼재 작업이 이루어지는 일은 비일비재다. 조선소 폭발 사고는 대부분 이런 연유에서 일어난다. 그럼에도 동시 작업이 성 행한다. 당연한 것이 운이 좋으면 사고는 안 날 수 있지만, 안전수칙을 지키면 100퍼센트 납기일을 못 맞추기 때문이다. 원청의 안전관리 직원도 물량이 촉박한 시기나 장마철에는 모습을 드러내지 않는다. 그때는 정말로 불법(산업안전보건법 위반)이 팽배하기 때문이다. 작업 현장에서 안전은 딱 이 정도로 취급된다. 개인의 책임으로 돌려지고, 생산성에 밀리다보면 아무것도 아닌 것이다. 조선소 곳곳, '안전제일'이라는 표어가 붙어 있다. 그 옆에는 '무리하지 말자, 서두르지 말자, 대충하지 말자'라는 3불(三不) 표어가 있다. 현장에서 정말 불가능한 3가지라는 하청업체 노동자의 설명이 따라온다.

"회사(원청)는 납기일 안에만, 요 기일 안에만 블록이 생산만 되면, 그다음에는 무엇도 신경을 안 써요. 무조건 오더(order)를 내리는 거예요. 수단 방법을 안 가리고 업체는 해야 하는 거고."

그러나 원청도 신경은 쓴다. 중대재해 사고는 원청에게 피곤한 일이다. 2011년 12월, 밀폐된 공간에서 작업하던 4명의 노동자가 폭발 사고로 사망하였을 때, 원청 세진중공업은 속이 타들어갔다. 죽은 이 중에는 20대 청년도 있고, 장난감 사오기를 기다리는 어린아이들의 아빠도 있었지만, 세진중공업은 좀 다른 의미에서 속이 탔다. 그들은 노동부에 요구했다.

"배가 나가야 하니 작업 중지를 풀어달라."

사건 현장 보존을 위해 중대재해가 나면 사고 구역의 작업이 중지된다. 그러면 납기일에 차질이 생긴다. 게다가 산업재해가 '공식적으로' 발생하면, 안전보건시스템(kosha 18001) 인증이나 무재해 사업장에게 주는 자율점검 권한[2]이 해를 입을 수 있다. 산재사업장으로 관리되어 노

---

2 노동부는 2006년부터 조선업종에 한해 자율안전관리제도를 도입했다. 이는 사업장의 안전관리를 노사가 함께 평가하고 우수 업체로 선정되면 안전보건감독을 면제해주는 제도이다.

동부로부터 안전시설을 점검받는 것이 원청 입장에서는 시간과 자금 낭비이다. 그러니 무재해여야 한다. 조선소가 안전시설에 신경을 쓰는 이유다.

사고는 일어나지 않아야 하는데, 사고를 예방하는 안전시설은 생산 속도를 더디게 한다. 사다리 하나를 설치하더라도 미끄럼 방지 장치를 설치해야 한다. 설치하는 일에 돈이 들고, 작업마다 장치를 작동시키느라 시간이 든다.

"원청에게 안전하게 일한다는 것은 비효율성이 증가한다는 말이에요. 그러니 꺼려하고. 그러다보니 산재를 막는 데 한계가 생기는 거지요."

그 한계를 원청회사는 새롭지 않은 방식으로 메운다. 산재 은폐. 벌어진 산재를 없었던 일로 만드는 것이다.

대기업 산하 사업장이라 병원과 119 소방서가 들어와 있다. 그런데도 사고가 나면 신고조차 되지 않는다. 죽음이 임박한 순간에도 노동자는 트럭으로 병원에 이송된다. 2014년 3월 현대중공업 하청 노동자가 작업 중 추락해 바다에 빠진 일이 있었다. 회사의 안전관리팀은 사건이 발생한 지 한 시간이 지나도록 119 구조대를 부르지 않았다.[3]

조선소 노동자들은 말한다.

"앰뷸런스 부르면 그게 기록에 남으니까. 그러면 산재거든요. 또 노동자가 공장 안에서 죽으면 안 돼요. 공장에서 죽으면 중대재해가 되니까. 죽기 전에 빨리 옮기는 거죠."

산업재해로 기록되는 것을 막기 위해 숨을 못 쉬는 사람이, 장이 파열된 사람이, 머리가 깨진 사람이 트럭에 옮겨져 공장 밖으로 내보내진다.

---

3 2012년 9월에는 현대중공업 하청
노동자가 심장질환으로 쓰러진 후
탈의실에서 한 시간 동안 방치되었다가
트럭으로 이송된 사건이 있었다.

더울 땐 더운 데서, 추울 땐 추운 데서
일하는 사람들

고철 덩어리들은 초가을 햇볕을 그대로 받아냈다. 미관을 위해 심은 것인지, 산을 파내고 현장을 만든 것인지 뒤편에는 숲이 울창한데, 조선소 안은 나무 한 그루 찾아볼 수 없다.

점심시간에 건물 뒤편으로 갔다가 일렬로 늘어앉은 사람들을 보고 놀란 일이 있다. 곧 건물 뒤 처마마다 저렇게 그늘 안에 몸을 웅크리고 휴식을 취하는 사람들이 있다는 것을 알게 되었다. 휴게 공간은 보지 못했다. 휴게실은커녕 사람들은 배 위에서 점심때까지 내려오지도 못한다. 점심시간이 되자 직원들이 나와 '시간 엄수'라고 적힌 현수막을 들고 선다. 화장실도 없는 배 위에서 12시가 땡 치기 전까지는 내려오지 말라는 것이다.

12시가 되면 노동자들은 배 위에서 내려와 길게 줄을 서 점심 배급을 받는다. 그것을 후딱 먹어치우고 그늘 안으로 몸을 숨긴다. 나는 이들을 보며 MBC 프로그램인 〈무한도전〉의 박명수가 한 말을 떠올렸다. 세속적인 캐릭터로 나오는 박명수는 수능시험 응원을 해달라는 고3 학생에게 이렇게 말했다.

"공부해. 안 그러면 더울 땐 더운 데서 일하고, 추울 땐 추운 데서 일한다."

안타깝게도 이들은, 그리고 대부분의 사람들은 더울 때는 더운 데서 추울 땐 추운 데서 일한다. 그들이 어딘가 모자라 더운 곳 추운 곳에서 일하는 것이 아니다. 누군가 이들에게 휴게 장소를 주지 않았다. 누군가 이들을 트럭에 태우고, 위험으로 내몰았다. 누군가 더울 때 더운 데서 추울 때 추운 데서 일해야 하는 환경을 주었다.

　그곳에서 나는 이러한 노동과 환경에서 벗어나기 위해 몸부림치는 청춘들을 볼 수 있었다. 우연히 하청 노동조합 모임에 참석할 기회를 얻은 것이다. 노동조합 지회장에게 산업재해를 당한 적 있는 사람과 이야기를 하고 싶다 하니, 아무나 붙잡고 말하면 된다고 했다. 조선소 노동자 중 어디 한 군데 아프지 않은 사람이 없다고 한다. 멀뚱히 앉아 있는데, 저편에 젊은 노동자가 보였다. 유독 말수가 적어 눈에 띈다. 아니 사람들과 어울리고 싶지 않아 하는 기색이 역력해 눈이 갔다.

　그는 조선소에서 운영하는 직업훈련소를 졸업하고 하청업체에서 몇 년째 일하는 중이라 했다. 대형 조선소들은 저마다 직업훈련소를 갖추고 있다. 훈련소는 3개월가량의 실습이 끝나면 졸업생들을 각 하청업체로 배치한다. 하청업체에 일정 기간 이상 머무는 것이 정규직 지원의 암묵적인 조건이라 했다. '윤식'이라 부를 그 젊은 노동자는 정규직 채용을 기다리고 있다. 아니 바라고 있다. 선배들이 헛된 꿈이라 지적해도, 그는 한마디 말로 정리했다.

　"버티면 될 겁니다."

　버틴다. 그 말이 잊히질 않아, 윤식의 이야기를 해보도록 한다.

윤식 이야기

아는 형님이 하도 성화라 오긴 왔다만 윤식은 자리가 영 불편했다. 번번이 거절하기도 뭣해 이번 한 번 만이라는 다짐을 받고 따라나선 참이다. 모임 자리에 와서도 윤식은 떨떠름한 기색을 숨기지 못했다. 사람들이 말을 걸어오는 것조차 불편하다. 노동조합을 어떻게 생각하냐, 그런 질문이 오지 않길 바랄 뿐이다. 뒤로 넘어져도 코가 깨진다고, 재수 없어 회사 사람들 눈에 띄기라도 한다면. 생각이 여기에 미치자 윤식은 울컥 짜증이 치밀었다.

그런 윤식을 보다 못한 형님이 달래듯 말을 걸었다.

"재미없나?"

"재미있고 없고 할 게 뭐 있습니까."

형님이라 부르긴 해도, 작은아버지뻘인 사람에게 윤식은 퉁을 놓고 만다.

"윤식이 너는 그럼 뭐할 거냐?"

뻔히 알면서도 번번이 저리 묻는 형님이다.

"기다려야죠."

"뽑힐 거 같냐?"

"발표 얼마 안 남았어요."

"그게 되겠냐."

조선소 훈련소를 졸업하고 2년이 지났다. 협력업체에서 1년 이상 일해야 조선소 정규직원이 될 기회가 주어진다고 하여, 윤식은 협력업체 직원으로 2년을 살았다. 정규직원 채용 발표가 얼마 안 남았다.

"버티다보면 되겠죠."

버티면 좋은 날이 올 거다. 그러니까 여기는 잠깐 있다 가는 곳이다. 외떨어져 있던 기자인 듯한 여자가 대화를 듣더니 다가와 물었다.

"훈련소를 거친 사람이 얼마나 되나요?"

형님이 나서서 답한다.

"일 년에 한 번 뽑고 이런 게 아니에요. 분야별로 일 년에 3, 4번은 뽑는데 한 기수당 300명 정도 배출되지, 아마?"

"그 계산이면 한 해 졸업생만 천 명이 넘네요."

"문제는, 정규직을 한 200명 채용한다 할 때, 그 천 명 중 200명이 정규직이 되는 게 아니라는 건데. 올해 훈련소 졸업한 사람들이 있고, 작년에 졸업하고도 정규직 못 된 사람들이 재수를 해서 기다리고, 재작년 사람들이 삼수를 해서 기다리고…… 그게 되겠냐?"

마지막 말은 윤식을 향해서다. 여자가 거들었다.

"정말 바늘구멍이네요."

윤식은 생각했다. 저 기자라는 여자, 재수 없다고.

애초에 조선소 도장공이 꿈이었던 것은 아니다. 윤식은 대형 조선소 옆에서 자랐다. 원청이든 하청이든 가족에 친척에 하다못해 친구 아버지라도 조선소에 다니는 지역이다. 학교를 마치고 윤식은 작은 부품 회사에도 있어보고, 에어컨도 고쳐보았다. 그러다 하청에서 일하던 사촌형이 정규직으로 채용됐다는 소식에 부랴부랴 조선소 직업훈련소에 들어갔다.

훈련소 동기들은 수군거렸다. 이곳에서 1등을 해도 정규직으로 뽑히는 놈은 따로 있다고. '빽'이 중요하다는 게였다. 그런 동기들에게 '그런데 왜 여기서 이러고 있냐'고 핀잔을 줘도, 윤식 또한 가진 것 없는 처지가 서러웠다.

훈련소 생활을 마치고 하청업체로 간 날, 현장 견학이라며 봉지 하나 주더니 쓰레기를 줍게 했다. 하루가 이렇게 끝나나 했는데, 일손이 모자랐는지 배 위로 올라가라고 했다. 그곳에 사람 하나가 페인트 통을 긴 막대로 휘젓고 있었다. 제법 나이가 든 남자였다. 남자가 페인트 통에 호스를 집어넣자 페인트가 쿨럭 소리를 내며 호스를 따라 선박 내부로 내려갔다. 윤식을 본 남자는 "왔냐?" 하고는 "저기 빨간 페인트 좀 갖고 와라" 했다. 이름 정도는 물어볼 줄 알았던 윤식은 얼떨결에 남자와 좀 떨어진 곳에 쌓인 페인트 통 하나를 들었다. 무게가 대단했다.

그것을 열댓 번 옮기고 나니, 이번에는 남자가 막대기를 윤식에게 건넸다. 또 얼떨결에 받아들었다. 남자는 신나와 약품 몇 개를 페인트 통에 붓더니 섞으라 했다. 뭘 어찌 할지 모르니 막대를 위아래로 휘저었다. 첨벙첨벙 소리만 요란하고, 페인트는 막대를 따라 마구 튀어 온몸에 달라붙었다. "아예 쏟아버려라. 버려." 남자는 핀잔이나 놓았다. 그 사람이 바로 윤식이 형님이라 부르는 김씨였다. 첫날 윤식을 그리 골리더니 그 뒤로는 제법 다정히 굴어주었다. 알고 보면 정이 많은 사람이었다.

일하며 제일 듣기 싫은 말은 '윤식아'였다. 윤식아, 이것 좀 옮겨라. 윤식아, 니가 갔다 와라. 윤식은 업체에서 막내였다. 잡일은 다 자신의 몫이었다. 특히 선실 내부 작업을 할 때, 배 위 선풍기가 꺼져 있나 보고 오라는 말이 그렇게 싫었다. 밀폐된 공간에서 페인트 작업을 하다보면 가스가 찼다. 그래서 환기를 위해 선박 위에서 커다란 선풍기를 틀어 비닐호스를 통해 아래로 바람을 넣어줬다. 그런데 비가 오면 감전 위험이 있다며 안전요원들이 선풍기를 껐다. 아래서는 것도 모르고 일을 했다. 한참 일하다보면 머리가 아프고 눈이 따가웠다. 그럼 사람들이 윤식아, 하고 불렀다. 올라가보라는 이야기다.

배 하나의 높이가 건물 서너 층. 그곳을 사다리를 타고 올라가면 10분이 넘게 걸렸다. 윤식은 끙, 소리를 내며 자리에서 일어섰다. 사다리를 타고 올라가 홀 위로 머리만 내놓고 "형, 선풍기 좀 켜줘요. 우리 아주 질식할 뻔했어!" 빽 소리를 지르고 내려가면, 작업장 형이 따라 내지른 소리가 홀 안에 울려왔다. "내가 껐나? 끄고 가는 걸 어쩌냐." 안전요원들의 관심은 보이는 곳의 안전이었다.

다들 그러고 일했다. 이래야 하는구나. 힘들지만, 이래야 하는구나. 윤식도 그렇게 일했다. 그러다 물탱크 작업 중 떨어지는 사고가 있었다. 적어도 1층 높이였다. 미끄러져 등부터 바닥에 부딪혔으니, 충격이 대단했다. 아이고, 죽는 소리를 내며 고개를 돌렸는데 오른손에 페인트와 붓이 그대로 들려 있었다. 그 순간 드는 안도감이란. 페인트가 쏟아졌으면 자신과 동료들은 작업을 처음부터 다시 해야 했다.

조장이 와서 "거 조심 좀 하지. 괜찮나?" 한마디 했다. 윤식은 대꾸 없이 자신이 일하던 곳을 올려다봤다. 발 하나가 다 들어가지도 않는 너비의 좁은 널빤지에 두 발 놓고, 한 손으로 페인트 붓을 다른 한 손으로는 널빤지를 붙들고 하는 작업. 그렇게 조심하며 일하길 바라면 족장(비계. 높은 곳에서 공사를 할 수 있도록 임시로 설치한 가설물)이라도 쳐주던가. 윤식은 할 말이 많았다. 하지만 할 수 있는 말은 없었다. 반장이 등을 쓱 보더니 파스 붙이고 며칠 쉬면 되겠네, 했을 때도 할 말이 없었다. 입을 여는 것은 정규직 입사에 도움이 되지 않았다. 공상[4] 이틀 받고 끝냈다.

회사로 돌아오니, 이번에는 김씨 형님이 안 보였다. 작업 중 파이프에 몸이 끼여, 빠져나가려다 어깨를 다쳤다고 한다. 회사에서 2주 공상처리를 했다. 회전근개 파열이라는 진단을 내리며 의사가 물었단다. "어쩌다 그랬습니까?" 형님은 말했다. "자전거를 타다 그랬습니다." 근무시

---

4 원래 공상이라 함은 공무(公務)로 인하여 입은 상처를 의미하는 말이지만, 보통 산업 현장에서 공상처리라 하면 산업재해보상보험을 신청하지 않고 회사나 개인이 비용을 들여 업무 중 재해를 치료하는 일을 말한다.

간에 작업복 떡하니 입고 와 하는 말을 담당 의사는 그대로 믿었다.

그런데 형님이 2주가 지나도 일을 나오지 않았다. 통증이 여전하다고 했다. 회사는 복귀하지 않으면 무급처리를 하겠다고 했고 형님은 결국 일을 나왔다. 일주일 후, 어깨가 다시 탈이 났다. 수술까지 해야 했다. 형님은 산재처리를 하겠다고 했다. 회사에서 억지로 불러다 일을 시켜 악화된 것이니 억울해서라도 산재신청을 하겠다는 게였다. 형님은 산재를 인정받았다. 그리고 해고됐다.

그때부터 형님은 노동조합을 찾았다. 조선소 하청 노동조합을 통해 산재요양기간 중 해고가 불법이라는 사실을 알게 되었고, 해고 취소도 받아냈다. 그러나 회사는 출입증을 내주지 않고 있다. 김씨 형님은 노동조합 활동을 시작하고 나서부터 윤식을 못살게 굴었다. 자꾸 노동조합 모임에 같이 가자고 했다. 결국 끌려온 윤식이었다.

술자리가 끝날 즈음, 누군가 돌아가며 한마디씩 하자고 제안했다. 나이든 노동자가 일어섰다. 윤식처럼 노동조합 모임에 처음 온 사람이다.

"솔직히 말하자면, 저는 나이도 있는데 자식들은 다 크지도 않았습니다. 솔직히 저는 못하겠습니다."

형님과 몇이 괜찮다 괜찮다, 한다. 할 수 있는 사람들이 하는 거지. 맞은편에 있던 젊은 사람이 벌떡 일어난다. 윤식 또래다.

"우리 언제까지 이러고 살아야 합니까. 좀 바꿔보자고요. 이제 좀 그러자고요!"

그가 외치는 소리가 메아리 없이 사라진다. 밤도 깊지 않았는데 다들 자리를 털고 일어선다. 내일 일을 가야 한다.

하이 리스크 하청 인생

'버티면 되겠죠.'

진취적으로 보이는 이 말은 젊은 노동자들의 손과 발을 묶는다. 하청 인생들을 두고 '하이 리스크 로우 리턴'(위험이 크지만 보상은 적다)이라 한다지만, 조선소의 젊은이들에게는 자신의 권리를 주장하는 것이 정규직원으로 채용될 기회의 하이 리스크(high risk)로 여겨진다. 그들은 하청 인생이 진짜 위험임을 알았다. 그래서 하청을 벗어나기 위해 애썼다.

그러나 내가 돌아본 조선소는 정규직의 천국이 아니었다. 그들이라고 처지가 크게 다를 건 없어 보인다. 정규직 도장공으로 일하는 이를 만났다. 서른이 갓 넘은 그는 허리가 불편하다고 했다. 일이 몰려 무리를 했더니 디스크가 온 것이다. 산재처리를 하겠다 하자, 회사는 그게 왜 일 때문이냐고 했다. 결국 몇 달 물리치료 받고 말았다. 눈에 보이는 사고가 나지 않는 한 동료들도 다들 그런 식으로 처리한다 했다.

"아무래도 산재는 회사에 해를 끼치는 것이라…… 생각을 하니까요."

아픈 허리를 염두에 두어, 그에게 일을 하며 힘든 것이 무엇이냐고 물었다. 그러나 그는 집에 가 갓난아이를 안지 못하는 것이라고 했다.

"보호구를 아무리 착용한다고 해도 틈 사이로 다 들어와요. 손이라든지 얼굴에 다 묻고. 비닐장갑 끼고 그 위에 장갑을 껴도 입자가 미세하다보니 벗으면 손톱이라든지 이런 데 다 끼고. 집에 가면 아무리 씻어도, 아이를 쉽게 만지지 못하죠."

그 또한 하청을 전전하다 운 좋게 정규직 채용이 되었다. "아무래도 임금은 이곳이 제일 만족할 만하니까." 그가 버티는 까닭은 이 때문이다. 그는 윤식이 그토록 되고 싶은 정규직의 모습일 것이다.

산업재해를 취재한다니, 한 이[5]가 물어왔다.

"울산에 정형외과가 몇 개인지 알아요?"

울산 동구에만 정형외과가 서른 개 남짓이란다. 구 단위로는 전국 최대 수이다. 유독 다치는 이가 특정 지역에 많은 것도 신기한데, 한낮에 작업복을 입은 채 병원에 찾아와 환자들은 다친 까닭을 이리 말한단다. 자전거 타다 넘어져서요, 길 가다 부딪혀서요.

"어떤 사람은 그라인더 철 조각이 튀어서 눈에 철심이 박혔어요. 달궈진 철이니까 그게 각막을 태워 달라붙어요. 이걸 철심이 박혔다, 얘기 하는 건데. 잘못하면 실명이 될 수도 있는 건데. 눈에 철이 박혀가지고도 여기 노동자들은 병원 가서 자전거 타고 가다가 그리 됐다고 얘길 해요."

의사들은 모를 리 없지만 모른 척하고, 노동자들은 절대 일하다 다친 것이 아니라 박박 우긴다. 언론이 귀족이라 부르길 마다 않는 정규직 노동자들마저 그러하다. 호봉, 승진, 자리 보존 등 여러 이유가 있지만 가장 직접적인 것은 반장 눈치 때문이다.

그는 지금의 조선소 상황을 이리 말했다.

"옛날엔 팀장이 갖고 있었던 권한이 지금은 반장에게로까지 넘어왔어요. 민주노조 만들고 노동조합이 잘나갔을 때는 노동자들이 직접 반

5 현대중공업 사내하청지회 전 사무국장 이승렬 씨와의 인터뷰 내용의 일부이다. 더불어 이 장은 현대중공업 하창민 지회장 및 대우조선의 전·현직 노동조합 간부들과 현장 노동자들의 인터뷰를 통해 이루어졌다.

장을 선출했거든요. 그런데 이를 역전시키기 위해 회사가 반장한테 권한을 주기 시작한 거예요. 노동자들이 가진 힘이 많이 약화된 것이 있고. 반장한테 밉보이면, 자기 삶에 절반 이상을 보내야 되는 공장 생활이 힘들어지는 거죠. 산재 문제는 특히 더 그렇고."

밉보이면 고달프다. 자기 인생의 절반을 보내는 회사다. 골리앗 투쟁으로 대표되는 조선소 노동자들의 힘은 이미 작업 현장에서 사라졌다. 피곤해지고 싶지 않으면, 회사가 싫어하는 것을 하지 말아야 한다. 회사는 산재 문제를 싫어한다. 그 순간 산재는 단순 사고로 둔갑한다.

하청 또한 원청의 시달림을 받고 싶지 않다. 시달림 정도가 아니다. 맨아워(man-hour, 3년 이상의 숙련자가 한 시간 동안 할 수 있는 작업 분량으로, 원청과 협력업체는 이 맨아워를 가지고 단가계약을 한다) 같은 실질적인 비용 문제가 걸려 있다. 원청에도 '없는' 산재를 낸 하청에게 누가 예쁘다고 맨아워 여유분을 주겠는가. 그래서 하청은 산재신청을 하겠다는 노동자를 내쫓는다. 하청 노동자들에게 산재는 더더욱 단순사고다.

둔갑술의 원인은 더 있다.

"산재로 접수되면 의료보험 혜택이 안 되니까 자기가 부담할 병원 비용이 커지는 거예요. 그래서 대부분 의료보험으로 처리하기 위해서 불가피하게 거짓말을 하는 거죠. 산재가 될지 안 될지 모르는 상황에서 내 돈을 들여서 치료를 받을 수는 없는 거니까."[6]

산재보험은 신청 후 보상제도이기에 치료비는 우선 개인이 부담해

---

6 2012년 3월 현대중공업 사내하청 노동조합(사내하청지회)은 울산 동구의 10개 병원을 찾아 산재로 보이지만 개별 치료를 받고 있는 환자들을 조사했다. 열흘 동안 106건을 발견했다. 병원 하나당 10명의 환자가 하루 1명꼴로 들어온다는 것이었다. 그것도 산재를 숨긴 채. 이 중 40건이 작업 중 당한 사고임이 확인됐다. 사내하청 노동조합은 원·하청업체가 산재 신고 의무를 위반했다며 고용노동부에 진상조사를 요청했다.

"우리 언제까지 이러고 살아야 합니까. 좀 바꿔보자고요. 이제 좀 그러자고요!"
그가 외치는 소리가 메아리 없이 사라진다. 밤도 깊지 않았는데 다들 자리를 털고 일어선다.
내일 일을 가야 한다.

야 한다. 이를 흔쾌히 부담할 개인은 없다. 나날이 떨어지는 근로복지
공단의 산재인정률은 이런 현상을 더욱 부추긴다.

"의료보험, 연금보험은 맨날 적자라고 그러잖아요. 고갈된다고. 그
런데 국가가 관리하는 보험 중 산재보험만 흑자예요."

2011년 근로복지공단은 1조 원가량의 흑자를 냈다. 우스운 이야기
로, 조선소 지역에서 산업재해를 밝혀내는 유일한 국가기관은 국민건
강보험공단이라고 한다. 산업재해를 당해놓고도 산재보험이 아닌 의료
보험 혜택을 받는 이들이 많아, 적자에 시달리는 국민건강보험공단이
이런 환자들을 찾아내어 산재신청을 종용하는 일까지 벌어진다. 이런
아이러니는 산재를 은폐하는 기업과 이를 방조하는 국가 덕분이다.

2003년 상반기 조선업계에서 산재 은폐는 적발된 건수만 삼성중공
업 53건, STX조선 13건, 현대미포조선 5건, 대우조선해양 1건 등 72건
에 이른다. 이것은 빙산의 일각. 노동부 자체 단속으로 은폐가 적발되
는 경우는 극히 드물다는 것이 노동자들과 관계자들이 입을 모아 하는
소리이다. 이마저 적발 후 회사가 사법처리된 것은 겨우 5건. 나머지는
경고에 그쳤다. 사법처리라고 해봤자 대부분 300만 원 미만의 벌금형
이 전부였다.[7]

윤식이 나간다

배가 높잖습니까. 그 큰 배에다가 오색 테이프를 칭칭 감아가지고, 도
끼로다가 테이프를 탁 치면 비둘기들이 파드득 날아갑니다. 배가 착

7 김광수, "조선업체 '산재 은폐' 건강보험
재정 축낸다", 한겨레, 2004.11.7.

50

미끄러져 바다로 나가는데, 그게 진수식입니다. 참 멋있습니다. 물줄기가 양쪽으로 수십 미터를 솟구치고 배가 세상에 첫 고동소리를 울립니다. 고동소리가 들리니까 조선소 아저씨들이 갑자기 조용해지더니 담배에 불을 붙여서는, 태우는 게 아니라 철판에 올려놓습니다. 그리고 저한테 하시는 말씀이 '윤식이 나간다' 이래요. 배 만들 때 죽은 노동자가 윤식이였더랬습니다. 그때부터 고동소리가 들리면 '아 저 배 만들 때 누가 죽었지, 누구 손가락이 잘렸지' 하는 생각이 제일 먼저 들었는데요. 다섯 명이 죽어야 배 한 대가 나간다고 했드랬습니다.

김진숙 지도위원의 강연 내용 중 일부이다.[8] 그녀는 1986년 한진중공업에 입사한 최초의 여성 용접공이다. 당시 그녀는 "윤식이 나간다"는 그 소리를 위로 삼아 죽음의 공장에서 일했다.

여전히 조선소는 산재사망률이 압도적으로 높은 사업장이다. 2012년 조선소에서 사고로 사망한 이는 46명.[9] 한 달에 4명씩 일을 하다 죽어나가는 곳. 예전에는 조선소 노동자가 죽으면 며칠씩 작업장에 검은 현수막을 쳤다고 한다. 추모이자 잊지 말자는 경각이었다.

요사이 사망 사고는 하청업체에서 주로 일어난다. 46명의 사망자 중 40명이 하청 노동자다. 각기 흩어져 있는 개별 업체 소속이니, 누가

8 "저는 노동조합을 하면서 제일 처음 분노했던 게 무엇이었냐면, 여름이면요 감전 사고로 죽는 사람만 5명, 6명이에요. 여름이면 옷을 더 껴입어야 해요. 옷이 젖으면 그대로 다 감전이 되니까요. 조선소는요 철판 전체가 다 전기가 통하게 되어 있어요. 감전 사고로 죽은 시신이 제일 처참했습니다. 혈관이 다 터져 죽어요. 사람한테 김이 납니다. 저는 조선소에서 용접하는 한 감전사는 피할 수 없는 거라 생각했어요. 죽은 사람들이 조심하지 않아서 죽었다고 생각했어요. 그렇게 교육을 받았어요. 그런데 노동조합 활동을 하고 책을 보니까 용접기에다가 감전방지기를 설치하면 사람이 감전이 안 되는 거야. 그 방지기를 설치하는 데 드는 돈이 180만 원이었습니다. 그 돈이 아까워서 한여름에 5명 6명이 죽어가는 것을 방치하고 있었던 겁니다." (김진숙)

죽었는지도 모른다. 검은 현수막도, 추모도, 경각도, 위로도 없다. 이제
는 죽은 이들은 이름조차 불리지 않는다. 이 시대의 윤식이들은 이름조
차 불릴 수 없다. 마지막 가는 길 담배 한 개비도 대접받을 수 없다.

정규직이 되기 위해 버틴다던 조선소 하청 노동자 윤식이의 이야기
를 마저 하자면, 다음 날 작업 중 사고가 있었다. 한 달에 두세 명꼴로
죽어간다는 조선소에서 일어날 법한 사고였다. 탱크가 폭발했다. 가스
와 불꽃이 만난 모양이다. 도장 작업을 하던 이들이 다쳤다. 사망자도
있었다. 그 명단에 윤식이도 포함되었다.

회사는 윤식이 죽은 장소에 최대한 작고 좁은 가드레일을 쳐서 현
장 보존을 했을 것이다. 그것마저 완공일이 촉박하다며 노동부를 압박
해 서둘러 치워버렸을 것이다. 사고 현장 몇 미터 떨어진 곳에서 업체
직원들은 여느 날과 다름없이 작업을 했을 것이다. 윤식이 그토록 들어
가고 싶어한 원청회사는 윤식과 어떤 관련도 없기에 여전히 무재해 사
업장이자 자율안전관리 기업이다.

'OO조선소 협력업체 직원 사망' 몇 줄짜리 기사로 나갔을지도 모
르는 윤식의 죽음은 아마 이 어딘가에 있을 것이다.

2012년 2월 2일. STX중공업 하청업체 직원 최모(50)씨 과로사.

2012년 2월 6일. 현대삼호중공업 하청업체 직원 장모(31)씨 철문에 협
착되어 사망.

9 노동부 통계를 보면, 2007년 1월부터
2010년 6월까지 조선업에서 발생한
사고성 중대재해 76건 중 사내하청에서
발생한 재해는 62건이었다. 사람이
목숨을 잃거나 잃을 정도로 중대한
사고가 하청에서는 원청에 비해 4배 잦게
일어난다.

2012년 2월 10일. 현대삼호중공업 하청업체 직원 이모(37)씨 가스 용접 업무 중 호흡곤란으로 사망.

2012년 2월 24일. 현대삼호중공업 배관 설치 업무를 맡은 하청업체 직원 전모(30)씨 지게차에 치여 사망.

2012년 3월 22일. 삼성중공업 거제조선소 협력업체 직원 이모(42)씨 추락 사망.

2012년 3월 31일. 경남 창원 소재 조선소 도크장에서 협력업체 직원 e/v와 앵글 사이 목이 협착되어 사망.

2012년 5월 30일. 현대중공업 해양사업부 H도크에서 하청업체 직원 강모씨 질식사.

2012년 7월 6일. 현대중공업 엔진단조공장 자동절단 작업장, 하청업체 직원 최모(27)씨 크레인 충돌로 사망.

2012년 8월 10일. 부산 모 조선소 선박갑판 제작 작업 중 철판이 넘어지며 하청업체 직원 홍모(56)씨 사망.

2012년 9월 17일. 현대중공업 해양사업부 하청 노동자 황모(48)씨 탈의실에서 쓰러진 후 사망.

2012년 10월 16일. 해남 D조선소 대형선박 건조 중 30대 취부공 노동자 추락 사망.

2012년 10월 31일. 대불산단 조선소 폭발 사고로 2명 사망, 9명 중상.

2012년 11월 15일. 대우해양조선 하청 노동자 박모(48)씨 선박 구조물 이동 작업 중 트레슬이 전복되며 협착사.

2013년 1월 15일. 대우해양조선 하청 노동자 민모(23)씨 탑재한 블록이 떨어져 협착사.

2013년 1월 22일. 고성군 모 조선소 노동자 용접을 하던 김모(32)씨 질

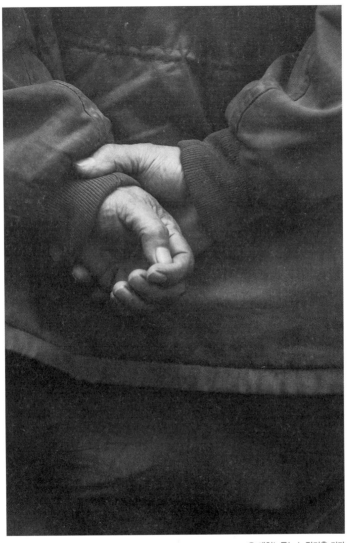

요사이 사망 사고는 하청업체에서 주로 일어난다. 46명의 사망자 중 40명이 하청 노동자다. 각기 흩어져 있는 개별 업체 소속이니, 누가 죽었는지도 모른다. 검은 현수막도, 추모도, 경각도, 위로도 없다. 이제는 죽은 이들은 이름조차 불리지 않는다.

식사.

2013년 2월 7일. 대우해양조선 하청 노동자 전모(19)씨 해치 커버 닫는 작업 중 추락사.

2013년 8월 15일. 부산 영도구 조선소 요업공 백모(44)씨 철제 구조물에 부딪혀 사망.

2013년 9월 14일. 부산 영도 모 조선소 노동자 이모(55)씨 조명등 교체 작업 중 감전사.

2013년 10월 24일. 전남 여수 모 조선소 노동자 김모(34)씨 추락사.

2013년 11월 30일. 부산 봉래 모 조선소 노동자 김모(39)씨 용접 작업 중 산소 부족으로 질식사.

2014년 3월 5일. 부산 감천항 동방조선소 앞 바다에서 잠수사 김모(50)씨 유조선 수리를 하던 중 선박 프로펠러에 부딪혀 사망.

2014년 3월 6일. 전남 영암 현대삼호중공업 하청 노동자 오모(41)씨 야간작업 중 2톤 철판에 깔려 사망.

2014년 3월 19일. 경남 고성 모 조선소 노동자 박모(33)씨 35톤 부표에 깔려 사망.

2014년 3월 20일. 전남 영암 현대삼호중공업 하청 노동자 박모(41)씨 안전시설물 설치 중 추락사.

2014년 3월 25일. 현대중공업 하청 노동자 김모(52)씨 족장 붕괴로 바다로 추락 사망.

2014년 4월 7일. 현대미포조선 하청 노동자 정모(65)씨 도장 테이프 제거 작업 중 추락사.

2014년 4월 21일. 현대중공업 하청 노동자 김모(39)씨, 이모(37)씨 보온재 용접 작업 중 선박탱크 화재 폭발로 사망.

2014년 4월 26일. 현대중공업 하청 노동자 정(40)모씨 센딩 작업 중 추락 에어호스에 목이 감겨 사망.

2014년 4월 28일. 현대중공업 하청 노동자 김모(38)씨 신호수 작업 중 바다로 추락 사망.

　—2012년 1월~2014년 4월까지 국내 조선소에서 일어난 사망 사고

앞서의 이야기는 윤식의 것이 아니다. 이것은 조선소에서 일하다 죽은 최모씨, 김모씨, 황모씨……의 이야기이다.

진동 방지 장갑이 주어지지 않아 평생 그라인더 기계 진동을 감당한 손이 이제는 가만있어도 바들바들 떨리는 고임금 귀족 노동자라는 늙은 노동자들이 판을 치고, 1년에 서른 명씩 죽어가는 하청 노동자가 '좀 바꿔보자고요'라고 외치는 그런 곳.

이곳은 20대 청년도, 어린아이의 부모도, 늙은 노동자도 죽어가는 조선소이다.

'사람이 일하다 왜 죽나요'라고 놀라는 세상도 있다.

　　"스웨덴 사람에게 '일하다 사람이 죽으면 어떻게 하느냐'고 물어봤더니 '사람이 일하는데 왜 죽느냐'고 의아해했다. 나는 당시 그 답변이 한국의 상황과 너무 달라서 충격을 받았다."**11**

　　노동건강연대 임준 교수의 말이다. 충격은 나도 받았다. 한국은 그런 사회가 아니다. 한 해에 산업재해 사망자가 미국이나 일본에 비해 세 배 많은 수이고, 영국에 비해서는 15배나 많은 나라이다. OECD 국가 중 산재사망율 1위를 차지한 전력도 있다. 한국의 경제 규모는 OECD 국가 중 11위이다. 그럼에도 산업재해는 부끄러운 수치를 기록하고 있다.

　　한국과 타 국가를 비교한 것은, '역시 선진국'을 말하고 싶어서가 아니다. 여기서의 교훈이 '역시 스웨덴은 잘난 나라'도 아니다. 지구상 어딘가에 노동자가 일하다 죽지 않는 나라가 있다면, 한국에서도 사람이 일하다 죽을 필요가 없다는 말이 하고 싶었다.

　　경제 규모 11위인 국가가 산재를 예방하는 데 드는 자본이 부족하다는 것은 말이 안 된다. 그럼에도 안전관리에 돈을 들이지 않는 것은 돈을 쓸 만큼 산재 예방의 필요가 절박하지 않기 때문이다. 이토록 많이 죽는데도 말이다.

　　노동안전보건 단체에서 일하는 사람에게 물은 적이 있다. 인간이 일하

11 "'산재 왕국' 코리아, 죽어도 관심이 없다-
　　노동건강연대 임준 집행위원장 인터뷰",
　　프레시안, 2012.4.29.

다 죽지 않기 위해서는 무엇이 필요하냐고. 그는 '감수성'이라 대답했다. 안전장치와 관리 감독과 구조와 시스템을 제치고, '감수성'이라니.

그는 인간이 일하다 죽는 것을 아파하는 감수성이 우리에게 있어야 한다고 했다. 그 대답이 오래 남은 까닭은 죽음을 하찮게 보도록 연습되어진 우리 삶 때문이다. 노동자가 일하다 죽는 사회보다 더 문제는, 노동자가 일하다 죽는 것을 당연한 것으로 여기는 사회다.

20년 전, 조선소 용접공은 잘 일하고 있다가 전류가 온몸을 흐르면 장렬히 전사하는 거라 여겼다. 온통 철판인 배 위에서 재수가 없으면 죽는 거라 했다. 그것이 용접공 인생이라 여겼다. 그런데 조선소에 노동조합이 만들어지고, 노동조합 요구로 감전방지 장치를 용접기에 부착하고 나니, 안 죽었다. 몇 백만 원의 돈만 쓰면, 용접공은 장렬히 전사할 필요가 없었던 게다.

여전히 우리는 감전방지 장치가 달리지 않은 용접기를 들고 사는 것은 아닐까. 그것도 모르고, 재수가 없어서 죽었구나 하는 것은 아닐까?

2

압착, 추락, 절단… 매년 700명이 죽는 곳
―죽음이 반복되는 건설 현장

SK건설 인천 공사 현장서 노동자
레인 작업 도중 사망

SK건설이 진행 중인 인천시 서구 원창동 공사 현장에서 작업 중인 노동자가 사망하는 사고가 일어났다. 3일 인천 서부경찰서에 따르면 지난 2일 밤 10시 45분쯤 인천시 서구 원창동 SK에너지 파라자일렌(PX) 생산설비 공장 증설 현장에서 작업 중이던 문모(39)씨가 사망하는 사고가 일어났다.

경찰은 작업 중이던 문씨가 크레인에서 떨어진 낙하물에 깔려 사망한 것으로 파악하고 있다. 반면 현장 관리자 측은 크레인 실링바 대체 과정에서 문씨가 말려 들어가 사망한 것으로 보고 있다. 경찰은 정확한 사망 원인 파악을 위해 문씨의 시신을 국과수에 부검 의뢰했다. 공사를 진행 중인 SK건설 관계자는 문씨 사망과 관련, "현재 경찰이 조사 중인 단계라 입장을 밝힐 상황이 아니다"며 즉답을 피했다.

위클리오늘, 2013.10.3.

도시괴담 이야기를 하려 한다. 무서운 이야기를 즐기지 않는 사람도 많으니, 도시괴담의 고전으로 뽑히는 '오뚝이 신부 괴담' 하나만 예로 들어본다. 누구나 아는 이야기로, 중국에 신혼여행을 갔다가 아내를 잃어버린 남자가 몇 년 후 서커스단에서 팔다리가 잘려 오뚝이 인간이 된 아내를 발견한다는 내용이다.

간혹 '인육캡슐'같이 실제 일어난 사건이라고 밝혀지는 괴담도 있지만 대부분은 구전으로 전해지는 허무맹랑한 공포 이야기일 뿐이다. 그럼에도 도시괴담이 오랜 시간 생명력이 있는 까닭은 허구가 가지는 진실 때문이다. 허구로 가득한 도시괴담의 유일한 진실은, 대중이 두려워하고 있는 대상이다.

분명 내가 어렸을 때는 인도가 배경이던 '오뚝이 신부 괴담'이 어느새 중국에서 일어난 일로 바뀐 것은 경제 대국으로 성장하고 있는 중국에 대한 우리의 경계심과 위협감을 보여준다. 괴담이 존재한다는 것은 대중이 그 사안에 예민하게 반응한다는 걸 의미한다.

그래서일까, 내가 아는 몇 가지 진실한 괴담들은 세상에 유포되지 않는다. 예민하게 반응하는 사람들이 적기 때문이다. 내가 아는 그 괴담들은 이러하다.

제2 롯데월드를 짓는 도중 형틀목공이 42층 높이에서 떨어졌다. 거푸집인 작업발판을 고정하는 볼트의 조임이 헐거웠고, 그가 발을 딛자 빠져버렸다. ACS폼 벽체지지부(안전 발판)의 불량 시공 문제였다. '모험과 신비의 나라'를 짓는 과정에서 사람 목숨을 가지고 모험을 했다. 산업안전보건규칙 337조를 위반한 종합건설사는 현행법에 따르면 사람 죽인 값으로 고작 1,000만 원 이하의 벌금을 받는다. 누군가에게는 '즐거움이 가득'이다.[1]

별로 끔찍하지 않다면, 이야기 하나를 더 하려 한다.

아버지와 아들이 같은 공사 현장에서 일을 하고 있었다. 타워크레인을 고정시키기 위해 연결한 와이어가 끊어져 아들을 치고 갔다. 아들은 그 자리에서 숨이 끊어졌다. 아버지가 보는 앞이었다. 이것은 작업자들의 목격담이다. 그러나 노동부에 보고된 사고 원인은 목격담과 달랐다. 크레인에서 자재가 떨어져 사망한 것으로 보고됐다. 사고가 난 장소는 당일 깨끗이 정돈됐다. 사건의 진실은 알 수 없다. 다만 사람들은 추측할 뿐이다. 와이어 사고라면 죽음의 책임을 온전히 (와이어가 있는 구역에서 작업하도록 지시한) 회사가 지게 되지만, 낙하물에 의한 사망일 경우 과중량물 수송에 대한 벌금 정도로 회사의 책임은 줄어든다. 회사가 피해간 책임은 크레인 운전기사에게 돌아간다. 아래에서 무슨 일이 있었는지조차 모르던 크레인 기사가 살인의 책임을 지게 된다.

이조차 끔찍하지 않고 안타까움만 느껴진다면, 그것은 우리가 이 괴담의 주인공이 될 가능성이 없다고 여기기 때문일 것이다. 여자 혼자 사는 원룸, 엘리베이터에 따라 탄 낯선 사내, 검은 봉고차가 생생한 공포로 다가오는 이유는 우리 일상과 밀접해 있기 때문이다. 그러나 공사장은 우리에게 일상에서 멀리 떨어진 공간이다.

1 롯데월드는 '모험과 신비의 나라'를, 에버랜드는 '즐거움이 가득'을 홍보 문구로 사용한다.

그런데 지금 대한민국은 어디든 공사 현장이다. 건설사 CEO를 대통령으로 뽑아놓은 역사가 있어서가 아니다. 개발과 성장이 우리 사회의 주요 키워드인 탓이다. 대학은 네임밸류를 올린다면서 기업 이름이 붙은 건물을 짓는다. 강은 파헤쳐져 일직선 운하가 되고, 재개발은 세입자들을 눈물바람으로 내쫓는다. 주민들의 반대와 무관하게 발전소가 건설되고 송전탑이 세워져 환경과 공동체를 파괴한다. 이 모든 발전과 개발은 건설 공사라는 형태로 시작된다.

온 국민이 다 알지만 비밀인, 건설사를 통한 대기업들의 비자금은 다단계 하도급이 아니라면 결코 그리 수월하게 만들어질 수 없다. 오고 가는 비자금 속에 공고해지는 카르텔이 이 사회의 민주주의를 갉아먹는 폐해라는 문제제기가 그친 적이 없으나, 그럼에도 건설 현장은 우리의 일상과 멀다.

건설 일을 하다 매년 700명이 사망한다. 우리는 공사 기간에만 대여섯 명의 사망자를 낸 건물에서 식사를 하고(여의도 IFC) 놀이공원에서 솜사탕을 먹고(제2 롯데월드), 멋들어진 이름이 붙은 고층 아파트에 몸을 누인다. 그럼에도 '후진국형 산재'인 건설 현장의 사고는 계속 일어난다. 그저 안타깝기만 하다.

압착, 추락, 절단… 매년 700명이 죽는 현장

건설노동이 전혀 남의 일일 수 없는 이들의 이야기부터 하자. 대학 진학을 목표로 삼지 않거나 학업을 지원해줄 집안 형편이 아닌 청소년들은 '기술이 돈이다'라는 말을 가슴에 품는다. 그러나 이들이 기능을 펼칠 수 있는 일자리는 극히 드물다. 안정적인 대기업 생산직 자리는 훈련소를 거쳐 하청업체에서 몇 년 볼모 생활을 한다 해도 들어간다는 보장이 없다. 남은 것은 고만고만한 중소영세사업장뿐이다. 중소영세업체는 불안정하다. 중소영세업체가 대기업 하청 노릇을 하는 것이 현실이니, 대기업 옷깃만 스쳐도 휘청한다.

공업고등학교를 나와 용접기능직 시험을 보고 주물 공장에 취직했던 한 노동자[2]는 용접기를 잡은 세월만 20년이라 했다. 그러나 그는 지금은 주물 공장으로 출퇴근을 하지 않는다.

"삼성 등에 납품을 하는 공장이었어요. 직원이 500명이나 되는 그런 곳이었는데, 삼성이 중국(공장)으로 납품처를 옮기면서 물량이 뚝 떨어진 거예요. 이제는 사람이 필요가 없는 거고. 처음에는 자동으로 인원이 감축되는 거죠. 사람이 얼추 떨어져 나갔을 때 회사가 대놓고 말합니다. 몇 명 남겨놓고 자를 건데 어떻게 할래? 노동조합도 있었어요. 그렇지만 결국은 노동조합 간부 한 명 나가는 대신 조합원 몇 명씩 살려주라는 협상 아닌 협상을 하게 되는 거죠. 80명, 정말 여기 아니면 갈 데가 없는 사람들을 남기고 다 나갔어요."

회사를 나온 그는 사장 노릇 해보자며 식당을 차렸다. 장사는 쉬운 일이 아니었다. 퇴직금만 잃고, 용접기를 다시 들어야 했다. 이 나이에 새로 취업할 곳은 없었다. 공사장으로 갔다. '노가다' 일마저 쉽게 따낼 수 없었다. 건설 현장에 예비 인력을 배치해주는 시설이나 제도는 전무하다. 십장 제도가 많이 사라졌다고 해도, 건설 노동자들은 인맥을 기반으로 움직인다. 대부분이 팀을 이루기 때문에, 파견업체를 통해 날품 팔이 일을 할 것이 아니면 인맥을 붙잡을 수밖에 없다. 이러한 유입 방

2 인천 플랜트건설노동조합 서재훈
교육선전 국장.

식은 업체가 원하는 방식대로 일처리를 하지 않는(원청의 무리한 공기 단축이나 편법에 반발하는 등) 사람을 축출하는 기능을 하기도 한다. 같이 일하기 힘든 사람이라는 인식이 쌓이면 일자리 구하기가 어려워진다.

"1년 중 플랜트 건설 노동자가 일하는 기간이 8개월이라고 해요. 나머지 4개월은 논다는 거지요. 8개월 동안 번 것으로 1년 살아야 한다는 소리잖아요. 그 8개월을 매일 일하는 것도 아니잖아요."

한 현장에서 짧게는 며칠, 길게는 1년을 일한다. 대부분의 일거리는 몇 개월 안에 끝이 난다. 보통 1년에 두어 번 현장을 옮기고, 일거리를 따라 대여섯 번 현장을 옮기는 것도 예삿일이다. 다단계 하도급을 거쳐 노동자에게 주어지는 일은 아파트 하나, 건물 한 층 범위에서 머문다. 재하도급의 마지막 단계인 (노동자들은 '보따리 장사'나 '물량떼기'라 부르는) 소사장 아래에서 일을 할 경우 하루이틀짜리 일도 주어진다. 일이 끝나면 다음 일을 구할 때까지 기다려야 한다. 그동안 벌이는 없다.

건설 노동자들의 노동조건과 건강을 조사한 결과[3]에서 눈길을 끈 것은 건설 노동자들의 많은 수가 고긴장군(스트레군)에 속한다는 내용이었다. 조사 대상인 여수 지역 건설플랜트 노동자들의 96.2퍼센트가 잠재적 스트레스 고위험군에 속한다고 했다. 이들의 정신이 위험한 까닭은 고용의 불안정성에 있다. 뒤를 이어 저임금, 부당한 일을 당하고도 대응할 수 없는 처지와 모욕감 등이 원인으로 꼽혔다. 압착, 추락, 절단 등으로 인한 사망이 만연한 곳이라 정신건강은 미처 신경 쓰지 못했다. 그러나 그들의 정신건강은 위태로웠다.

인천에서 만난 건설플랜트노동조합 활동가[4]는 이 둘의 상관관계에

3 송한수, 〈여수 플랜트 건설 노동자들의 노동조건과 건강〉, 한국노동이론정책연구소(현장에서 미래를), 2006년.

4 인천 건설플랜트노동조합 이병권 지부장 및 인천/울산 건설플랜트노동조합 전·현직 간부, 현장 노동자들과 인터뷰한 내용을 담았다.

대해 길게 설명했다. 우리가 익히 알고 있는 내용이다. 공사를 발주한 회사가 있고, 이를 책임지는 종합건설사가 있다. 대기업 건설사는 그보다 작은 건설업체에 외주를 준다. 건설업체는 다시 협력업체에 외주를 준다. 다양하고 복잡한 공정을 거쳐 완성되는 '복합 생산물'이라는 건설의 특징이 법과 규제의 안일함과 만나 중층화되면서 '다단계 하도급'의 폐해를 만든다. 한두 다리를 건너는 것이 아니다. 하도급 마지막 단계로 가면, 한때는 기능공이었던 소사장들까지 수주를 받는다.

공사 수주가 아래로 내려갈수록 복잡한 유통과정을 거친 공사 자금은 줄어간다. 건설업체들은 저가 낙찰제를 선호한다. 수주를 받으려는 업체는 값싼 비용을 부른다. 없는 돈에 공사를 하려니, 백화점을 무너뜨리고 다리를 끊는 불량 자재 문제가 발생한다. 공사 기간을 줄이려 애쓴다. 공사 기간을 단축하면 인건비, 장비 대여비 등이 절약된다. 인건비를 줄이고, 안전 비용을 축소하고, 전문 기술자를 사용하지 않는 것은 '옵션'이다. 힘을 갖지 못한 노동자가 할 수 있는 일은 없다. 공사장 은빛 장벽 밖에는 대체할 수 있는 광범위한 실업군이 존재한다. '너, 나가'라는 소리를 들으면 끝이다.

"주상복합 아파트였어요. 골조(철근)가 다 깔리지도 않았는데, 공구리(콘크리트)를 치려고 사전 작업을 하는 거예요. 그럼 중간 중간 자재를 갖다 놓잖아요. 여기는 끝나지도 않았는데 2차 작업 인부들이 왔다 갔다 한다는 거죠. 철근 작업을 하는 사람은 얼마나 바쁘고 급하겠어요."

스트레스다. 앞서 주물 공장에서 플랜트 건설 일로 옮겨왔다는 그는 5년 만에 사고를 겪는다. 2층 높이에서 아파트 지하층으로 떨어졌다. 공간은 협소하고 자재들은 걸리적거렸다. 그러나 그를 떨어트린 것은 공사의 급박함만이 아니다. 당시 그는 안전벨트를 매고 있었다. 건설 노동자들은 안전벨트를 차고, 벨트에 매달린 끈을 건물에 친 안전띠에 고정시켜야 한다. 추락을 방지하기 위해서다.

그는 안전벨트를 매고 있었으나 추락했다. 안전띠가 없던 까닭이다. 안전띠에 매달 수 없어 길게 늘어진 끈이 자꾸 그의 발에 걸렸다. 그 때문에 넘어질 뻔한 그는 화가 나 안전벨트를 집어던졌다. 그러자 관리자가 왔다. 꼭 매야 한다고 했다. 아파트 공사 현장은 길가에 있었다. 안전벨트를 매지 않은 것이 사람들 눈에 띄어 신고라도 되면 업체는 벌금을 낸다고 했다. 그러면서 안전띠는 설치하지 않았다. 업체는 안전띠를 설치하는 과정이 소모적이라 했다. 시간도 모자란데 어차피 떼어낼 안전띠를 굳이 설치해야겠냐는 게였다.

결국 그는 발에 끈이 걸려 균형을 잃었다. 깊게 파놓은 지하로, 아마 아파트 주차장이 되었을 그곳으로 떨어졌다. 다발성 골절. 요양 기간만 8개월이었다. 요양 기간이 어제로 완료됐다는 그는 공단에서 준 복지카드를 내밀었다. 한 주에 두 번 치료를 받을 수 있는 카드라 했다. 그는 물었다.

"치료가 완결되었다고 요양 종결을 내놓고 치료를 받으라고 카드를 내놓는 건 뭡니까?"

노동자를 일터로 모는 것은 근로복지공단만이 아니다. 건설플랜트 노동조합 사람의 말에 따르면, 아침에 공사 현장 정문을 통과하는 사람 중 적지 않은 수가 몸에 붕대를 감고 있다고 했다. 아직 치료가 끝나지 않은 사람들이 공사장으로 간다. 반장과 팀장은 이들을 부른다. 와서 허드렛일이라도 하라는 것이다.

"어차피 저 사람에게 돈을 줘야 하니, 그냥 주기 아깝다, 와서 빗질이라도 해라, 그래야 덜 아깝다, 그러는 거예요. 하루라도 놀리면 손해

건설 노동자들의 노동조건과 건강을 조사한 결과에서 눈길을 끈 것은 건설 노동자들의 많은 수가 고긴장군(스트레군)에 속한다는 내용이었다. 여수 지역 건설플랜트 노동자들을 대상으로 한 조사는 전체의 96.2퍼센트 비율의 노동자가 잠재적 스트레스 고위험군에 속한다고 했다. 이들의 정신이 위험한 까닭은 직업의 불안정성에 있었다.

라는 거죠."

누구도 노동자의 완전한 재활에는 관심이 없다. 오직 비용 문제만
이 있을 뿐이다. 오직 다친 노동자만 불안에 잠들지 못할 뿐이다.

업체가 그리도 아픈 사람을 공사 현장으로 부르는 이유는 또 있다.
병원에 오래 누워 있지 못하게 하기 위함이다.

"병원에 계속 누워 있으면 말이 새어나가니까요."

종합건설사부터 영세한 업체까지 산재를 숨기고 싶어한다.

"포스코에 하청업체에서 일하던 사람이 손가락 절단이 됐는데, 이
업체는 원체 많은 산재 건이 발생해서 원청으로부터 경고를 받은 하청
업체였어요. 그때부터 사람이 다치면 산재신청을 못하게 하고 공상처
리를 하는 거예요. 다 돈으로 땜빵을 하는 거죠. 절단된 손가락 하나에
병원비를 제외한 합의금 2,000만 원을 받았어요. 부르는 게 값이 되는
거죠."

합의금은 업체 상황에 따라 천차만별이라 했다. 겨우 치료비나 받
는 사람, 몇 천만을 가져가는 사람. 산재 환자들도 업체의 상황을 이용
한다. 다단계 하도급 제도는 필연적으로 사고를 부르지만, 종합건설사
는 하청업체의 사고를 계약 파기로 통제하려 든다. 그러니 업체는 사고
를 돈으로 은폐하는 방법을 택한다. 한 명의 노동자에게 돌아간 그 돈
은, 엄밀히 따지면 건설회사의 몫이 아니다.

"총 공사비에서 남는 모든 돈이 가는 거예요. 원래 노동자들의 몫이
었던 돈이죠."

업체가 15만 원짜리 일당을 10만 원으로 낮추고, 임금 체불을 하고,
'쓰메끼리(임금을 정해진 기간보다 지연하여 지급하는 방식)'를 통해 아껴온 자금
이다. 사고의 입막음을 위해 지급된 합의금은 안전투자를 줄이고 임금

을 체불시키고 비숙련직을 고용하게 하여, 또 다른 사고를 일으키는 역할을 한다.

은폐는 만연하여, 아버지 보는 앞에서 죽은 아들의 목숨도 합의금으로 대체됐다. 국내 3위의 기업 SK는 건설 현장에 노동조합 사람이 들어오는 것을 철저하게 막았다. 장벽 안에서 사고를 목격한 것은 SK건설에 밥줄이 달린 힘없는 노동자들이었다.

"죽고 싶어 죽은 사람이 어디 있겠어요. 불의에 의한 사고로 어쩔 수 없이 죽었다면, 다음에는 재발되지 않게 해야 하는 것이 고인에 대한 도리인데 돈 몇 푼으로 해결되는 것이 안타까운 거죠."

죽음이 반복되는 구조와 작업환경은 바뀌지 않는다.

"얼마 전에 타워크레인[5], 그것도 8톤 크레인이 디귿(ㄷ)자로 휘어져 버렸어요. 꺾인 거죠. 8톤이 휘어질 정도면, 크레인이 자기가 생각하지 못한 중량을 들어 올린 거예요. 8톤 크레인이 얼마만하냐면, 그 크레인 하나를 움직이는 데 1톤짜리 화물차 두 대가 필요하고, 그것을 고정시키는 와이어도 지게차로 들어 옮겨야 해요. 그러니까 중소업체가 움직이는 거라고 생각하시면 돼요. 그 어마어마한 게 넘어갔다는 거예요."

몇 억짜리 크레인 장비도 허리가 부러지게 일을 시키는데, 현장에 있는 노동자들 허리는 가만둘까.

"그렇게 몰아치면 당연히 나올 수밖에 없는 게 산재라고요."

---

5 고정식 크레인. 하역용이나 고층
건축용으로 발달하여 초고층 빌딩이나
아파트 건설 현장에서 많이 사용된다.

싫어도 잔업을 마다할 수 없는 현장

큰 위험을 피해 살아남은 사람은 조공에서 일반공을 거쳐 기능공이 된다. 수년의 시간이 필요하다. 이들은 "적극적인 직업 활동을 해왔고, 그 결과 어느 수준에 이르는 기능을 획득했다."[6] 건설 노동자에게는 '내가 열심히만 일한다면 밥은 굶지 않는다'는 자신감이 있다고 했다. 숙련공의 자부심이다. 그러나 동시에 말한다.

"그 자부심이 현실을 보지 못하게 하는 측면이 있어요. 그게 장시간 노동으로 이어지고, 스스로를 죽도록 일하게 만드는 거죠."

노동자들이 제 몸으로 벌이를 하는 동안, 다단계 하도급 꼭대기에 계신 분들은 뒤에 달린 '0' 몇 개를 줄이는 데 골몰한다. 동그라미를 줄이기 위해 몇 십 년 일한 숙련공들이 일용직 삶을 벗어날 수 없다.

나이가 들어 숙련공들은 몸이 예전 같지 않음을 깨닫는다. 무리한 노동으로 빠르게 건강이 훼손되었다. 이제는 높은 기술을 요하는 일을 할 수 없다. 노가다판을 떠날 수도 없다. 보온, 토목을 거쳐 점차 단순 업무로 일을 옮긴다. 날품팔이 조공 일로 돌아간다. 노동시간은 길어지고 임금은 적어진다. 허무하게도 몇 십 년의 노동은 아무것도 아닌 것이 된다.

그럼에도 인터뷰에 응한 건설플랜트 노동자들은 상대적으로 나은 조건에 있었다. 그들은 8시간 노동제를 유지하고[7], 표준임금 액수를 정해두었다. 노동조합이 생긴 후 일이다. 여수 건설플랜트 같은 경우는

---

6 송한수, 앞의 글.

7 전국건설산업노동조합연맹에 따르면 전국의 건설 노동자는 평균 주당 65~70시간 노동을 하고 있다. 주 7일 근무라 해도 하루 10시간 가까이 노동을 하는 것이다.(2003년 기준)

노동자들이 2002년부터 사용주 측과 단체협상을 체결했다. 이것은 플랜트 업종의 특징 때문에 가능한 일이었다. 석유화학, 철강단지 등을 건설 보수 정비하는 플랜트는 일의 특성상 대부분이 기술직이며 대규모 단지에 결집해 있다. 집단행동이 다른 곳보다 수월했다.

전해 들은 이야기로, 쉰 살이 넘은 노동자가 노동조합이 세워지고 8시간 노동을 하여 제일 좋은 점을 치과에 갈 수 있는 것이라 꼽았다고 한다. 이빨이 아파 죽겠는데, 연장근무를 하고 나면 병원은 문을 닫았다. 반장에게 병원 운운하고 싫은 소리를 잔뜩 들으니 통증을 참는 것을 선택한 노동자였다.

물론 지금도 많은 건설 노동자들은 10시간 노동을 선호한다. 8시간 노동제 때문에 노동조합에 가입하지 않는 노동자도 있다. 일을 구할 때 가장 먼저 하는 질문은 "잔업은 합니까?"이다. 기술직 일당이 보통 15만 원이라 하지만 이것은 잔업이 포함된 금액이다. 8시간만 일한다면 10만 원가량밖에 받을 수 없다. 여기에 잔업을 해야 야간수당도 붙고 잔업수당도 붙는다. 말을 정정해야겠다. 잔업을 선호하는 것이 아니라, 잔업으로밖에 벌 수 없는 일당 15만 원을 선호한다.

삼척이고 담양이고 지역을 가리지 않고 일한다는 용접공은 8시간 노동을 하고, 법에 명시된 주휴차 수당을 받는 여수 지역 건설 현장에서 일한 소회를 다음과 같이 말했다.

"부러우면서도, 이렇게 일해서 과연 회사가 운영될까 싶더라고요."

10년 동안 한 분야에서 일하여 베테랑급에 오르고도 시급 1만 원을 받는 노동자가 회사 사정까지 걱정한다. 회사는 망하지 않는다. 노동자들은 8시간 노동을 하며 자신의 건강을 지킨다. 업체는 노동자의 죽음과 잘린 손가락을 돈으로 은폐할 필요가 줄어든다. 다만 누군가가 부당

하게 취한 이익의 아주 일부가 줄어들 뿐이다.[8]

10년 전보다도 못한 오늘

높은 산재사망률이 신경 쓰이기도 했지만, 건설 노동자들을 찾은 것은 그 이유 때문은 아니다. 10년 전, 우연히 공사장에 들어갈 기회가 있었다. 대규모 아파트 단지를 짓는 공사였는데, 생각보다 더 공사장은 넓고 사람으로 북적였다. 그것 외에는 기억나는 인상이 없다. 광경 하나에 눈을 빼앗겨버렸기 때문이다. 아파트 높이만 한 타워크레인(당시로는 그저 높은 굴뚝같이 보였지만) 기둥을 타고 한 노동자가 올라가고 있었다. 그가 두 팔을 의지해 타고 올라가는 것은 일직선 철사다리였다. 아무런 장비도 없이 깎아지는 절벽 같은 곳을 타 올랐다. 노동자의 몸짓은 꽤나 능숙했다. 숙련된 몸은 타워크레인 운전석으로 사라졌지만, 이쪽이 받은 충격은 사라지지 않았다. 좀처럼 그 장면이 지워지지 않았다.

아는 것이 없던 나는 다른 이동수단이 있음에도 그 노동자가 번거로움을 피하기 위해 자기 목숨을 걸고 사다리를 오른 거라 생각했다. 그래서 타워크레인노동조합 사람을 만났을 때, 기다렸다는 듯 물었다. "지금도 그렇게 이동하는 사람들이 있나요?" 내가 건설 분야 산재를 취재하고자 한 이유였다.

"외국처럼 안전 승강장치를 설치해달라고 노동조합에서 요구하는

---

8 여기서는 다루지 않았지만, 〈비정규직 노동자의 건강권 보장 방안 마련을 위한 실태조사〉(손민아, 송한수, 강원대학교 의과대학, 2003년)에 따르면, 여수 건설 노동자가 작업 현장 안전에 있어 가장 중요하게 요구한 것은 '셧다운(공장폐쇄 후 청소작업) 시에 유해물질폭로에 대한 조사'이다. 현대제철 문제에서 보듯, 시간 단축을 위해 유해물질을 다 배출하지 않고 작업 지시를 내리는 일이 빈번하다.

데, 영세업체가 들어줄 리 없죠."

대답대로라면, 그때의 타워크레인 기사는 사다리 말고는 운전석에 오를 방법이 없었다는 것이다. "지금도요?"라고 물으며 나는 그것이 10년 전 일임을 강조했다. 그는 건설 현장의 10년은 어떤 의미로는 더 후퇴했다고 말했다. '시간이 흘렀으니'라는 기대는 섣불리 할 것이 못 되었다.

"타워크레인 한두 대 가지고 있는 영세업체들이 뭘 해줄 수 있겠어요."

그의 말을 이해하려면 IMF 외환위기 시절로 돌아가야 했다.

"IMF 이전에는 메이저급 건설사들이 장비를 소유하고 있었어요. 타워크레인도 마찬가지고요. 타워크레인 장비가 하나 세워진다고 하면 메인 조종사, 부기사, 신호수가 세트로 가는 거예요. 호주나 독일은 3인 1조로 구성하고 있어요. 우리도 IMF 이전에는 그 비슷한 모양새를 취했죠."

외환위기를 겪으며 기업들은 채무구조가 악화된 것을 방만한 경영 때문이라고 했다. 방만하게 운영하던 인력을 자르겠다고 했다. 기업 활동에 규제를 가하던 법도 축소되거나 사라졌다.

"삼성이나 현대 같은 종합건설사는 중기사업소를 소유하고 있었어요. 덤프, 굴착기, 타워크레인 등을 보유해야만 종합건설사 면허가 나왔단 말이에요. 그런데 정부가 이 규제를 풀어주니까, 건설 회사들이 장비를 아웃소싱으로 돌려버린 거예요. 어떤 방식이었냐면 장비를 운행하는 베테랑 기사들에게 퇴직금 대신 장비를 들고 나가라고 한 거예요. 사탕발림을 했죠. 이제 네가 사장이다. 그래서 장비를 하나씩 가지고 나온 거죠. 그렇게 들고 나온 사람들이 한둘도 아니고 수백 개의 장비

임대업체가 난립하게 된 거죠."

사장이 된 기사들은 잔혹한 경쟁이 존재하는 시장에 뛰어들어야 했다. 살 방도는 단 하나. 덤핑가격으로 크레인을 임대하는 것이었다. 업체들은 더욱 영세해졌다. 지금의 타워크레인 임대료는 15년 전보다 못하다. 대기업은 저렴한 가격으로 타워크레인을 대여한다. 방만하지 않은 경영이다.

영세한 업체는 타워크레인을 교체하지 않는다. 수리 보수에 들어가는 돈을 아까워한다. 타워크레인 기사에게 적은 임금을 준다. 타워크레인 기사에게 수신호를 보내는 사람을 고용하지 않는다. 타워크레인 설치 업무를 외주업체에게 맡긴다. 설치 업무를 맡은 업체는 크레인 한 대를 설치하는 데 드는 시간을 줄이려 한다. 그래야 같은 시간에 더 많은 크레인을 설치할 수 있다. 볼트 8개가 필요하지만 4개만으로 고정한다. 그러다보면 허리가 'ㄷ'자로 꺾였다는 크레인이 나오게 마련이다.

전문 신호수가 사라지고, 타워크레인 기사들의 정신건강 문제는 커져갔다. 한 크레인 기사가 쓴 글에 이런 문장이 있었다.

"장비를 배우고 1년 동안은 매일 타워크레인이 넘어가는 꿈을 꿨다."

수신호 보내주는 사람도 없이 몇 톤짜리 타워크레인을 홀로 책임진다. 하늘에 달린 1평짜리 운전석에서 몇 시간씩 혼자 보낸다. 자신의 결정 하나, 실수 하나가 아래 점같이 까만 사람들을 죽일 수도 있다. 자신이 죽을 수도 있다. 1년에 약 700명이 목숨을 잃는다는 건설 현장에서 자신이 그 700명에 속하지 않을 것이라고 확신 못한다.

한 타워크레인 기사는 말했다. 처음에는 바람 부는 날 크레인이 흔들리는 것이 공포였다고. 태풍이 1년에 4, 5개가 지나는 나라지만, 폭우가 내려도 바람이 세차게 불어도 풍속 20m/sec라는 법 기준에만 걸리지 않으면 타워크레인은 움직인다.

"아래에서는 상상도 못하게 막 흔들리는 곳에 있는데도, 시간이 좀 지나면 위험을 못 느껴요. 적응하기도 하지만, 그보다는 일이 주는 긴장감이 더 크거든요. 타워가 멈추면 현장이 올스톱되니까요."

2008년까지 타워크레인 사고는 반복됐다. 1년에 8번 정도 중대사고가 있었다고 했다. 요사이는 1년에 두어 번꼴로 크레인 사고 소식을 들을 수 있다. 타워크레인이 건설기계로 등록되었기 때문이다. 2008년 이전까지 타워크레인은 건설 현장에서 가장 많이 사용되는 장비임에도, 철 구조물로 분류됐다. 철 구조물은 관리할 필요가 없으니, 안전관리를 업체의 자율적 판단에 따랐다.

노동자들은 싸워 자신들이 운행하는 타워크레인을 건설기계로 등록하는 법 개정을 이뤘다. 그 후 타워크레인 기사 전문 자격증이 생기고, 와이어로 타워크레인을 고정시키던 방식이 벽면에 지지 고정하도록 변했다. 사고가 줄었다. 더 나아가 노동조합은 전문 신호수 제도 도입을 요구하고 있다. 전문적인 협조체제를 통해 사고의 위험을 줄이는 것은 물론 타워크레인 기사가 혼자라는 공포에서 벗어날 수 있게 말이다.

이제는 타워크레인 기사들이 안전문제를 제기하면 업체가 그나마 들은 척이라도 한다고 했다. 노동조합 사람들이 오랫동안 싸운 성과였다. 아직 갈 길은 멀다. 3톤 이상의 타워크레인을 건설기계로 등록하게 했더니 업체들은 운전석을 떼어 3톤 이하 무인 크레인을 만들었다. 스무 개 남짓이던 무인 크레인이 200여 개로 늘어났다. 업체는 편법을 쓴다. 정부는 이 편법을 알고도 눈감는다.

종합건설사인 원청은 고용과 계약으로 노동자들의 요구를 통제한다. 무리한 작업 지시에 반발하면 '깐깐한 기사'는 쓰지 않겠다고 한다. 깐깐

© 노동과세계 변백선 기자

아파트 높이만 한 타워크레인(당시로는 그저 높은 굴뚝같이 보였지만) 기둥을 타고 한 노동자가 올라가고 있었다. 그가 두 팔을 의지해 타고 올라가는 것은 일직선의 철사다리였다. 아무런 장비도 없이 깎아지는 절벽 같은 곳을 타 올랐다. 노동자의 몸짓은 꽤나 능숙했다. 숙련된 몸은 타워크레인 운전석으로 사라졌지만, 이쪽이 받은 충격은 사라지지 않았다. 좀처럼 그 장면이 지워지지 않았다.

하지 않은 기사들은 건설사의 요구대로 무리한 중량의 자재를 옮긴다. 바쁘면 포대자루에다가 자재를 넣어 옮기기도 한다. 그러다 포대가 찢어져 누군가의 머리로 날아간다. 중상을 면치 못한다. 부상의 책임은 크레인 기사가 진다. 회사는 기사에게 구상권을 청구한다. '깐깐하지 않고 말잘 듣는' 기사의 운명이다. 안전에 대한 책임을 져야 할 주체가 그 책임을 지지 않기 때문에 애꿎은 사람이 다치고 억울한 사람이 생긴다.

원청인 종합건설사를 바꾸지 않고는 건설 현장의 사고가 줄지 않는다. 그래서 타워크레인 건설노조는 임대업체들과 협력을 고민하고 있다. 표준임대차 양식을 노동조합이 주도적으로 만들어 종합건설사에 요구하는 것이다. 노동조합이 나서서 현재의 임대차 계약서에 들어간 독소조항들을 제거하고 업체 운영과 노동자들의 생활이 가능할 임대 금액을 제시하려 한다.

"업체들은 건설사 눈치를 보느라 할 수가 없어요. 우리는 머리띠 매고 할 수가 있지만요."

하청업체는 시장질서로부터 자유로울 수 없지만, 노동자는 노동조합이라는 권익단체를 통해 기존의 질서를 깨트릴 수 있다. 더불어 노동조합과 종합건설업계는 종합건설사의 직접시공 비율을 확대하는 법 개정도 함께한다. 직접시공 의무[9]를 가진 공사의 규모를 50억 원에서 300억 원으로 확대하여, 간접고용을 줄여보겠다는 노력이다.

---

9 현재의 직접시공 의무 비율은 50억 원 미만 공사에 적용되며, 3억 원 미만 공사는 전체의 50퍼센트, 3억 원에서 10억 원의 공사는 30퍼센트, 10억에서 30억 원 공사는 20퍼센트, 30억 원에서 50억 원 이하 공사는 10퍼센트의 비율로 직접시공을 해야 한다.

늘 적은 등 뒤에 있다

한 배관공과 이야기를 나눈 적이 있다. 그가 한동안 전화를 붙잡고 내일 일 나갈 사람을 챙긴 후였다.

"지하철에서 검은 잠바에 막노동 할 것 같은 사람이 전화 통화하면서 시끄럽게 언성 높이고 그러면 참 보기 그렇지요?"

그랬다.

"그 사람한테는 한 사람을 모으고 못 모으고, 그게 생계가 달린 일이라서 그래요."

당장 사람 하나를 구해 채워 넣지 않으면 공사를 못 맡을지도 모른다. 언제 다시 일이 들어올지 알 수 없다. 조바심에 언성을 높인다. 주변이 보이지 않는다.

국가는 그들의 안정적인 고용을 책임져주지 않는다. 오히려 그들의 불안정한 노동을 방치해 얻는 이득을 따진다. 고용이 불안정한 이들은 목소리를 크게 낼 수가 없다. 눈앞의 일을 움켜잡는 데 전념할 수밖에 없는 이들에게 수많은 편법과 속도 경쟁을 강요한다. 기업의 이윤이 커지고, 도시는 재개발되어 정돈된다. 핵발전소는 불량부품을 폭탄처럼 안고 있고, 강은 일직선으로 뚫린다. 바벨탑을 쌓듯 '선진'에 도달하기 위한 이 사회의 노력이다.

우리는 지하철에서 큰 소리로 인부를 불러 모으는 십장에게 눈살을 찌푸린다. 공사장에서 일한 사람이 떨어져 죽고 깔려 죽는 것을 '후진국형 산재'라 부른다. '후진국형 산재'라는 짧은 말 속에 먼지 날리는 흙바닥에서 한 끼를 해결하고 그 자리에 누워 쪽잠을 자는 건설 노동자의 삶과 공간을 '후진'이라 치부한다. 선진과 발전에 대한 욕망을 빠른 속도, 높은 건물, 정돈된 길로 규정하는 우리는 후진국형 산재에는 공포를 느끼지 못한다. 우리가 바라보는 그 높은 곳에는 모래 먼지 날리는 공사장이 없다.

그러나 늘 적은 등 뒤에 있다. 우리가 후진국형 산재라는 가벼운 말로 누군가의 공간과 생을 '후진'으로 치부해버리는 일을 멈추지 않는다면, 그들의 죽음을 반복시키는 일에 무관심하다면, 시선이 가 닿지 않은 등 뒤에 선 진짜 공포가 우리를 위협할 것이다.

2013년 5월 10일, 현대제철에서 5명의 사내하청 노동자가 사망했다. 용광로 내부를 보수하던 중 노출된 아르곤 가스에 의한 질식사였다. 지구상에서 발견된 최초의 기체라는 아르곤 가스는 산소보다 무겁다 했다. 기체는 가라앉고 용광로 밑바닥에는 작업을 하던 인부 다섯이 있었다.

다섯 사람의 폐와 뇌에서 산소가 밀려난 사건을 들으며, 나는 불길함에 사로잡혔다. 이곳에 무서운 저주가 걸렸음이 틀림없다. 사람이 자꾸 죽어 나갔다. 현대제철 당진공장은 2010년 2명으로 시작하여, 이듬해는 7명, 그리고 2013년 9명의 사망자를 냈다. 사망 원인도 다양하다. 추락사, 질식사, 과로사. 부상자 수는 그 배이다. 무슨 원귀가 있기에 사람 목숨을 이리도 무참히 뺏는지…… 굿이라도 해야 할 성싶다.

굿판을 벌여 인명 잃는 일을 막는 비법을 묻는다면, 무당은 혀를 쯧쯧 찰 것이다. 혀를 차는 대상은 '원혼이 깊고 깊어' 따위가 아닌 1,123건의 산업안전보건법 위반이겠지만. 저주를 풀 해법은 뻔해 국영수 중심의 예습 복습을 강조하는 모범답안처럼, 지켜야 하지만 지켜지지 않는 소리일지 모른다.

용광로에서 보수공사 시 가스를 모두 배출한 뒤 작업을 시행토록 할 것, 작업자에게 방독 마스크를 지급할 것, 휴대용 가스누출감지기를 지급할 것, 유해물질에 대해 사전 교육을 할 것 등 안전수칙을 지킬 것. 그리고 안전 예방과 시설 설치에 돈을 투자할 것.

무당처럼 용한 예언자도 있었다. 5월 5명이 사망하는 사고가 난 직후였다. "현대제철의 밀어붙이기식 운영 형태가 지속되고 있는 한 안전사고는 계속될 것이고, 종합대책을 강구하지 않는 한 다른 작업 공정에서 또 사고가 발생할 수 있다."[10] 6개월 후, 또 다른 사고가 발생했다. 당진공장 내 하청업체(현대그린파워) 발전소에서 가스 유출 사고가 일어나 1명이 숨지고 8명이 부상을 당했다.

이런 예언은 이천시 냉동창고 화재 사건으로 인해 30명 떼죽음에도, 6명 사망자와 17명 중상자를 낸 대림산업 화학공장 폭발 사고[11]에도 딱 들어맞았다.

성적 올리기의 비결인 국영수 복습을 안 하고 있으니 성적은 바닥이고, 작업 중 사망 수치는 올라간다. 2012년 한 해 국내 30위 기업에서만 20건의 대형 사고가 발생했다. 삼성, 대림, 현대. 이름만 들어도 알 만한 기업들이다. 충분히 산재를 예방할 수 있는 자원과 능력을 가진 기업조차 이러하다.

오히려 대기업 산하의 작업 현장에서 산업재해가 늘어나는 것이 요즘 추세다. 대기업은 발주처라는 이름으로 하청업체와 계약을 체결한다. 이로써 대기업 현장에서 일어나는 사고는 공사를 맡은 하청업체의 책임이 된다. 그런데 현대제철 사고는 절대 하청업체 혼자 만들 수 있는 종류가 아니다.

---

10 현대제철 살인기업 충남대책위의 규탄 성명서.

11 이천시 내동창고 화재 사건. 2008년 1월 7일 경기도 이천시 냉동창고에서 화재가 나 작업 중인 내외국인 노동자 40명이 목숨을 잃었다. 우레탄폼 작업 이후 환기를 제대로 시키지 않은 상태에서 용접 작업을 서둘러 한 것이 사고의 원인이었다. 더구나 창고에는 대량의 휘발성 물질이 방치되어 있어 그 피해가 컸다.
2013년 2월 14일에는 전남 여수시 국가산단 내 대림산업 화학공장에서 폭발 사고가 일어나 노동자 6명이 숨지고 11명이 부상을 입었다. 이후 밝혀진 사고의 원인은 사일로 안쪽 벽에 붙어 있던 인화성 물질인 플러프를 완전히 제거하지 않은 채 무리하게 화기와 비계를 동시 작업했기 때문이었다.

작업자들은 용광로 안에서 내화벽돌 작업을 끝내고 장비를 철수시키고 있었다. 아르곤 가스는 용광로 시운전 직전 주입되는 것을 원칙으로 한다. 모든 장비와 사람이 철수해야 주입되는 것이다. 그러나 그날, 아르곤 가스와 사람이 한자리에 있었다. 노동자들은 질식사했다. 작업이 끝나기 전에 가스를 주입한 것은 빠르게 다음 작업을 하기 위해서였다. 여기에 야간 작업을 하는 노동자들이 가장 피로감을 느낀다는, 그래서 집중력이 현저히 떨어지는 새벽 한 시경. 야간 노동 중이었다. 공사 기간을 맞추기 위해 야밤까지 노동이 계속된 것이다.

1년 전 현대제철에서 일어난 7명의 건설 노동자 사망 사건도 공사 기간을 맞추기 위해 서두르다 순서가 뒤엉켜 난 사고였다. 건설 기일을 맞추는 것은 하청업체의 요구가 아니다. 한보철강을 인수한 현대제철은 '공장 조기 정상화'를 목표로 내세우더니, 3년 사이 18건의 사망 사고라는 기록도 같이 세웠다. 어디에 문제가 있는지는 뻔하다.

대형 기업은 하청업체들에게 저가 낙찰을 강요하고, 속도 경쟁을 조장한다. 공사 기간을 맞춰주는, 아니 오히려 기존에 잡은 일정보다 앞당겨 공사를 끝내는 업체를 선호한다. 그러니 하도급 업체들이 한꺼번에 들어와 '빨리빨리' 작업을 한다. "안전관리자 한 명이 십여 장의 작업허가서를 들고 안전관리를 할 수밖에 없는 현실"이다.

이런 현실에서 사고는 대기업의 이름을 달고 나오지 않는다. 11월 1명의 사망자와 8명의 부상자를 낸 사고는 '현대제철' 이름으로 발표되지 않았다. 작업 지시를 한 현대제철 대신 하청업체의 이름으로 사건은 전해졌다. 사건 당일 1신에서는 '현대제철 사고'라고 올랐던 기사가 2신에는 '현대그린파워 사고'로 고쳐지는 요술 같은 일이 벌어졌다.

사건 발생 며칠 후 현대제철은 당진제철소에서 잇달아 발생한 재해사고에 책임을 통감한다고 발표했다. 더불어 고용노동부의 방침을 겸허히 수용하고 안전관리투자 예산 1,200억 원을 확보할 것이라 밝혔다. 그러나 책임을 통감만 하시면 안 된다. 책임을 '질' 문제이다. 자사의 작업 지시에 따라 하청 노동자가 사망한 것이다. 해마다 대여섯 명의 노동자가 자사 공장 안에서 죽어가고 있는데, 이것이 그냥 안타깝기만 하단 말인가. 현대제철이 실질적인 책임을 져야 하는 문제이다. 원청회사인 대기업이 안전에 대한 책임을 하청에 미루는 것은 치사한 짓이다. "위험은 원청이 만들고 책임은 하청 노동자가 진다." 이런 말이 나오는 까닭이 다 있다.

안전 비용을 부담하기 싫은 마음이야 이해할 수도 있다. 천석꾼 놀부도 밥풀 몇 알이 아까워 주걱을 씻어 흥부 뺨을 때렸다는데, 삼성 놀부, 대림 놀부, 현대 놀부 등등은 오죽할까. 그래서 법이 있고, 사회적 기준이 있는 거다.

대림산업 화학공장에서 폭발 사고가 나 6명이 사망하고 17명이 부상을 입자 특별근로감독이 들어왔다. 산업안전보건법(이하 산안법) 위반이 1,002건이나 적발됐다. 이 많은 위반 사실을 찾아낸 근로감독관의 노고에 치하를 표하고 싶지만, 그전에 도대체 한 공장에서 천 건 넘는 법을 위반하고 있을 때 노동부 등 정부기관은 뭘 했단 말인가. 현대제철의 경우도 마찬가지이다. 매년 사고가 끊이지 않는 고로 3호기 건설 현장을 조사해달라 노동조합이 근로감독을 요구했으나, 고용노동부는 조용했다. 5명의 인명 사고가 나기 직전에 다시 요구했으나, 특별근로감독 대신 한 단계 낮은 수준의 수시감독이 실시되었다. 안일한 대처를 넘어 방조 수준이다.

방조는 적발 이후에도 나타나는데, 현대제철과 대림이 1,000여 건의 산안법 위반으로 인해 부과된 벌금은 각각 6억, 8억여 원이다. 억대의 벌금이 과도해 보이나? 현대가 산재를 숨겨 산재보험금을 감면받은 금액은 한 해

858억 원에 다다른다. 대기업들의 산재보험 특례요율제도를 통한 보험료 감면은 한 해 1조 1,376억 원에 달하고, 이 중 20대 기업의 감면액은 3,460억 원에 이른다.[12] 사람 목이 날아간 사고를 낸 후 특별근로감독에 의해 적발된 벌금 금액은 이의 100분의 1에도 미치지 못한다.

그럼에도 차라리 굿을 하고 말지 귀신보다 더 얼굴 보기 힘든 근로감독관의 노동환경도 이해해줄 만하다고 생각한다. 몇 백 개의 사업장이 밀접한 공단 지역에 배치된 공무원이 고작 3~4명이다. 정확히는 전국 1,382,768개 사업장을 근로감독관 439명이 담당하고 있다(2006년 기준). 이들의 미미한 수는 우리 사회의 산업안전 의식을 보여준다.

누가 안전을 이토록 소홀히 여기도록 만들었을까. 1년에 광고비로 10조 원을 넘게 쓰는 대기업이 몇 차례의 대규모 사고를 겪고는 안전관리를 위해 내놓겠다는 돈이 고작 1,200억 원이다. 사람 목숨값이 왜 이리 싼 것일까.

매년 4월 노동건강권을 주장하는 단체들이 모여, '최악의 살인기업'을 뽑는 행사를 벌인다. 2006년부터 시작된 이 시상식의 수상 기준은 산재 사망 수이다.

2012년 최악의 살인기업상을 수상한 현대건설과 STX조선해양에서는 각 10명, 5명의 노동자가 사망했다. 2006년에는 GS건설, 2007년에는 현대건설, 2008년에는 17명의 직원이 돌연사한 한국타이어, 2009년 이천 화재 참사를 낸 코리아2000, 2010년은 다시 GS건설, 2011년에는 대우건설이 살인기업상을 차지했다. 수상 기업은 건설 분야에 집중되어 있다. 수상의 영광은 건설업의 폐해라 지적되는 하청의 하청으로, 새끼치기를 하는 하도

---

12 감면액 1위는 '삼성'으로 868억 원, 2위가 현대와 현대중공업. 그 뒤를 LG(241억 원)와 SK(233억 원)가 잇는다.

다섯 사람의 폐와 뇌에서 산소가 밀려난 사건을 들으며, 나는 불길함에 사로잡혔다. 이곳에 무서운 저주가 걸렸음이 틀림없다. 사람이 자꾸 죽어나갔다. 현대제철 당진공장은 2010년 2명으로 시작하여, 이듬해는 7명, 그리고 2013년 9명의 사망자를 냈다. 사망 원인도 다양하다. 추락사, 질식사, 과로사. 부상자 수는 그 배이다. 무슨 원귀가 있기에 사람 목숨을 이리도 무참히 뺏는지…… 굿이라도 해야 할 성싶다.

급 구조로 돌려야 할 것이다.

2012년 최악의 살인기업 시상식 중 나온 말 중 몇 자 옮겨본다. 우리가 앞으로 보게 될 산업재해 문제에서 이 말은 반복적으로 확인될 것이다.

원칙적으로 모든 산재는 예방 가능하다. 사람이 실수하더라도 사고가 나지 않는 시스템을 만드는 것이 산재 예방의 기본이다. 사고가 날 수 밖에 없는 환경과 구조를 만들어놓고 노동자 실수 운운하는 것은 본 말이 전도된 것이고, 책임을 회피하기 위한 것이다. 건설 현장에서 어쩔 수 없이 사고가 날 수밖에 없다면, 왜 유럽 주요 나라 건설 현장에서는 사고가 적은 것인가? 문제는 한국 노동자의 '안전 불감증'이 아니다. 한국 기업의 노동자 생명과 건강에 대한 책임 회피, 속도 경쟁, 실적 위주의 관리와 운영이 문제인 것이다.

2부

구조조정이 부른 죽음

, 인력구조조정

"공공기업의 민영화는 대체로 부패한 정부에서 시행됩니다."

− 노엄 촘스키

1 　외주화를 향해 달리는 죽음의 열차
　—철도 민영화 현장 코레일

공항철도 열차, 선로 근로자 덮쳐 5명 사망

　9일 새벽 인천국제공항철도 계양역 주변 선로에서 근로자 8명이 작업 승인 시간보다 일찍 작업에 나섰다가 열차에 치여 5명이 사망하고 1명이 크게 다쳤다.

　사고 이후 열차는 정상적으로 운행되고 있지만, 사고 당시 안전 관리가 소홀했던 정황들이 나오면서 안전 불감증이 빚은 참사라는 지적이 일고 있다.

　경찰은 근로자 소속 회사와 공항철도 직원, 생존 근로자 등 사고 관계자를 불러 사고 경위와 안전수칙 위반 여부 등을 조사하고 있다.

　(이하 생략)

동아일보, 2011.12.9

야간작업 중 선로를 보수하던 한 노동자가 열차 파편에 맞아 쓰러진다. 하지만 동료들은 구급차를 부르지 않는다. 그들 중 누군가 쓰러진 노동자를 선로에서 먼 곳으로 옮기자고 제안한다. 그들은 허가받지 않은 야간작업을 하던 중이었다. 안전장비도 갖추지 않았다. 이런 상황에서 열차와 관련된 인명사고가 났다는 사실이 드러나면, 일자리를 잃는다. 어렵게 구한 자리이다. 한 건의 일을 위해 사람들이 몇 시간씩 열차를 타고 왔다. 일은 한정되고, 일을 원하는 사람은 많았다.

지금은 실업이나 걱정하고 있지만, 그들은 한때 철도청 소속 정규직 노동자였다. 오랜 시간을 함께 보낸 동료들과 팀을 이뤘고, 스스로를 베테랑이라 여겼다. 무서울 것이 없었다. 그러나 철도청이 민간기업으로 전환되고, 일자리를 잃었다. 일을 따내기 위해 철도 관련 일자리를 알선해주는 업체를 기웃거려야 했다. 예전 같은 자부심은 오히려 일을 구하는 데 방해만 될 뿐이었다. 이런 상황에서 법 위반 사실을 들켜 해고된다면, 언제 다시 일자리를 얻을지 알 수 없다. 그래서 그들은 동료의 죽음을 교통사고로 위장한다.

이것은 현실의 이야기가 아니다. 2001년 켄 로치 감독이 만든 영화 〈네비게이터(The Navigators)〉의 일부 내용이다. 영화의 배경인 영국은 1994년 철도공사를 민영화한다. 철도청이 나누어져 기업에 매각되고, 철도공사에서 일하던 노동자들은 민간업체에 소속된다.

민간업체와 계약을 맺은 노동자들은 이 말을 달고 산다.

"사람이 부족해요."

늘 인력이 부족하다. 업체 관리자는 번번이 말했다.

"비용이 많이 들어 포기했어요."

사업별로 수주를 받아 움직이는 업체는 계약된 금액 이상을 사용할 수 없다. 숱한 경쟁 속에서 철도 사업을 따낼 수 있던 민간업체의 경쟁력은 낮은 단가였다. 사업에 사용할 수 있는 비용은 적으나, 남기는 이윤조차 적으면 안 되었다. 그러니 포기하는 것이 늘어났다. 포기한 것은 직원들의 임금, 시간외수당만이 아니다. 보호 장구, 작업 중 열차가 오는지 확인할 감시원, 그리고 충분한 인력을 포기한다.

적은 인원으로 하는 일은 늦은 시간까지 이어진다. 불도 켜지 못한 채 진행된 야간작업, 어둠 속에서 열차는 지나가고 누군가 목숨을 잃는다. 일하는 이들의 일상이 야금야금 붕괴되는 과정을 영화는 담고 있다.

그리고 무엇을 상상하든 그 이상을 보여준다는 광고 문구는 옳았다. 무엇을 상상하든 현실은 그 이상을 보여준다. 늘 한 발 앞서 잔혹하다. 켄 로치라는 세계적인 감독이 국영산업을 민영화하는 영국의 현실을 비판하며 한 명의 노동자를 죽였을 때, 현실에서는 5명의 노동자가 죽었다. 민영화가 채 이루어지지도 않은 한국에서 말이다.

2011년, 인천공항철도 사고가 있었다.

2011년 12월 9일 밤 12시 50분

5명의 노동자들은 선로 동파 방지 작업을 하고 있었다. 철도공사 자회

지금은 실업이나 걱정하고 있지만, 그들은 한때 철도청 소속 정규직 노동자였다. 오랜 시간을 함께 보낸 동료들과 팀을 이뤘고, 스스로를 베테랑이라 여겼다. 무서울 것이 없었다. 그러나 철도청이 민간기업으로 전환되고, 일자리를 잃었다. 일을 따내기 위해 철도 관련 일자리를 알선해주는 업체를 기웃거려야 했다. 예전 같은 자부심은 오히려 일을 구하는 데 방해만 될 뿐이었다. 이런 상황에서 산안법 위반 사실을 들켜 해고된다면, 언제 다시 일자리를 얻을지 알 수 없다. 그래서 그들은 동료의 죽음을 교통사고로 위장한다.

사 코레일테크 산하의 협력업체 노동자들이었다. 날은 춥고, 야밤의 선로는 낯설었다. 원래 주간조였던 그들은 일이 급하다는 연락을 받고 불려나왔다. "우리야, 까라면 까야지." 누군가는 투덜댔을지 모른다. "이왕 나온 것 툴툴거리면 뭐가 더 나오냐"고 핀잔이 이어졌을지도 모른다. 일을 서둘렀다. 발전기 돌아가는 소리에 주변은 소란스러웠고, 어둠은 깊었다. 하지만 환한 불빛이 달려드는 것은 볼 수 있었다. 너무 늦게 보았지만. 불빛이 이들을 덮쳤다. 그들이 이미 지나갔다고 믿었던, 마지막 운행 열차였다.

큰 사고였다. 누가 붙잡아둔 것도 아닌데 다섯 인부가 동시에 열차에 치여 목숨을 잃었다. 사건이 알려지고, 철도공사 측은 그들이 관제실에 보고도 하지 않고, 작업 시간보다 20여 분이나 일찍 선로에 들어갔다고 주장했다. 작업자 과실이라는 소리였다. 경찰은 "작업자들이 날이 추워 일을 빨리 끝내고 싶은 생각에" 일찍 선로 작업에 들어갔다고 추정했다.

조사가 시작되고, 다른 사실들이 밝혀졌다. 코레일 공사 직원 2명이 트럭을 이용해 그들을 이송시켰다. 현장 관리 책임자인 반장도 작업자들에게 작업 위치 등을 설명한 뒤 사고 현장을 빠져나갔다. 보고도 않고 작업자들이 선로에 들어갔다는 철도공사의 말은 거짓이었다.

작업자들은 주간조였기에, 막차 시간을 제대로 알지 못했다. 이들을 이송한 철도공사 직원들은 업체 사정을 알 리 없기에 그들이 막차 시간을 알 것이라 여겼다. 막차 운행을 한 기관사는 선로 공사 이야기를 듣지 못했다. 철도공사 코레일과 업체는 이토록 소통되지 않았다.

업체 직원들은 야간 작업복조차 지급받지 못했다. 야간 공사를 하고 있다는 사실을 알리는 알림판도 없었다. 열차가 오는지 감시해줄 현장 관리 감독자도 없었다. 작업 현장은 소란스러웠다. 소음이 그들을 둘러싸고 있었다. 이 모든 것의 조합은 죽음이었다. 원청(철도공사)과 하청의 소통의 엇갈림, 관내 일을 하청 주고도 관리 감독의 의무를 방기한 철도공사. 왜 다섯이나 되는 사람들이 선로에 붙박인 채 죽음을 당했는가 하는 의아함은 이로써 납득할 수 있었다.

상황이 불리해지자, 철도공사 측은 유가족들과 합의에 나섰다. 사고가 있은 뒤 6일 만에 합의는 이루어졌다. 철도공사는 사망자에게 각각 1억 5,000만 원의 보상금을 지급했다. 자사 선로에서 일어난 사고의 도의적 책임을 지는 것이라 했다. 자사 선로였지만 자사 직원은 아니니, 책임 앞에 '도의'라는 단어가 붙었다.

자사 직원이 아니었다. 철도 선로 보수를 담당하지만, 이들은 철도공사 소속이 아니다. 대부분 필요에 따라 부르는 업체 노동자다. 때로 업체와 분야에 따라, 일용직 노동자가 오기도 했다. 철도공사 현장 직원들은 외부 사람들이 관내에서 일하고 있어도, 어느 업체인지 어떤 일을 언제 하는지 모른다고 했다. 안전조끼를 입지 않고 돌아다니면 업체 직원이겠지 여겼다고 했다.

"작업 현장에 외부 업체 사람들이 수시로 다니니까. 일일이 다 확인할 수도 없죠. 사업별로 일을 따가지고 들어오기 때문에. 외부 업체 직원들이 진짜 안전조끼도 없이 그냥 뭐 점검 차 오는 경우도 있거든요. 간혹 가다 어떻게 여기 들어온 거냐고 물으면 어떤 업체에서 왔다고 그러고."

철도 노동자의 말이다.[1] 철도공사 노동조합조차 이들을 파악하지

---

1 서울, 부산 지역의 철도공사 소속 정규직 · 무기계약직 노동자들과 한 인터뷰를 토대로 구성했다.

못하고 있다. 외주업체와 관련한 정보는 철도공사가 쥐고 있는데, 이를 공유하려 하지 않는다. 게다가 일이 있을 때마다 협력업체가 그 일을 수주받아 들어오는 식이라, 변동도 심하다. 건설 현장을 떠올리면 된다. 대기업 로고를 단 아파트를 짓지만, 공사 현장에는 크고 작은 업체들이 들어와 일한다. 인부들은 각 반장(오야붕)들이 꾸려온다.

"기술자는 몇 명만 있는 거고 나머지 사람들은 인력시장에서 구해 오는 경우도 많죠. 지나가다가 '원래는 뭐하세요?' 물어보면 전당포 하는 사람이 투잡(second job)을 뛰는 경우도 있고 그래요."

실제로 아르바이트 구직 사이트에서 철도 선로 보수 업무를 할 사람을 구하는 공고를 쉽게 볼 수 있다. '철도 1공구 현장 보수 업무 지원자 구함.' 휴학생도 구하고, 공고 졸업생도 구하고, 경력자도 구한다. 알음알음 만들어진 팀이 안전교육을 제대로 할 리 없다.

그런데 철도 선로 안은 평화롭지 못하다. 운행시간에 맞추어 들고 나는 여객열차만 있는 것이 아니다. 야밤에도 달리는 화물열차, 역과 역 사이를 운행하는 정비차, 운반차 등 무수한 움직임이 있다.

"수리 때문에 차단이 되면, 이 철길만 죽는 거(차가 안 다니는 것)거든요. 그런데 이쪽도 철길이 많잖아요. 그럼 이쪽은 차가 다니는 거예요. 그걸 모르니까 사람들은 막 넘어간단 말예요. 교육 같은 거를 자세히 시키질 않아요. 그냥 거기 어느 근방 가면은 일할 게 있어. 그렇게 알고만 가는 거예요. 갈 때도 우리 같은 경우는 항상 열차 오는 방향과 마주보게 걸어야 한다는 안전교육을 받는데, 이 사람들은 어디 구간인지 모르니까 거꾸로 걸어가는 거예요. 뒤에서 차가 올지도 모르는데."

오늘은 부천역에서 일하지만 내일은 의정부 지역 선로를 수리해야 할지도 모른다. 사업은 한 관제에만 있는 것이 아니다. 일이 있으면 업체는 어느 역이든 간다. 사업을 따라 이리저리 이동하고, 노동자들은 그때그때 구해오는 식이니, 역에 대한 정보와 지형 파악이 이루어질 리 없다.

게다가 용역업체들은 철도공사의 사업을 따내는 것인지라, 약속된 기일 안에 업무를 마치는 것이 중요하다. 시일을 어길 경우 다음 작업을 수주받는 데 불이익을 당한다. 하지만 철도와 관련된 일은 대부분 외부 작업이라 변수가 많다. 비가 내려도 눈이 와도 바람이 불어도 문제다. 작업 기일을 여유롭게 받는 것도 아니다. 업체 입장에서도 하루빨리 일을 마쳐야 비용을 아낄 수 있다. 업체는 목숨 걸고 일을 서두른다. 그러다 진짜 목숨을 내놓기도 한다.

2012년 11월 천안시에서 교각 선로를 보수하던 노동자가 KTX 열차에 치여 숨졌다. 12월에는 의정부 망월사역에서 지붕을 수리하던 노동자가 감전사했다.[2] 사건이 있을 때마다 현장 노동자들끼리는 수군거린다. 어떻게 사고가 났는지, 그녀들 눈에는 뻔하다.

"안전협의 담당자가 역에 가서 협의를 해요. 우리가 오늘 새벽에 이 작업을 하게 된다, 그러니까 단전을 해주십시오. 언제 작업을 하겠습니다, 협의를 한 거잖아요. 하지만 그 사람들은 일찍 간 거예요. 지붕을 고치는 일인데, 일하는 사람들은 시작하기 전에 미리미리 사다리 갖다놓고 뭐해놓고 하자, 그런 거죠. 시스템이, 그러니까 어쩔 수 없이 돈은 적고 시간은 짧고 사람은 조금 써야 하고 이런 식이기 때문에. 준비 작업 없이 하면 시간 내에 못 끝내요."

어느 외주업체 작업과 다를 바 없이 분주했으리라. 사전에 준비 작

2 "26일 오후 10시15분께 경기도 의정부시 지하철 1호선 망월사역에서 정모(49)씨가 감전돼 숨졌다. 정씨는 역사 지붕 공사를 준비 중이었던 것으로 알려졌다. 코레일 측은 출동한 119구조대가 사다리차를 조립하는 동안 전력을 차단했다. 구조대는 고압선 때문에 사고 지점 접근이 어려웠다. 이 때문에 상행선 열차 운행이 20여 분간 중단됐다.", 연합뉴스, 2012.12.27.

업이라도 해놓자 했다. 어느 누가 철도 지붕에 나무 사다리를 놓는 것으로 감전이 될 것이라 생각했을까? 일반인들은 모른다.

"만약에 저기가 고압 전류이기 때문에 좀만 가도 다쳐. 나무라고 해도 사고 나. 이런 교육을 늘 받아왔다고 하면 그러지 않았겠죠."

더불어 안전에 관한 업체와 철도공사의 협의 과정도 문제로 지적된다.

"철도 직원들 같은 경우는 내가 보든 선임장이 보든, 당사자들이 직접 협의를 보고 작업을 하러 가기 때문에 오늘 이 작업을 하면서 어디서 뭐가 위험한지 상세하게 협의해요. 안전사고가 좀 덜 나죠. 그런데 외주업체는 협의 자격증을 갖고 있다 해도, 이 지역은 모르잖아요."

심지어 '안전협의 담당자(안전보건협의체 안전 관리자)'는 업체 소속도 아니다. 철도공사 직원도 아니다. 철도 근무 경험이 있고, 교육을 받아 자격증을 수료하면 안전협의 일을 할 수 있다고 한다. 그들 또한 일거리를 찾아 헤매는 것은 어느 협력업체 직원과 다를 바 없다. 오늘은 망월사역에서 안전보건협의를 하지만, 내일은 다른 역에 가서 협의를 한다. 소속이 없는 사람들의 결합이 만들어내는 소통의 부재가 일의 촉박함과 맞물리면 사고가 된다. 다들 일을 찾아 떠돈다. 유일하게 붙박여 있는 것은 철도공사다. 그런데도 지휘감독 권한을 가진 철도공사는 사고가 나면 순진한 얼굴로 묻는다.

"어? 작업 시간도 아닌데, 왜 일을 했대요?"

안전 불감증 환자는?

인천공항 5명의 죽음 앞에서 철도공사는 '왜 그 시간에 작업을 했지?' 딴청을 부렸다. 사고 발생 직후 일부 언론은 '안전 불감증이 빚은 참사'라는 문구를 덧붙여 소식을 전했다. 안전 불감증에 걸린 이가 작업자라 해석될 가능성이 큰 기사들이었지만, 실은 안전 불감증 환자는 따로 있었다. 철도노동조합에서 노동 안전 업무를 담당했던 이태영 국장[3]에게 옛날(?), 그러니까 20년 전 철도 이야기를 들을 기회가 있었다.

"열차가 지나가는 교량을 보수해야 하는데, 그때는 작업자들 지나는 길이 없었어요. 열차가 다니는 철로 위에서 작업을 하다가, 열차가 오면 정말 좁은 여유 공간으로 피하거나 그것도 없어서 열차가 오기 전에 다리 밖으로 뛰어나가야 해요. 좀 늦으면 무조건 죽는 거예요. 열차에 치이는 것보다 뛰어내리는 게 낫다는 사람도 있고. 그러면 다치는 걸로 끝나는 경우도 있으니까요."

사람 지나는 길 하나가 없어 목숨을 잃었다. 당시 철도청이 사고를 줄인다며 직원들에게 뛰어내리지 마라, 열차가 오는지 확인하라, 입바른 말을 해도 소용이 없었다. 죽는 사람은 줄지 않았다. 입 아프게 몇 마디 하지 말고 길목 하나를 세우면 되는 문제이지만, 예산 부족을 들먹이며 철도청은 사람이 죽어나가는 것을 못 본 척했다.

경력 15년차 기관사는 말했다.

"저 입사할 때는 기관차에 에어컨이 없었어요. 한여름에 외부 온도가 30도다, 그럼 기관차 내부 온도는 40도를 넘어가고 이래요. 여러 방편을 쓰는 거죠. 물 떠가지고 발 담그는 사람도 있고. 터널 들어갈 때는

---

3   현 전국공공운수사회서비스노동조합 정책국장.

일부러 문을 열고. 공기가 안 좋아도, 터널은 시원하니까. 겨울에는 합숙(기관사들이 장거리 운행 후 머무는 숙소)에 들어가 누워 '후' 불면 하얀 입김이 나올 정도였어요. 너무 열악했죠."

그 합숙소에서 자던 노동자들이 이유를 모르고 쓰러졌다. 1998년 산재 사망 수는 35명. 1999년에는 23명. 2001년에는 31명. 2000년대 초까지 철도는 평균 30여 명꼴의 산재 사망자를 내는 작업장이었다. 대부분이 작업 중 사고와 과로사로 인한 죽음이었다.

높은 사망자 수는 공공부문이었지만 형편없던 작업 조건 속에서 이루어졌다. 과로사가 만연했던 것은 노동자들의 시간값이 저렴했기 때문이다. 철도청 노동자의 한 달 기본 근무시간은 192시간이었지만, 실제 240시간을 초과해 근무하는 경우가 많았다. 대기 시간이 길고 화물열차의 경우 밤 운행이 많은데다가, 야간 근무도 따로 정해진 규칙이 없었다. 휴일이라고 해봐야 한 달에 두 번이었다.

"출근부터 퇴근까지 붙잡아두는 시간이 많았어요. 화물은 일반 여객을 우선 보내고 나서 가니까, 한두 시간은 기본이었죠. 길면 6시간도 대기하는 거예요. 단가가 그때는 1시간에 천 얼마, 이천 얼마밖에 안 했으니까. 240시간, 270시간 초과 근무를 해도 철도청 돈이 그리 들지가 않았어요. 그러니까 신경을 안 쓴 거죠."

정비업은 철도청 시절, 24시간 철야 근무를 했다. 근무 연도가 30년이 다 되어가는 노동자는 이렇게 말했다.

"내 나이가 53세인데, 예전에 선배들은 지금 내 나이 같으면 인상이 어딘가 안쓰러워 보이고 그랬어요. 그만큼 빨리 늙었어요. 하루 밤을 새고 일하고 다음 날이 비번인데, 실은 집에 와서 자면 하루가 끝나는 거죠. 철비철비(철야 근무와 비번이 반복되는 근무 형태)가 그랬어요. 정년퇴

임하고 몇 년 안 돼서 부고장 날아오고. 그래도 요즘은 얼굴들이 낫지."

다행히도 퇴직한 지 몇 년 만에 죽지 않는 이유는 24시간 철야 근무가 주야간 교대로 바뀌었기 때문이다. 현재는 주간 근무와 야간 근무를 이틀씩 반복하는 방식이다. 근무 형태가 바뀐 것은 철도청이 철도공사로 전환한 후였다.

2005년 철도공사로 전환한 후, 공무원 신분을 탈피한 노동자들의 임금이 오른다. 그에 따라 시간외근무수당 또한 오른다. 근무시간과 근무조건이 개선되기 시작한 것은 철도의 안전의식이 높아져서가 아니다. 노동자들의 시간당 임금이 높아지면서부터이다.

"그러니까 이제는 조금만 시간이 넘어가도 공사도 신경을 쓰죠. 자기네들도 비용을 줄여야 하니까. 예전처럼 무조건 기관사를 기다리게 하는 게 아니라, 차를 잘 빼는 편이에요. 화물도 거의 정시로 나가게 하고."

철도공사의 안전 불감증을 고친 것은 바로 돈이었다. 1년에 10명씩 과로사로 죽어나가도 바뀌지 않던 현장이 철도공사 주머니에서 돈이 나가게 생기자 변했다.

안전 불감증 치료제가 하나 더 있다. 일하는 이들의 직접적인 요구이다. 2001년 철도노동조합이 민주화되었다. 그로써 시작한 작업은 철도 사업장이 산업안전보건법 적용 대상이냐를 따지는 것이었다. 적용 대상이 아닌 줄 알고 살았다. 그전까지는 따져볼 힘도 없었다. 노동조합의 질의에 노동부는 '철도는 적용 대상 사업장 맞으며, 2002년 4월부터 산업안전보건법을 준수해야 한다'라는 답을 해왔다. 노동부의 답 하나를 부여잡고 노동조합은 열심히 싸웠다. 그 후 많은 것이 바뀌었다. 안전 설비 개선이 이루어졌다. 철도 교량에 사람이 다니는 길목이

© 민중의소리 김철수 기자

사람 지나는 길 하나가 없어 목숨을 잃었다. 당시 철도청이 사고를 줄인다며 직원들에게 뛰어내리지 마라, 열차가 오는지 확인하라, 입바른 말을 해도 소용이 없었다. 죽는 사람은 줄지 않았다. 입 아프게 몇 마디 하지 말고 길목 하나를 세우면 되는 문제이지만, 예산 부족을 들먹이며 철도청은 사람이 죽어가는 것을 못 본 척했다.

세워지는 등 당연한 설비들이 부랴부랴 만들어졌다. 그제야 덜 죽었다.

예전처럼 참담한 사고는 잘 일어나지 않는다. 다만 요사이 노동자들의 죽음을 두고 말 하나가 돈다. "다치는 건 정규직, 죽는 건 하청 직원." 같은 현장에서 일을 해도 정규직(원청 직원)은 죽지 않지만, 협력업체 직원은 목숨을 잃는 사고로까지 간다는 것이다. 정규직이 불사신이 아닌 이상, 문제가 있다. 하청 노동자들이 더 위험한 일을 하고 있다. 몇 다리 거치는 소통을 하게 되는 하청업체에게는 안전이 더 멀리 있다. 선로 위 노동자들이 막차 운행 시간을 알지 못했던 것처럼 말이다.

"작업 시간도 아닌데, 왜 일을 했대요?"라는 철도공사의 물음은 완벽한 딴청은 아닐지도 모른다. 소통이 하청의 하청을 거친다. 공항철도 사고를 보면, 죽고 다친 이들은 철도공사의 자회사 직원조차 아니었다. 자회사가 외주를 준 또 다른 업체의 직원이다. 소통 하나를 하려고 해도, 업체와 업체를 거쳐야 한다. 그러니 모른다.

이 모를 수밖에 없는 구조를 만든 것은 철도공사 자신이다.

철도공사에게 비용 절감인 '외주화'는 노동자들의 수명 절감과 이어진다. 하청 노동자들은 뿔뿔이 흩어져 있고, 업체는 철도공사 눈치만 본다. 힘없는 하청 노동자의 산재는 제대로 집계조차 되지 않는다. 여럿이 한꺼번에 죽는 정도의 사고나 되어야 사건이 수면 위로 떠오른다.

철도의 안전 불감증은 돈이 들어야 고쳐지는데, 하청업체는 죽어도 다쳐도 철도공사 돈이 안 드는 영역이다. 언론을 통해 크게 알려진 인천공항철도 사고조차, 구속영장이 청구된 이는 하청업체 관리 직원 세 명과 열차를 운전한 애꿎은 기관사이다. 철도공사는 도의적 책임이라며 다섯 사람의 죽음에 몇 억 내놓고. 보상에 사용된 돈은 철도공사가 외주화를 통해 벌어들인, 하청업체를 이용해 아낀 인건비에 비한다면 극히 일부일 것이다. 그러니 병은 커지고, 외주화 비율은 늘어난다.

늙은 노동자의 바람

외주 업무를 주기가 용이한 KTX의 한 해 고장 사고 횟수는 40여 건.
사고가 한 달에 3, 4번꼴이다. 현장에서 일을 하는 이들은 이러한 위험
을 체감한다.

"레일도 버릇이 들어요. 사람처럼. 레일이 똑발라야 되는데 꺾이는
거예요, 습관적으로. 그걸 상시적으로 고치지 않으면 몇 년 지나서 휘
어요. 버릇 들기 전에 잡아줘야 하는데 못 잡아주는 거죠. 나중에서야
기술자가 가서 고칠려고 해도 못 고쳐요. 그러면 레일 그 쇳덩어리를
다 갈아야 하는 거예요. 인건비가 엄청나게 들어가는 거죠. 그래서 (철도
청을 민영화한) 영국 같은 경우는 다시 다 교체하는 거예요."

"동료 결혼할 때, 열차 타고 가는데 우리가 이거 왜 이러냐, 이거 이
상한데, 무도 상태(콘크리트 바닥)인데 왜 이러지 이거. 장난 아니더라고.
흔들림이. 일반 사람들은 몰라도 우리는 알죠."

"선로가 소리 내는 게 달라요. 우리도 한 3년 정도 걸려야지 이게 감
이 와요. 그 귀가 열리는 데 한 3년 걸려요."

3년 만에 귀가 열린다는 이 일에 돈을 아낀다는 이유로 외부 작업
자들을 쓴다. 일용직 건설업자도 오고, 아르바이트하는 휴학생도 온다.

선로와 정비 업무가 외주화되는 동안, 철도공사 내 정규 인력은 줄
어간다. 2009년에 철도는 5,115명을 감축했다. 희망퇴직자가 갈수록
늘어난다. 나간 사람은 많으나, 철도공사는 새로 사람을 들이지 않는다.

"저희 시설반이 여섯 명이에요. 그전에는 아홉 명 됐는데 줄었죠. 기본 작업을 나가려고 해도, 다섯 명이 필요해요. 열차 감시하는 데 한 명 서야 하고요. 그런데 이 중에서 한 명이 연가를 쓰면 다섯이서 일하기 힘들어지죠."

일이 밀린다. 그래서 포기한다.

"서울역에서 용산까지 사람들은 한 구간이라 생각하지만, 거기에 선로가 10개 있으면 일이 10가지가 있는 거예요. 예전에는 선로 하나를 하루에 순회 점검을 해서 총 열흘, 2주가 걸렸는데, 인력을 계속 줄여야 하니까 하루에 두 개씩 점검을 하라고 위에서 내려오는 거예요. 2주 동안 할 일을 1주에 하라고. 그러니 자연스레 일을 대충하게 되는 거고, 사고가 많이 나죠."

그러나 철도공사는 포기하지 않는다.

"본사에서 잘되고 있다고 이야기하는데. 당장에는 표가 안 나죠. 새 선로들을 외주를 많이 주니까. 신선(새 선로)이면은 점수를 30점 패널티를 줘요. 개도감시차가 있어요. 차가 어느 정도 흔들리는가를 보고 점수화하는 건데. 그쪽은 신선이기 때문에 점수를 받아도 더 높은 거예요. 그니까 안전사고 이런 거 없다, 점수가 더 높다, 공사는 이러는 거예요."

하지만 오랜 경력을 지닌 노동자는 "열차 떨어질까봐 겁난다"고 했다. 열차 탈선을 말한다. 정년이 얼마 남지 않은 노동자는 농담을 섞어 말한다.

"열차가 안 떨어지는 게 신기해. 아, 지금은 사고가 터지긴 터질 것 같은데, 우리 관내에선 터지지 마라. 이런 바람만 계속 늘어나는 거죠."

그의 '소박한' 바람은 그저 바람이 될 것 같다. 민영화를 위한 준비

단계인 '철도산업 발전 방안' 소식이 들려왔다.

경영 개선과 효율화

2013년, 영화 〈네비게이터〉의 배경이 된 영국 철도 민영화 20주년을 한국에서 기념하는 일이 있었다. '민영화는 실패하지 않았다'는 고취의 목소리가 한국에서 울려퍼졌다. 박근혜 정부가 영국이 걸은 민영화의 길을 따라가겠다고 선언한 2013년 9월 3일. 박근혜 정부는 '철도 산업 법 개정안'을 입법 예고했다. 정작 영국에서는 민영화에 대한 다른 평가를 내놓았음에도 말이다. (영국 국가기관인 운수규제국은 민영화 이후 철도요금은 107퍼센트 인상된 데 반해 국제 BM효율성은 34퍼센트의 격차를 보였다고 밝혔다.[4] 이러한 평가를 기반으로 2002년, 노동당 정부는 철도 시설을 네트워크레일Network Rail이라는 정부 관리를 받는 비영리 회사 소속으로 돌려 다시 공영화했다.)

  법안에는 철도 면허와 같은, 누군가 철도를 소유할 수 있는 자격에 대한 내용이 담겨 있었다. 개개인이 철도를 사들일 리는 없고, 그 누군가가 재벌기업이 될 것은 뻔했다. 정부는 경영난 때문이라 했다. 코레일은 원래 흑자를 봐서는 안 되는 공기업이다. 그럼에도 이윤을 추구했다. 오세훈 전 시장과 이명박 전 대통령의 합작품이었던 '용산개발' 부도는 철도공사의 재정을 악화시켰다. 7,000억 원의 빚을 철도공사에게 안겨준 용산개발은 외주화와 몸집 불리기의 결과였다. 한 해 전에는 인천공항 철도가 1조 원의 빚을 공사에 넘겼다.

  정부는 재정 위기를 극복하기 위해 주로 부자들이 아닌 보통 사람

4　김성희, 〈철도산업 경쟁 도입에 관한 전문가 토론회〉, 2012.2.22

의 호주머니를 뒤지는 수법을 사용했는데(사회간접자본 투자를 축소하고 연금 제도를 개악하는 방식을 선호해왔다) 이번에는 민영화다. 흑자 노선인 수서발 KTX를 분리하여 판매하는 것으로 시작됐다. 상품의 가치가 있는 것을 제일 먼저 시장에 내놓았다. 철도라는 상품을 잘게 나누어 팔아 돈을 벌 생각인 게다.

문제는 우리다. 어떤 민간기업이 적자 노선을 운영하려 할까. 정부 지원금이나 지자체 비용이 옵션으로 같이 팔려갈지 모른다. 우리 주머니에서 가져간 세금일 게다. 요금 인상은 기정사실이다. 서울에서 부산까지 거리 약 400킬로미터를 비교해봤을 때, 영국과 한국의 철도 요금 차이는 4배에 다다른다. 아예 노선 자체가 폐지될 수도 있다. 어떤 방식이든 우리의 호주머니에서 돈이 빠져나가는 소리가 들린다.

돈만 빠져나가면 다행이다. 신규 적자 노선을 외주화하고, 시설·물류·차량 관리 등을 자회사로 분리한다. 기존 철도공사는 철도운영지주회사로 전환한다. 이것이 철도산업 발전 방안이라 불리는 가운데, 자신의 관내에서만 사고가 터지지 않길 바라는 나이든 노동자의 바람은 그저 바람이 된다.

입법이 예고되기 사흘 전, 때맞춰 철도 사고가 하나 있었다. 마침 그 시각 나 또한 지방 취재를 위해 열차를 타러 가는 중이었다. 역에 도착했을 때, 그곳에 혼돈이 있음을 보았다. 그 혼돈을 역무원 몇몇이 억지웃음에 경련 일어나는 얼굴로 막고 있었다. 고객들은 항의했다. 경부선 모든 열차가 멈춘 것이다. 그제야 대구역 열차 사고 소식을 들을 수 있었다. 열차가 탈선을 했다. 한 길로 가는 열차의 특성상 경부선을 지나는 모든 열차 운행이 정지됐다.

유쾌한 일은 아니었다. 뉴스를 보니, "승무원의 신호 오인"이 사고 원인이라 했다. 승무원과 기관사가 출발 신호를 오인해 KTX와 충돌했다. 다음 날은 미룬 취재를 하러 가느라 분주했다. 그렇게 사고를 잊었다. 아, 대형 사고가 난 줄 알고 창문을 깨고 도망치려는 승객들이 있었다 하기에 그 열차에 타지 않아 다행이라는 생각을 잠시 했다. 깨진 창문으로 도망치는 내 모습은 생각만으로 끔직했다.

며칠 뒤, 신호를 오인한 승무원이 휴일대체 근무자였음을 알게 됐다. 뉴스가 그러한 소식을 떠들 리 없고, 노동조합 성명서를 통해서 확인한 사실이었다. 정식 직원이 아닌 대체 근무자는 기본교육 없이 현장에 투입됐다. 철도 노동자들을 만나서 귀 따갑게 듣던 '인력 부족' 때문이다. 열차 승무 업무를 전문 영역이 아니라 단순 업무로 분리해 외주화하고, 기관사와 승무원도 1인만 탑승한다. 전문 교육을 받지 않은 대체 근무자가 등장한다. 사람 실수를 시스템으로 막을 수 있는 '안전 측선' 등을 갖추고 있는 것도 아닌데, 너무 자신만만하다.

이것이 철도의 '경영 개선'과 '효율화'였다. 나에게 창문을 깨고 뛰어내릴까 망설이게 하는 것이. 만약 열차가 세게 충돌했다면, 참 슬픈 일이었을 것이다.

낡은 열차와 낡은 노동자

한 역을 찾았을 때, 30년 동안 열차를 몬 노동자가 열차 안을 보겠냐고 했다. 기관실을 본 적이 없기에 흔쾌히 응했다. 가까이서 본 열차는 꽤 높았다. 올라가기 위해 계단을 찾았으나, 없었다. 열차에 바짝 붙은 철 사다리가 전부다. 기관사는 비가 오는 날에는 열차에 타려다 그 비를 다 맞는다고 했다. 가파른 사다리를 오르기 위해 우산 들 손이 없기 때문이다. 사소한 일이겠지만, 30년 근무에 이제는 열차가 우는 소리만 들어도 열차가 어디가 아픈지 안다는 노동자가 비를 맞으며 사다리를 오르는 장면은 어딘가 나를 불편하게 했다.

사다리를 타고 올라가 좁은 난간을 지나면, 더 좁은 문이 있다. 그 문 안쪽이 기관사실이다. 열차 유리창 앞에 기관사 조종석이 있으리라는 기대를 저버리고, 조종석은 오른쪽 구석에 있었다. 왼쪽 공간에는 의자 하나가 달랑 놓여 있는데, 보조기관사의 자리다. 의자 쿠션이 터져 스펀지가 밖으로 비죽 나와 있다. 전반적으로 황폐하고 낡은 인상을 주는 이 열차는, 디젤 기관차로 1980년대부터 운행되었다고 한다.

함께 탄 기관사는 조종석에 모로 앉아 오른쪽으로 몸을 비틀어 정면을 보고, 반대로 몸을 비틀어 열차 뒤편을 확인했다. 조종석 옆으로 뚫린 작은 창문이 그가 후진을 할 때 볼 수 있는 전부였다. 사람이 기차에 깔려 죽는다는 것이 이해가 됐다. 시야가 잘 확보되지 않았다.

다행히 이와 같은 7000번대 디젤 기관차는 곧 폐기된다고 한다. 철도의 낡은 역사는 폐기된다. 이제 철도는 KTX 등 빠르고 때깔 좋아 보이는 열차를 앞세우고, 그 열차 옆에서 함박웃음을 지으며 정장을 차려 입은 서비스 노동자를 둔다. 낡음은 곧 폐기된다. 하지만 낡은 열차에서 수십 년을 일해온 사람들의 몸은 폐기할 수 없다.

몸을 모로 틀어 앞뒤를 보고, 저 낡은 의자에 앉아 열차 진동에 몸을 맡긴 채 소음에 귀를 내준, 이제는 늙어버린 기관사들. 몸이 군데군데 상했다. 한자리에 앉아 서울에서 대구까지, 부산에서 서울까지 네다섯 시간을 간다. 대부분 허리 통증 어깨 통증을 호소하는 근골격계 질환[5] 환자들이다.

"열차가 전부 다 쇳덩어리라서 높은 소음과 진동에 노출이 되면 근골격계 질환이 훨씬 더 많이 발생하거든요. 처음 설계할 때부터 진동을 줄여야 하는데, 그러면 돈이 많이 들겠죠."

기관사의 업보라는 근골격계 질환을 철도공사노동조합에서 조사한 적이 있다. 조사 결과를 기반으로 산재신청(집단요양신청)을 하려 했으나, 성공하지 못했다고 한다.

"철도는 기관사, 운전, 차량운수, 전기, 시설 5개 직종이 있는데, 먼저 운전 쪽에서 집단요양신청서를 내기로 했어요. 설명회도 하고 했는데, 거의 될 것 같더니만 안 됐어요. 마지막에 다들 못하겠다고 이야기가 돼서."

당시 요양신청을 담당한 이[6]에게 물었다.

"왜 못하겠다고 한 건데요?"

"공공기관 노동자들은 상대적으로 자신의 직장이 안정적이라 생각해요. 안정적이기 때문에 그 일을 잃을까 하는 두려움도 커요. 특히 기관사들은 문제가 생겨 운전 업무를 못하는 거에 대한 두려움이 있어요. 혹시 근골격계 질환을 가진 것이 드러나면 운전을 못하는 것이 아니냐 하는 거지요. 노동조합의 대안은 노동시간을 줄여보자는 것이었는데, 이를 철도공사랑 노동조합이 합의할 수 있겠느냐. 조합원들은 불가능하다고 판단하기 시작했고, 구멍 하나에 제방이 무너지듯이 확 풀어져 버렸죠."

마침 철도공사는 절묘한 타이밍으로 승무 업무 부적격자들을 전환

---

5 요통이나 어깨 결림이 주요 증상인 근골격계(筋骨格系) 질환은 단순 반복 작업에 따라 허리 목 어깨 팔다리에 통증이 생기는 것을 말한다.

6 전국철도노동자노동조합 이태영 전 노동안전 국장.

배치하겠다는 입장을 들고 나왔다. 무궁화 열차와 KTX에 1인 승무제도가 도입됐고, 화물열차에도 손을 뻗어오고 있던 참이었다.[7] 1인승무제를 비롯해, 하루 자고 나면 철도공사와 정부의 새로운 외주화, 인력 감축 계획이 발표되니 철도 노동자들은 불안했다. 근골격계 질환이 심각한 이들은 주로 50대였다. 근골격계 자체가 누적 질환이기에, 오래 일할수록 더 아픈 것은 당연했다. '이 나이에 나보고 다른 업무를 하라는 거냐, 몇 십 년 해온 일 두고 이제 새로 일을 배우라는 거냐.' 나이든 노동자들은 전환배치에 대한 반발, 아니 두려움이 더 컸다.

근골격계 질환만 산재신청을 할 수 없던 것이 아니다. 내게 열차 안을 보여준 기관사는 7년 전 공황장애를 겪었다. 갑작스럽게 숨도 못 쉴 불안 증세가 일어 열차에서 내려야 했다(다행히 2인 승무를 하고 있었다). 몇 년 동안 병원을 헤매다 공황장애라는 진단을 받았다.

원인은 정확히 알 수 없다. 자신이 운행하던 열차에 부딪혀 숨진 모녀 때문인지, 사상사고가 나고도 단 하루 휴가도 받지 못한 채 퇴근 후 술을 마시며 혼자 울던 기억 때문인지(사상사고 후 3일간의 휴가제도가 생긴 것은 2000년대 중반이 되어서다), 24시간 맞교대 근무를 개선해보겠다고 파업에 참가한 죄로 10년 동안 겪은 해고 생활 때문인지, 시속 100킬로미터로 달리는 1평짜리 기관실에서 5시간 6시간 꼼짝 못하고 가는 일의 특성 때문인지, 모른다.

그는 자신과 같은 질환을 겪는 노동자들이 꽤 있다고 했다(그의 말을 증명이라도 하듯, 2011년 보름 간격으로 공황장애를 겪은 두 명의 기관사가 스스로 목숨을 끊었다). 그만의 문제가 아니었다. 그럼에도 산재신청을 하지 않았다. 역내

---

7 화물열차는 대부분 야간 운행이 많은데, 뒤에 무엇을 싣고 가는지도 모르는 열차를 끌고 밤길을 혼자 달려야 한다.

짧은 거리를 운행하는 일로 자리를 옮기고 약물치료를 받아 증상이 많이 호전되었으니, 그것으로 족하다고 한다.

"이 일을 20년, 30년 한 사람이 또 이제 와 어딜 가서 새로운 일에 적응하고 기술을 습득하겠어요. 지금은 이 정도라도 근무할 수 있으니까 산재신청을 안 했음 하는 거죠. 그게 현실 조건이니까."

철도공사의 민영화 소문은 가실 날이 없는데, 산재신청을 하는 순간 아픈 몸이 감축 1순위가 될 것이라 여겼다. 낡은 보조의자에 앉아 20대를 보내고, 진동하는 기차 운전대를 잡고 청춘을 보낸 이들이다. 인생의 반 이상을 보낸 이곳을 떠나야 할까봐 겁낸다.

철도공사 현장에 젊은 사람은 들어오지 않는다. 2007년 비정규직 보호법이 시행되고, 철도공사는 울며 겨자 먹기로 2년 이상 된 계약직 직원들을 무기계약직으로 전환한다. 없는 직급까지 만들어 정규직이 아닌 무기계약직으로 전환시키고도, 철도공사는 못마땅해 계약직 직원들을 더는 뽑지 않는다. 젊은 사람들이 진입할 기회 자체가 없어진 것이다. 관리직으로 간간이 젊은 직원들이 들어온다.

나이든 노동자가 전수해주고 싶은 철로 기술은 갈 곳이 없다. 이들은 얼마 지나지 않아 희망퇴직을 할 것이다. 희망퇴직을 하면 3년 정도 계약직으로 일을 더 할 수 있게 해준다니, 노동자들은 주판알을 튕긴다. 58세 정년은 너무 짧다. 계약직으로라도 몇 년 더 일하는 것이 나아 보인다. 퇴직서에 사인을 한다.

우리 사회에서 무슨 권력처럼 이름 매겨진 '정규직'은 인력 감축의 압박 속에 병을 봉해버리는, 그저 안정적이고 오래 일할 수 있는 직장을 꿈꾸는 사람들이다. 이들이 병을 감추는 것은 "아프고 힘든 상황을 드러내는 것이 자신의 일자리를 잃어버리게 만들 수 있는 노동조건이 바뀌지 않는 한"[8] 계속될 일이다. 정규직 노동자들이 아픈 몸을 숨기고, 하청 노동자들은 죽어서야 숨은 자신을 드러낸다.

체크메이트, 어떻게 해도 지는 게임

다시 철도 민영화를 다룬 영화 〈네비게이터〉로 돌아가자면, 철도를 사들인 민간업체는 기존 직원들을 교육시킨다.

"이젠 일만 한다고 되는 게 아닙니다. 일을 잘해야 해요."

평생직장의 개념은 사라지지만, 일은 늘 주위에 있다고 한다. 능력껏 일을 가져올 수 있는 새로운 시대가 펼쳐졌다고 말한다. 새로운 변화에 맞춰 숙련공들은 일을 찾아 뿔뿔이 흩어진다. 동료들을 떠나보낸 늙은 노동자 하나가 휴게실에 앉아 상대도 없는 체스를 홀로 둔다. 어느 편이 이기고 있는 중인가 물으니, 그는 "체크메이트"라 답한다.

"체크메이트가 뭔가요?"

"어떻게 해도 지는 거지."

왕이 사로잡히기 직전, 어떠한 수가 나와도 지게 되어 있는 상황을 뜻하는 체크메이트. 과연 늙은 노동자가 말하는 어떻게 해도 지는 이는 누구였을까? '사람이 부족해요'라고 한탄하다 결국 동료의 죽음까지 봐야 하는 노동자일까, 노동자를 죽음으로 내몰아 새로운 시대 선진화된 시대를 꿈꾸는 철도공사일까?

현장인력 감축, 시설경비 절감, 안전시스템 축소가 새로운 시대에 발맞춘 기업들의 경영 개선 방안이었다. 1980년대부터 민영화 인력

---

8 류현철, 〈사회와 개인이 나눠야 할 공황장애〉, 산업의학통신, 2012년.

감축에 앞장서온 일본의 JR철도 회사가 낸 두 차례의 대형 사고는 각기 42명과 108명의 목숨을 앗아갔다. 영국은 1999년 31명의 사망자와 400여 명의 부상자를 낸 대형 참사를 겪는다. 사고의 원인으로 여러 가지가 지적되는데, 신호기는 6년 전부터 수시로 고장 나 있었다. 심지어 이 열차는 면허 취득 2개월밖에 안 되는 초보 기관사가 운전했다. 영국의 국영 철도기관사는 현장에 투입되기 위해 43주의 교육을 받아야 했지만 민영화 이후 교육과정은 축소됐다. 1990년 민영화된 이후 22만 명의 노동자를 사라지게 한 독일 열차는 8년 만에 독일 역사상 가장 큰 참사를 일으킨다. 101명이 사망한 사고는 파손된 바퀴 하나를 발견하지 못해서 일어났다. 바퀴를 정비할 노동자가 부족했다.

이것을 기억한다면, 체크메이트는 우리 모두에게 하는 말일지도 모른다. 우리는 지금 '어떻게 해도 지는' 위험한 게임 속에 존재한다. 모두가 다 같이 지지 않으려면, 늦기 전에 체스 말을 돌려야 한다.

기관사의 공황장애

지하철을 타면 기관사들이 방송을 한다. 사람이 하는 일이라 간혹 실수가 있다. 그것이 유머로 변해 인터넷 세상에 떠돈다.

다음은 백운역인데, 역명을 까먹은 기관사님 왈, "다음 정차 역은…… 다음 정차 역은…… 어디일까요?"

또 있다.

열차가 지연되자 기관사님이 방송을 했다. "손님 여러분께 안내 말씀 드리겠습니다. 현재 열차가 지연되고 있습니다. 열차가 지연되는 이유 는…… 다 제가 못나서 그런 겁니다." 사람들 피식 웃는데, 이어 "손님 여러분께 양해 말씀 드리며 제가 지금부터 대한민국 역사상 최초로 앞 차를 추월해보겠습니다. 자, 그럼 출발할 테니 꽉 잡으시길 바랍니다."

매운 음식을 먹으면 단것을 찾듯, 웃긴 것을 보았으니 우울한 글도 한 번 봐야겠다. 이것도 인터넷 공간에서 회자된 이야기이다.

2012년 4월 6일, 월곡역에 정차한 열차가 한동안 출발하지 않았다. 안 내방송으로 기관사의 목소리가 들려왔다.

"승객 여러분에게 잠시 양해 말씀을 드리겠습니다. 잠시 승객 여러분의 소중한 시간 5분을 뺏겠습니다."

갑작스러운 방송에 사람들은 웅성댔다. 준비를 해온 듯 기관사의 목소리는 차분하게 이어졌다.

"3월 12일 5호선 이재민 기관사가 공황장애를 이기지 못하고 선로를 뛰어내려 순직했습니다. 차 업무를 할 수 없는 사람을 억지로 시켜 결국 죽게 만들고 사장, 본부장, 운전팀장 어느 하나 책임지는 사람 없이 개인의 개죽음으로 몰아갔습니다. 전직만 시켜줘도 고인이 되지 않았음을 잘 아는 그들은 산재처리를 해주지 않아 고인은 장례도 제대로 치르지 못하고 200여 일을 시체로 있다가…… 이제 제 이야기를 하겠습니다. 저는 도시철도 기관사로 1995년 입사한 17년차 기관사입니다. 현재 6호선에만 12년째 근무하는 연봉 5,000만 원의 배부른 정규직입니다. 오늘이 6호선 근무 마지막 날입니다. 어제 출근했더니 7호선으로 인사 발령이 났습니다. 소문은 제가 원해서 갔다고 어처구니없이 나 있더라고요.

인사권을 마구 휘둘러대는 ○○님 ○○님, 기관사 그만 죽이세요. 그동안 죽은 기관사들과 정신적 육체적 고통으로 기관사를 포기한 그분들을 벌써 잊으셨습니까? 사측의 일방적인 인사로 오늘이 마지막 근무입니다. 앞으로 도시철도 운전 분야에서 저와 같은 인사이동 하지 마시고, 정중히 대화와 소통을 요구합니다. 승객 여러분 거듭 사과 말씀 드리겠습니다."

흐느끼는 소리가 이어지는가 싶더니 그것도 잠깐, 방송은 꺼지고 오열은 사라졌다. 열차가 움직였다.

철도를 취재하면 늘 마음 한 자리 불편했다. 도시철도 때문이었다. 도시철도공사 소속 노동자들은 죽어도 너무 죽었다. 한 달 사이 2명의 노동자가 스스로 목숨을 끊을 정도이다.

9호선 열차 맨 마지막 칸에 오르면 기관실 유리창으로 터널을 볼 수 있다. 무인 기관실인 듯, 아무도 없다. 다만 창을 통해 기관사실 앞 유리, 그 너머로 길게 뻗은 선로가 보일 뿐이다. 희뿌연 불빛만 존재하는 길고 긴 선로. 그 선로를 오래 들여다보고 있자면 이런 생각이 든다. 이렇게 미쳐가는 건가? 내가 할 수 있는 거라고는 어둑한 터널을 홀로 지날 노동자들을 떠올리며 하는 막막한 위로뿐이다.

하지만 감상적인 위로 따윈 전혀 도움이 되지 않는다. 그들은 실제 외로울 틈도 없다고 했다. 외로움 같은 감상적인 사치를 누릴 형편이 못 된다. 몇 십 구간을 홀로 이동한다. 아니 책임진다. 외로움보다 더 큰 감정은 긴장이다. 1인승무제 도입 이후, 열차를 홀로 책임져야 한다. 자신에게 목숨을 내맡긴 사람이 등 뒤로 수백 명 타고 있다.

긴 터널은 무념무상으로 지나쳐라. 오직 정차역만 생각하라.

오직 정차역만 생각하지 못하고, 정차역을 지나쳐 세운 뒤 급 후진을 한 기관사는 징계를 받았다. 재교육도 받았다. 철도규칙을 몇 번이나 소리 내어 읽고 필사하는 교육, 경력 15년의 그는 수치스러웠을 것이다. 그래서일까, 그해 목숨을 끊었다.

남겨진 수첩에는 숱한 '명심'들이 쓰여 있었다.

"큰 소리로 팔을 곧게 펴고 정확히 발음한다."

"미친 듯이 지적 확인, 틀리면 바로 기립 집무, 창문 개방."

"위규 운전은 엄벌에 처함."

"비상(제동)을 아까워하지 말라."

"이 모든 것을 지적 확인으로 막을 수 있는데 왜 안 하려고 하느냐."

"정년까지 무사히 가려면 지적 확인은 필수, 규정에 입각한 조치는 꼭 필수, 위규 운전 조치는 최악(최대의) 벌(중징계)이다."

"임의 퇴행하면 죽는다 (명심) X된다. 절대 퇴행 금지."

　　한 칸짜리 기관사실에서 그가 얼마나 안절부절못했을지 유서도 없었고, 겨우 남긴 수첩에는 이런 말만 적혀 있었다. 그는 아마 스트레스 장애였을 것이고, 자세히 보았다면 앞서 간 철도 직원들처럼 공황장애에 시달렸을지 모른다.

　　공황장애에 시달린 기관사는 많다. 기관사의 공황장애는 2004년 산업재해로 공식 인정되었을 정도다. 문제는 도시철도가 이것을 인정치 못한다는 것이다.

　　5호선 기관사 이모씨, 공황장애에 시달리던 그는 업무 전직 신청을 했으나, 업무 전환자에 포함되지 않았다. 6호선 기관사 황모씨, 15년 무사고로 일해온 그가 운전하던 열차 문틈에 여성 승객 핸드백이 끼인 사고가 일어난 뒤, 부쩍 사람을 기피하고 불안 증세를 보였지만 어떤 조치도 있지 않았다.

　　두 사람은 모두 1년 사이 목숨을 끊었다. 한 명은 선로에서, 다른 이는 아파트 옥상에서 투신을 했다. 잇따른 자살에 서울도시철도 사장은 시의회 업무보고 자리에서 노동자들의 자살 이유를 찾아보겠다고 답했다. 왜 뻔한 것을 굳이 찾으려는지 모르겠다. 이유는 1인승무제, 그에 반발하는 노동조합을 중심으로 내려진 징계, 서열과 경쟁 강화, 그리고 이 모든 것을 조장하고 있는 도시철도공사이다. 도시철도공사에게 물을 것은 자살 이유가 아니라, '누가 그 책임을 져야 하는가'이다. 도시철도가 스스로에게 물어야 할 질문이다.

　　2012년 한림대학교 산학협력단은 '서울특별시 도시철도공사 정신건강 실태조사 및 개선 방안 연구' 결과를 발표했다. 1인승무체계에 대한 우려를 담고 있는 이 결과는 제시한 물리적 조건 8가지와 인적 조건 2가지가 모두 만족되지 않으면, 1인승무체계를 운영하는 것이 적절하지 않다고 당부했다.

총 10가지의 조건은 다음과 같다.

ATO(자동열차운전장치) 시스템 이상의 기술 지원

혼잡률 150퍼센트 이하(전동차 1량에 승객 140명 이하)

1인 이상의 역무원 상시 배치

8량 이하의 전동차 운영

자동 운전 및 자동 방송

지상 구간이 10퍼센트 이하일 경우

사고 시 기관사 외에 관제에서 방송·안내 책임 분담

스크린도어 전체 설치

승무 및 휴식 시간 보장

건강 장애 호소자 승무 배제

사고 당시 서울도시철도는 이 조건들에 대부분 미달한다.

공룡과 노동자
—죽음의 기업 KT

KT 직원 또 투신 자살

　KT 서울북부 마케팅단 은평지사에서 근무하던 강모(50)씨는 지난 16일 휴일임에도 불구하고 사무실로 나갔다. 평소 하던 일과 다른 현장 개통·보수 업무로 지난해 전환배치된 이후 업무 부적응을 호소하던 그는 그날 오후 옥상으로 올라가 몸을 던졌다. 유서는 발견되지 않았지만 유족들은 강씨가 평소 책상에 우두커니 앉아 있는 일이 많았으며 업무 부적응으로 인한 스트레스를 호소했다고 밝혔다.

　데이터나 음성을 보내고 받는 전송 분야인 네트워크 서비스 센터에서 오랫동안 근무해온 강씨는 지난해 7월 네트워크 서비스 분야의 인원 감축에 따라 지사의 현장 개통·보수 업무로 전환배치됐다.

　(이하 생략)

경향신문, 2011.7.18.

6월 6일

2시 43분 제천으로 가는 고속도로에서 남편 번호가 찍힌 부재중 전화가 4번이나 온 것을 봄. 전화를 하니까 함께 일하는 직원이라면서 남편의 사고 소식을 알렸다. 전봇대에서 떨어져 많이 다쳤다고 함. 다리와 머리를 많이 다쳤다고.

4시 3분 병원에 도착하니 남편은 CT촬영 중. 전화국 직원이 전봇대 밑 부분이 부러져 있었는데 비가 온 뒤라서, 풀이 무성해서 보지 못하고 올라갔다가 전봇대가 쓰러지면서 떨어졌다고 함.

6시 10분 구급차를 불러서 아주대 병원 응급실로 옮김. 응급 중환자실에 들어감. 응급실 인턴 선생님으로부터 많이 위중한 상태임을 들음.

6월 7일

새벽 1시 응급의학과 선생님에게 현재 상태가 매우 위급하여 수술 들어갔다고 설명 들음.

4시 50분 수술 도중 출혈이 너무 심해서 터진 혈관을 찾아서 막는다며 보호자 동의를 구함. 터진 혈관을 찾아 수혈했다고 함.

아침 7시 응급집중치료실에 입원. 인공호흡기 부착. 7개의 링거로 수혈 중. 혈압이 낮고 출혈이 심함. 허벅지 근육 절개 상태.

6월 8일

아침 10시 주치의 면담에서 뇌출혈과 갈비뼈 골절, 그로 인한 폐 손상. 폐출혈, 팔꿈치 골절, 왼쪽 발끝 신경 재생 미지수, 콩팥 손상 걱정됨.

6월 12일

8시 30분 저녁 면회, 반응을 보였다. 부르면 고개를 돌리고, 다리도 약간 움직이고.

6월 18일

말귀를 알아듣고 반응함. 내일 아침 인공호흡기 뗄 거라고 함. 주치의 면담. 안심할 시기는 아니라 한다. 위태로운 순간을 잘 넘기고 있다고.

6월 20일

수면마취 후유증이 계속됨. 열이 내리지 않음. 용인전화국 동료 직원들이 면회 옴. 다 나은 것 같다며 직원들, 가족들 함께 기뻐함.

6월 24일

염증으로 인한 심한 열 때문에 수술 불가능하다고 함. 오른쪽 폐로 폐렴이 왔다고 한다. 위험한 상태이고, 오후에라도 위험하면 바로 수면마취 들어간다고. 가슴이 답답하다.

6월 29일

내일 수술할 수 있다고 한다. 모든 수치도 조금씩 내려가고 있고, 상태
가 좋아졌다고 한다.

지금 수술을 못하면 다리를 쓰지 못할 수도 있다고 한다.

어찌됐건 수술을 한다는 사실에 감사하다.

— KT전화국 직원 이양복 씨의 아내가 기록한 병상일지

구조조정, 또 구조조정

사람들은 이양복 씨를 두고 말한다. 죽다 살아났다고.

그의 아내는 사고를 전해 들은 후부터 꼼꼼하게 병상일지를 썼다.
그는 머쓱하여 "나 죽을까봐 적은 거다"라고 했다.

넓적다리뼈·갈비뼈 폐쇄성 골절, 패혈증, 쇼크, 뇌출혈, 복강내출혈
등 당시 병명만 9개. 한 달간 혼수상태였으며, 두 달 사이 세 차례 수술
을 하고, 1년간 병원 신세를 졌다. 케이블 수리를 하러 올라간 전봇대(전
주)가 무너지며 난 사고였다. 지금도 한쪽 다리에 후유증이 남았다.

병가 후 회사에 복귀한 그는 여전히 현장일이라 부르는, 전봇대를
타고 맨홀에 들어가 케이블을 수리하는 일을 하고 있다. 평생을 해온
일이 이것이라 했다.

35년 전 전화 관련 업무가 체신부에 속해 있을 때, 그는 소위 '업자'
였다. 전화를 걸면 교환원들이 "몇 번으로 바꿔드릴까요?"라고 묻던 '이
동단위 전화' 시절이었다. 1980년대 집마다 전화기가 한 대씩 놓이고,

개별 업자들이 전화를 설치해주러 다녔다. 전봇대도 지금 같은 콘크리트 기둥이 아니었다. 우지끈 부러지는 나무 전주였다. 밑창이 날카로운 군화를 신고 나무를 찍으며 올라가 전화선을 설치했다.

그 생활을 10년 하다가 자격증을 따서 한국통신(KT의 공기업 시절 명칭)에 들어왔다. 업자로 일하는 것은 일당은 높을지 몰라도 생활이 불안정했다. 한 달에 20일 일하면 많이 한 편이었다. 정기적으로 월급 받는 일을 하고 싶었다. 그렇게 한국통신에 들어온 지 25년이다.

"나는 여태껏 '일 힘들다' 이런 거 몰라요. 왜? 내가 좋아서 했으니까."

세 차례의 사고를 겪고도 이양복 씨는 그리 말했다. 그의 아내가 경황이 없는 와중에도 기록을 했던 까닭은 앞서 2번의 큰 사고를 겪었기 때문이다. 이양복 씨는 25년의 회사 생활에서 3번의 사고를 당했다. 그 중 가장 큰 사고는 2009년이었다. 찰과상 정도가 아니다. 첫 번째 사고에서는 엉덩이뼈가 다 나가고, 죽을 뻔했다는 최근의 사고는 혼수상태까지 갔다.

"첫 번째 사고가 났을 때는 90년대 초였는데, 뭐 전봇대 작업하다가 그랬지. 시골이잖아요. 전봇대를 농로 같은 데를 깎아 세워놓을 거 아닙니까. 그런데 그 전봇대가 쓰러진 거지. 쓰러지니까 한 놈이 있다가 '형 빨리 뛰어내려' 그러더라고. 뛰어내렸는데 여기, 엉덩이뼈가 나갔던 거지. 두 번째 사고는 슬라브(슬레이트) 지붕이었는데, 전화 가설하러 귀퉁이로 올라갔죠. 이렇게 보니까 괜찮잖아요. 밑에 공구리(콘크리트)를 쳐놨잖아요. 밟고 거기서 작업했어요. 그런데 가운데를 밟았더니 폭 들어가는 거야. 공구리가 안 되어 있던 거야. 떨어져 다치고."

마지막 사고는 말할 수 없었다.

"기억이 안 나. 2009년 6월 6일 현충일. 휴일근무였지. 근무를 하러 갔다는데, 생각이 하나도 안 나. 사고 장소가 어딘지도 몰라요."

케이블선 철거를 하러 전봇대에 오른 그는 사고를 당했고 기억의 일부를 잃어버렸다. 전봇대가 부러져 있었는데, 그 아래로 풀이 무성해 보이지 않았다고 했다. 그가 올랐을 때 부러진 전봇대가 옆으로 쓰러졌다.

사고 직후 전화국 팀장이 병원으로 찾아왔다. 이양복 씨의 아내는 화를 냈다. 왜 이런 일이 생기는지 화가 난다고 하자 팀장은 말했다. 이양복 씨가 평소에도 앞서서 일하고, 열심히 일해서 그런다. 화가 풀릴 답이 아니었다. 전주가 쓰러져 다친 사고만 이미 두 차례였다. 두 사건 간의 시간차는 20여 년. 사고 대처 방법은 변하지 않았다. 20년 전 동료가 "형, 뛰어내려" 했던 말을, 기억조차 나지 않는 이번 사고에서도 들었을 것이다.

"보면 전주가 둘 다 바르게 세워진 것 같지만, 이게 선 하나만 잘라도 휙 넘어갈 수 있거든요. 전주가 쓰러져 있어야 하는데 선이 잡아당기는 장력 때문에 서 있는 것처럼 보이는 거예요. 지지대가 없으면 이게 어디로 넘어질지 모르지."

수리 과정에서 선이 잘리면, 지탱시키던 힘이 사라져 전주가 쓰러진다. 그러면 전주에 매달린 사람은 전주가 쓰러지는 방향을 순간 잘 파악해서 뛰어내려야 목숨을 부지할 수 있다. 안전모와 안전화로 해결될 문제가 아니다. 30미터 높이에서 떨어지면 그 아래 돌이 있을지 개천이 있을지 모를 일이다.

다른 안전보호 장비가 있느냐 물으니, 요새는 '바가지차'를 많이 쓴다고 했다. 크레인 차에 사람이 오를 수 있는 공간을 두어 전봇대 위로 올리는 장비를 흔히들 바가지차라고 불렀다. 이 장비를 사용한다면 전

봇대에 매달려 작업을 하지 않아도 되니, 전주가 쓰러졌을 때도 부상을
입지 않을 수 있다.

"그때는 바가지차를 안 쓰셨나 봐요."

"없었어요."

"길이 안 좋아 차를 못 가져가신 거예요?"

"그게 보편화가 안 돼서 그때는. 그다음 해 일상화되었지."

바가지차가 전국에 보편화된 것이 2010년이라고 했다.

"바가지 안에 있으면 방향만 잘 잡으면 상관없죠. 요새는 많이 줄었
죠, 사고가."

2009년이면 애플사의 아이폰이 한국에 출시된 해이다. 당시 국내
스마트폰 사용자가 700만 명 이상이었다. 통신산업이 급성장하고 있을
때, 전봇대에 올라가는 통신 분야 노동자는 바가지차 하나가 없어 목숨
을 위협받았다.

2009년에는 전주 위에 올라간 노동자들의 목숨만 위태로웠던 것이
아니다. 이양복 씨의 직장인 KT는 그해 5,000여 명을 대상으로 대규모
구조조정을 단행했다. 2007년에 비슷한 규모의 구조조정이 한 차례 있
은 후였다. 10년 사이, 4만 4,000명 중 1만 3,000여 명의 직원들이 해고,
희망퇴직, 전환배치됐다. (그리고 2014년 KT는 사상 최대 규모인 8,000명이 넘는 인
원을 명예퇴직 처리했다.)

어쩌면 그는 운이 좋았던 건지도 모른다. 그 시기를 산재노동자로
살았고, 요양 기간 중 해고는 법으로 금지되어 있다. 다음 해 복직한 이
양복 씨는 자신보다 직급이 높고 나이가 많은 이들이 대부분 현장에서
사라진 것을 보았다.

"내 위로 세 명이 있었거든, 현장에. 다 관뒀어. 지금 팀에서는 내가

제일 많고, 딴 팀 가면 나보다 한 살 많은 사람도 있어요."

그의 선배들은 '명예'퇴직을 했다. 무엇을 위한 명예인지 모르지만 퇴직을 하여 회사를 나갔다. 팀 인원도 반 가까이 줄었다. 기존 작업의 상당 부분은 외주 도급회사로 옮겨갔다. 현재 KT 정규직과 외주업체 직원들의 업무량 비율은 40 대 60 정도라 한다. 그 40퍼센트 분량의 일도 사람이 없어, 늘 분주하다.

"보통 맨홀 작업하잖아요. 그럼 뭐 100미터 전부터 위험표시판 세우라고 해요. 그런데 지금 통신공사 작업하면서 100미터 전부터 위험표지판 세우는 데 봤어요? 그거 할 사람이 있어야지. 예전에는 2인 1조로 일하고 그랬는데, 요즘은 그것도 사람이 없어요. 사람 딸려 바빠 죽겠는데 그거 누가 세우고 치우겠어요. 100미터까지. 안전? 그런 거 챙기면서 할 수가 없어요."

밑에서 받쳐줄 사람이 없어 사다리 위에서 전화선을 연결하던 노동자가 대리석 바닥에 나동그라진다. 마음이 분주하니 전주와 전주를 이동하는 길에 교통사고를 낸다. 업무량 증가는 사고로 이어질 수밖에 없다. 그런데도 산재신청 수는 오히려 줄었다 한다. 바가지차와 같은 장비 보급으로 인한 것도 있지만, 그 이유만이 아니다.

"애들이 웬만해서 산재(신청) 안 해요. 고과 까이고 그러니까. 안 해, 일부러."

정년이 얼마 남지 않았거나, 구조조정 흐름에서 간신히 살아남은 사람들이다. 고과점수 하나에도 몸을 움츠리게 되어 있다.

이양복 씨는 그런 분위기와 무관하게 세 차례 모두 산재신청을 했다. 스스로 반골 성향이 있다고 했다. 덕분에 그는 가장 낮은 등급의 업무평가 점수를 받고 있다. 1990년대 노동조합 집행부를 맡은 민주노조 성향의 이들(복수노조법이 생긴 2011년, 이들은 '새노조'라는 이름의 노동조합을 만들었다)과 함께 어울린다는 이유가 빠질 수 없다. 분당에 사는 그가 용인전화국에서 일한 까닭도, 사고가 난 장소가 하남이었던 것도 민주노조와 관련이 있다.

투병 생활을 할 때 그의 아내는 팀장에게 물었다고 한다.

"남편은 성남 아니면 수지로 발령받기를 간절히 원했는데, 왜 그 소망이 그리도 무시되어야 하는지 알고 싶습니다."

팀장은 말했다.

"사모님이 모르시는 것이 있는데 이양복 과장님이 노조활동을 했잖습니까? 10년 전 노조가 바뀌면서 그때 함께했던 노조원들은 모두 탈퇴를 했는데, 과장님은 지금도 옛날 노조와 활동을 해오고 있어서 원하는 곳으로는 보내지 않습니다."

대부분의 민주 성향의 조합원은 그렇게 '뺑뺑이'를 돌았다. KT가 전국에 지사를 가지고 있다는 장점을 최대한 활용한 결과이다.

이양복 씨의 고과점수가 낮은 까닭은 이것만이 아니었다. 그는 상품을 잘 팔지 못한다고 했다. 케이블 수리를 하는 현장직인데, 핸드폰도 팔고 인터넷 서비스도 팔아야 한단다. 상품판매팀의 일이 모든 직원에게 강요되고, 고과점수에 큰 비중으로 반영된다. 일이 재미없다는 생각을 해본 적이 없다던 그는 요새 일이 재미없어지려 한다고 했다.

"스트레스 받는 거지. 내 일도 아닌데 하려니까. 상품을 팔아야 하니까. 사람마다 특성이 다 다른 거 아니에요. 영업 쪽 사람이 영업을 하는 거고."

위에서 묻는단다.

"이양복 씨, 뭐 핸드폰 파는 거 하나도 안 했네."

"해야죠."

"언제 할 거예요?"

"팔 데가 없는데요."

이런 대화가 반복된다. 스트레스다.

"영업도 못하고, 컴퓨터도 못하고, 베테랑이 안 돼. 밀려, 애들한테 자꾸 밀려요."

30년 경력의 그는 자신을 천덕꾸러기처럼 느끼게 된다. 신경과학자 대니얼 레비틴은 어느 분야에서든 전문가가 되려면 1만 시간의 훈련이 필요하다고 했다. 전주에 오른 시간만 따져도 1만 시간을 훌쩍 넘겼을 테지만 그에게 주어진 직급과 대우는 마스터가 아니었다.

30년 경력의 베테랑 기술자는 불만족스러운 정년을 기다리고 있다. 기업이 그를 두고 너무 오래 일한 사람 취급을 하며 눈살을 찌푸리기 때문이다.

KT에서는 10년 전부터 정년퇴임식이 사라졌다. 한 회사에서 꾸준히 일해 정년을 채운 직원들은 기념하고 송별해야 할 대상이 더 이상 아니다. 1만 5,000명이 사라진 자리, 그 자리에서 희망퇴직에 도리질하며 위태롭게 정년까지 살아남은 노동자를 기업은 곱게 보지 않는다. 혹여 기념하여 누군가 본받으려 한다면 큰일이다. 청춘을 회사에 바쳤다 말하는 이들을 기업은 좋아하지 않는다. KT가 좋아하는 것은 유연하고 자유로운 인력과 해고의 용이함이다.

이양복 씨는 정년까지 4년 남았다. 하지만 그가 떠난 자리에 새로운 사람은 들어오지 않는다. 팀원들도 같이 늙어간다. KT는 젊은 사람들을 정규직으로 뽑지 않는다. 일근이라는 형태로 계약직 신입을 뽑는다 하지만 계약직 연봉에 맞추어 들어올 젊은 사람도 없다. 외주업체이건 계약직이건 인터넷 보수나 판매팀 인력만 확충하는 추세다. 전주에 오르는 일을 정년 몇 년 남지 않은 늙은 노동자들이 하고 있다. 한때 기술과 노하우에 대한 자부심으로 신입은 전주에 오르지도 못하게 했다는 그 일을, 더는 할 사람이 없다.

"다들 정년퇴직하고 나면, 이제 이 일은 누가 하나요?"

그는 망하겠죠, 라고 툭 던진다. 원망도 체념도 섞여 있다.

그 공룡 같은 기업에 밟힌 노동자들은 쓰러졌다

KT의 변화는 공기업 민영화의 흐름에서 설명할 수 있다. 1987년 6월 항쟁의 어긋난 성과(?)로 대통령이 된 노태우는 공기업 민영화를 추진한다. '공기업민영화추진위원회'가 설치되고 KT의 전신인 한국통신, 한국전력, 포항제철 등 우량 공기업의 주식이 민간기업에 팔려가기 시작한다. 이때만 해도 소규모 판매였다.

몇 년 후, 우루과이라운드 협상이 채결된다. 국제 개방의 첫 포문에 발맞추어 통신 분야도 전기통신기본법을 개정하여 개방을 준비한다. 그즈음 삐삐, 피시폰 등 새로운 이동전화 수단이 생겨나고 집마다 인터넷 통신이 깔린다. 초창기 전화선을 끌어다 쓰던 천리안, 하이텔 등은 점점 사라지고 광선을 사용하는 데이콤통신, 온세통신, SK, KTF 등의 회사들이 그 자리를 차지한다. 당시 통신사업 별명이 '황금알을 낳는 거위'였다. 통신은 눈 깜짝할 사이에 무궁한 발전을 이룬다(이 흐름은 휴대폰이 생겨나면서 걷잡을 수 없어지는데, 몇 차례의 통폐합을 거치며 통신은 현재의 3사 독점 체제로 안착된다.).

그사이 한국 경제를 뒤흔드는 사건이 일어나는데, 1997년 크리스마스 전날 세계은행(IMF)이 한국 정부에 대외융자를 승인한 것이다. 나라가 빚더미에 오른다. 온 국민의 불안감을 기반으로 대통령에 당선된 김대중은 금융, 기업, 공공, 노동 4대 부문 구조조정을 추진한다. 어른 아이 가릴 것 없이 구조조정이라는 말이 낯설지 않던 그때, 공기업 한국통신의 매각은 당연히 치러야 하는 것이 되고 만다.

경제위기 수습을 위해 재원 마련이 필요하고, 정부는 그 재원을 거대 공기업을 매각함으로써 얻으려 했다. 명분 좋게 민영화가 추진된다. 경제위기에 허덕이던 국내에서 이를 매각할 형편의 기업이 얼마 되지 않은 까닭에 한국통신의 외국인 지분은 40퍼센트에 다다르게 한다. 당시 정부는 한국통신 주식의 20퍼센트를 보유하고 있으니, 여전히 공공적 성격을 유지할 것이라 국민들을 안심시켰다. 그런데 이 주식이 매각되는 데 4년도 걸리지 않았다.

매각 이후 체질을 바꾼다면서 한국통신은 자체 구조조정에 들어간다. 제일 먼저 희생된 것은 사내계약직. 한국통신은 이들을 외주 도급업체 소속으로 돌린다. 이에 반대한 계약직들의 싸움이 3년이나 지속되었지만, 결국 한국통신을 떠나야 했다. 내외부의 구조조정을 일단락 지은 한국통신은 이름을 바꾼다. KT. 이름 변경은 민영화의 마침표였다.

10년이 지났다. 우리는 대통령 공약이 '통신비 인하'인 나라에서 살고 있다. 2011년 월평균 가계 통신비는 14만 2,900원. 10년째 OECD 국가 중 최고 수준이다. 스마트폰 교체율과 단말기 교체율도 세계 1위라는데 그 핸드폰을 쓰는 우리는 별로 행복하지 못하다. LTE급 빠른 속도에 감탄을 해봤자 우리 삶은 단말기 할부금을 내려고 허덕일 뿐이다.

KT의 구조조정에서 살아남은 노동자들도 그다지 안녕치 못한 것 같다. 2013년 11명의 KT 직원이 스스로 목숨을 끊었다. 6년 사이 스스로 죽음을 택한 KT 직원이 23명이다. 목을 매달고, 건물에서 뛰어내렸다. 죽은 이들 대부분은 구조조정 대상자들이다. 회사에서 떠밀리거나 이미 내몰린 사람. 그들이 CP라 불리는 인력 퇴출 프로그램에 시달렸다고 고백하면서 KT가 지난 10년, 어떻게 직원들을 관리했는지가 밝혀졌다. 구조조정 대상에 오른 직원만 1만 5,000여 명. 공기업 민영화의 완성은 무수한 피를 요구했다. KT는 이윤을 위해 달음박질쳤고, 그 공룡 같은 기업에 밟힌 노동자들은 쓰러졌다.

죽음 하나

이름을 밝히기 그러니, 그 사람을 길수, 정구, 철민 정도로 해두자. 그는 장애인이다. 다리 하나가 짧아 지척거리며 걸었다. 걸을 때 몸이 크게 휘청됐다. 그래도 두 팔은 멀쩡해 손으로 하는 일은 자신 있었다. 그의 회사가 국가 소속이던 시절, 장애를 겪는 몸으로도 취업이 가능했다. 시간은 흘러 회사는 기업으로 전환되었다. 세상에 공짜는 없다고 했다. 더 열심히 일해야 한다고 했다. 성과는 실시간 기록되고 순위가 매겨졌다. 성실의 증거는 기업의 상품을 잘 팔아오는 것이라 했다. 그는 판매팀이 아니었다. 기술 하나로 평생 밥 벌어먹은 사람이었다. 몸을 뒤뚱거리며 물건을 파는 사람 것을 누가 살까, 그런 생각도 했다. 그의 고과 점수는 나빠지고 아이들은 커가고 있었다.

KT는 '비상 경영' '합리적 경영'이라는 말을 좋아했다. 그 말이 휩쓸고 가면 사람들이 하나둘 퇴직을 했다. 다리 하나가 짧은 그는 버틸 수가 없었다. 사표를 썼다. 후회했지만, 그가 선택할 수 있는 것은 없었다.

퇴직 후, 나이까지 들어버린 그가 할 수 있는 것은 병들어가는 것뿐이었다. 우울증에 시달리던 그는 석계역에서 선로 아래로 뛰어들었다. 힘 있게 떨어지지 못한 탓에 기차와 부딪히며 선로 밖으로 튕겨져 나갔다. 멀쩡한 팔만 잘려나갔다. 팔꿈치까지 잘려버린 팔 하나. 이젠 정말할 수 있는 것이 없었다. 가족들이 자기 대소변까지 받아내는 모습을봐야 하나. 짐도 이런 짐이 없었다. 그는 불편한 몸을 일으켜 한쪽밖에없는 팔로 끈을 꼬았다. 그렇게 목매 죽었다.

그의 동료들은 몸도 불편한 사람이 어떻게 목을 매었을까, 뜨악해했다. 아니 암담해했다. 사지가 멀쩡한 사람들은 높은 곳에 올라 떨어져 죽었다. 그가 다니던 기업에는 해마다 스스로 목숨을 끊는 사람들이늘어갔다.

이들이 목숨을 끊은 이유는 하나같았다. 죽은 이들은 퇴직을 하거나 퇴직 압박에 시달렸다. 그것으로 모자라 KT 회장은 "생산성이 떨어지는 근로자들이 고급 일자리를 내놓지 않는다"며 질타했다. KT에 들어가기 위해 젊은이들은 줄을 선다. 정규직 관리직 일자리 경쟁률은 200대 1에 가깝다.

죽음 둘, 셋, 그리고 회사를 그만둘 수 없는 이유

KT 문 앞에 선 젊은이들처럼, 20년 전에는 청춘이었을 KT 직원, 아니 직원이었던 이를 만났다. 이름이 알려져봐야 좋을 것이 없으니, A라 부르도록 한다. A씨는 5년 전만 해도 중앙 전산업무를 담당하는 관리직이었다.

2008년 대규모 구조조정 바람이 불자 퇴직하여 KT 자회사로 자리를 옮겼다. 의지로 움직인 것은 아니었다. 회사는 VOC(고객민원처리) 업무를 특화한다며 분사하여 자회사를 만들었다. 자회사로 가고 싶어하는 사람은 없었다. 전산업무 처리를 한 사람에게 민원처리를 하라니. 하지만 면담이 이어졌다. 면담의 내용은 제 발로 나가는 것이 이롭다는 것. A씨도 처음에는 격렬하게 거부했다. 낮은 월급, 계약직인 지위도 마음에 걸렸지만 무엇보다 자회사로 전직하는 것이 정리해고 절차같이 느껴졌기 때문이다. 자회사로 이직을 거부하자 회사는 전근 발령을 내렸다.

지방 지사의 현장직으로 발령이 났다. 입사 이래 그는 컴퓨터 앞에 앉아 IT 업무를 해왔다. 현장직이라면 전주를 타고 맨홀에 들어가는 일이다. 마흔이 넘은 그가 새로운 일, 그것도 현장직 일을 배운다는 것은 무리였다. 나가라는 소리였다. 일은 낯설고 다른 직원들은 윗사람들 눈치를 보느라 그를 따돌렸다. 결국 4개월 만에 두 손 들었다. 회사의 요구대로 퇴직서를 쓰고, 자회사에 들어갔다.

KT는 그와 동료들에게 약속했다. '3년 동안 업무 능력을 평가하여 상위 성적을 보이면 고용을 유지하겠다.' 이전 급여의 70퍼센트 지급, 새로운 인센티브 제공 등도 약속했다. 약속들이 있기에 미심쩍었지만 이직을 결심할 수 있었다. 그런데 2년 뒤 자회사가 문을 닫았다. VOC 업무를 도로 가져간 것이다. 그사이 반 수 이상이 퇴직을 하고, 남은 250여 명은 갈 곳이 없어졌다. 예상 못한 일이 아니었다. 그가 우려한 것이 들어맞았다.

"그러니까 자회사는 우릴 내보내기 위한 수단이었어요."

알고 있었다 하여 억울하지 않은 것은 아니었다.

이번에도 면담이 있었다. 회사는 사직서에 서명을 하라 했다. 서명을 하면 실업수당을 받게 해준다고 했다. 60여 명이 사직서 쓰기를 거부했다. 이들은 노동조합을 만들었다. 회사는 2년 전과 같은 방식으로 이들을 대했다. 외주업체 KTIS로 전근을 보낸 것이다. 사람들이 흔히 '100번'이라 아는 콜센터 업무를 하는 곳이었다. 낭랑한 목소리로 빠르게 말을 내뱉는 젊은 직원들 사이에 앉아 고객들의 상담 전화를 받아야 했다. 정리해고 거부자들은 대부분 쉰 살이 넘었다. 제 발로 나가라는 소리였다.

콜센터에서 개인이 하루에 처리하는 업무 전화는 최하 60통. 인터넷, 휴대전화, 전화 등 KT의 서비스 요금 상품은 1,000여 가지에 다다른다. 젊은이들이 발 빠르게 처리해도 과부하가 걸리는 업무량이다. 서비스를 담당한 통화에 따라 점수를 매겨 월급이 차등 지급되었다. 낮은 기본급에 점수에 따른 성과급을 지급받는 콜센터의 임금체계가 이들에게 유리할 리 없었다.

A씨를 포함한 60여 명은 늘 D등급 담당이었다. KT 정직원 때 받았던 임금의 3분의 1에도 못 미치는 월급을 받았다. 게다가 무슨 일만 있으면 징계가 내려져, 그는 이번에도 정직 5개월이다. 감봉으로 인한 경제적 타격도 무시할 수가 없다. 그사이 아이 둘은 대학에 입학했다.

왜 그만두지 않느냐고 물었다. 생활 자체가 안 되고 있었다.

"그냥은 사람이 못 다니죠. 그렇지만 이게 너무 부당하다는 것을 아니까, 나는 굴복하지 않을 거다, 이런 마음으로 버티는 거예요."

남은 이들은 '굴복'이라는 단어를 떠올리며 버틴다. 그런데 솔직히 말하면, 이렇게 일하면 미친다.

"지금은 그나마 진정이 됐지만, 여기로 옮기고는 한동안은 부글부글했지요."

그는 조심스럽고 점잖은 사람이었다. 부글부글 정도의 단어로 표현될 성질이 아니었건만, 초면인 나에게 말을 아꼈다. 더 격하게 표현하는 KT 노동자들이 많았다. 때로 자신을 해치는 방식으로 갔다. KT 자회사 KTCS 노조의 전 지부장이 2011년 자살을 했다. 시신은 불에 탄 차량에서 발견되었다. 그는 KTCS에서 일하다가 사직을 강요받았고, 이를 거부하자 콜센터로 전환배치를 당했다. A씨의 사례와 유사하다. 많은 이들이 자회사에 계약직으로 배치되었다가 기간 만료와 동시에 사라졌다. 고용을 빼앗기고 삶이 위협받다 못해, 이를 순순히 따르지 않았다는 이유로 자존심마저 짓밟혀야 했던 사람들의 마음은 단순히 '부글부글'한 정도로 끝나지 않았다.

KT 현장 직원 강순문 씨는 내게 이리 말했다.

"밤에 회사에 가서 불을 지를까 생각했어요."

몇 년 전만 해도, 밤에 누우면 울화가 치밀어 헛것까지 보였단다. 어떤 날은 죽어버릴까 생각하고, 어떤 날은 회사에 불을 지를까 생각했다. 첫 단추는 '상품판매팀' 발령이었다.

"그 이전까지만 해도 내근 일을 쭉 하다가 현장으로 가서 인터넷이 처음 나왔을 때 교육 한 번 받아보지 않고 인터넷 가설업무를 했거든요. 민원처리 부분을 하다가 그렇게 하면서 명퇴 압력을 받은 거죠. 안 나가니까 회사에서 사람을 내보내려는 프로그램에 의해서 상품판매팀이라는 새로운 팀을 만들어서 저희를 그리 발령을 내렸죠."

'회사에서 사람을 내보내려는 프로그램'이란 이제는 유명해진 '부진인력 퇴출프로그램 CP'이다. KT는 2002년 완전 민영화를 앞두고 열린 투자자 설명회에서 인건비와 투자비용을 낮추어 최대한 높은 이익을 보장하겠다고 했다. 인건비를 낮추기 위해 시행되어야 할 것은 구조조정. 2003년에 5,505명, 2009년에 5,992명이 구조조정 대상에 들었다. 그 과정에서 나가지 않겠다 버티는 사람들을 관리하는 프로그램이 생겼다.

민주동지회(1994년 건설된 민주노조 측 조합원), 명예퇴직 거부자, 114 잔류자 등이 CP 프로그램 대상이었다. 프로그램은 단순했다. 대상자를 선정하여 단독 업무를 부여하고, 제대로 이행하지 못할 경우 업무촉구서 발송, 경고, 징계, 이 과정을 반복하여 퇴출에 이르도록 하는 것이다.

단독 업무란 실은 한 번도 해보지 않은 또는 모멸감을 주는 업무일 가능성이 컸다. 앞서 A씨는 생애 처음으로 현장직 근무를 해야 했고, 전주를 오르던 강순문 씨는 상품판매팀이라는 영업팀으로 가게 되었다. 당연히 업무 부진이 따라올 수밖에 없다. 그럼 경고를 하고 징계를 내린다. 반복한다. 사람 지치게 하는 것이다.

강순문 씨가 이 프로그램에 들어가게 된 까닭은 민주노조 성향의 조합원이기 때문이다. 1997년 익산지부 지회장을 맡았던 그는 다음 선거에서 낙선했다. 그는 낙선했던 지회장 선거를 설명하며, 내게 말했다.

"이렇게 얘기해도 실제로 안 믿으실 거예요. 아직도 대한민국에 그런 게 있는가 하고."

KT의 노조 선거 개입은 이미 유명한 일이다.[1]

"1997년 선거운동할 때 내가 믿는 절실한 참모랑 친구들 몇 사람

---

1 KT는 개별 면담과 관리자가 투표장과 개표 현장을 참관하는 등의 압박은 물론, 투개표소를 400개 넘게 잘게 나누어 한 투표소에 가는 조합원 수를 줄이고 투표 결과 파악을 용이하게 하는 등의 방도를 취했다. KT의 선거 통제는 2008년 임원과 관리직의 검찰 출두로 인해 선거관리가 용이하지 않았던 해에 더 드러난다. 그해 민주노조 성향의 투표율이 급증해 45퍼센트에 다다른 것이다.

이 있었죠. 근데 저녁 때 밤새 안녕하고 오면 다음 날 아침에 상대편 홍보물을 들고 있어요. 그 사람들도 얼마나 속으로 자존심이 상하겠어요. 회사에서 얼마나 압력을 넣었으면 그랬겠어요. 그래서 저 혼자 선거운동을 했어요."

선거를 치르며 그는 동료를 잃고 혼자가 되었다. 강순문 씨는 아마 자신이 KT가 노동 탄압을 위해 왕따라는 방식을 시도한 첫 사례일 것이라고 말했다. 낙선을 했고, 바로 군산 상품판매팀으로 발령이 났다. 익산에 살던 그가 군산 지사까지 출근을 해야 했다.

"다른 사람도 진안, 장수, 순창 뭐 하다못해 군산이 집인 사람을 전주 거쳐 진안까지 발령을 내렸어요. 그때만 해도 차가 많을 때가 아니니까, 시외버스터미널까지 시내버스타고 전주를 가서 전주에서 또 진안을 갔죠. 하루 네 시간 정도. 그때 교통 상황으로 그런데, 거기서 출퇴근을 했으니까. 우리 남자들이야 차라도 있지, 다른 여직원들은 그것도 쉽지 않고."

그도 60킬로미터를 달려 출근을 했다. 전환배치는 CP 프로그램에 필수불가결한 요소였다. 최대한 낯설고 장거리인 곳에 배치를 할 것. 하지만 기나긴 출퇴근의 고통은 상품판매팀 업무에 비할 것이 못 됐다.

상품판매팀은 보통의 영업팀하고 달랐다. 팀 구성부터가 남달랐는데, 강순문 씨처럼 민주노조 활동을 하거나 희망퇴직을 거부한 이들만 모여 있었다. 구성만 보아도 회사 눈 밖에 난 직원들의 유배지임을 알 수 있었다.

영업직원들이 받는 판촉비도 없었다. 고객에 대한 기본 정보도 주지 않았다. 무조건 팔아오라고 했고, 팔지 못하면 당신들 연봉이 얼마인데 이러고 있냐는 소리를 들었다. 판매를 위해 외근을 하면, 어디서 누구를 만났는지, 뭘 입고 있었는지 시간대별로 업무일지를 쓰라고 했다.

'일 같지도 않은 일', '자존심 구기는 치사한 일'도 했다. 아파트 돌아다니며 타 업체의 전단지를 회수해오는 일 같은 거였다. 1980년대 체신부에 속해 있던 시절부터 현장일을 하던 그가 전단지나 훔쳐오려니 속이 타들어갔다. 강순문 씨는 그때를 기억하며 이리 말했다.

"추잡스럽죠."

직장 내 왕따, 감시는 말할 것도 없었다. 한 날은 누군가 자신을 미행하기에 경찰에 신고했는데, 범인이 회사 직원이었다. 이 정도는 약과다. 100번 콜센터로 옮겨가길 거부해 상품판매팀으로 유배 온 114 직원은 관리자에게 근무시간에 사적인 업무를 보지 않았냐고 추궁당했다. 관리자가 증거라고 내놓은 것은 그녀의 일상이 분 단위로 찍힌 사진이었다. 그녀는 경악했다. 그 경악이 신경쇠약에 걸린 원인 중 하나였을 것이다.

강순문 씨 또한 잠을 못 이루었다.

"내가 잠을 못 자니까. 누우면 울화가 치밀고 정말로 헛것 보다시피 죽이고 싶고 그러니까. 하루 중 자다보면 아까 한두 시간 잔다고 했지만 대여섯 번 깨요. 그러니 뭐 잠이 오겠어. 그때만 해도 나도 40대니까, 애들은 중고등학교 다니지. 맨날 자존심도 상하고 내가 회사 다니다 결국 이 꼴이 나나. 어디 회사에 확 불을 질러버릴까. 어떤 날은 그냥 죽어버리고 말까. 그냥 별별 생각이 다 났죠. 그러다보니 잠을 못 자니까 수면제 얻으러 갔다가 병원에서 안 되겠다, 정신과 한번 상담해봐라 하고."

우울증 진단을 받았다. 산재신청을 했고, 회사의 감시와 차별 때문에 생긴 직업병이라 인정받았다. KT가 직업병 인정을 못한다며 대법원까지 재판을 끌고 간 뒤였다.

이득이 눈앞에 보이는데 사람들이 회사를 나가려 하지 않으니, 기업은 여러 수단을 쓴다. 낯선 업무로 배치가 되고 경고, 징계 등이 반복되면 CP 프로그램상 자진 퇴사를 한다. 그러나 프로그램이 놓친 것, 아니 간과한 것이 있다면, 대상이 프로그램상의 기호가 아니라 사람이라는 것이다.

나는 물었다. 왜 우울증이 올 때까지 회사를 다녔냐고. KT 사람들을 만날 때마다 물었다. 이야기를 듣다보면 답답해서 하게 되는 물음이다.

KT 새노조 이해관 위원장은 다른 사람들도 나 같은 질문을 해온다고 했다.

"KT는 장치 산업이에요. 이곳에서 배운 기술은 아무 데서나 못 써요. 여기를 떠나면 쓸 데가 없어요. 여길 나가면 펼쳐질 인생이 뻔한 거죠."

특정 기술을 가지고 20년, 30년을 살아온 사람들. 강순문 씨는 말했다. 나간 사람 중에 고물상이라도 하면 그나마 잘 살고 있는 거라고. 그는 잘 살아야 했다. 자식이 있었다.

"그만둘 수가 없지. 내가 한이 맺힌 게 많은데. 우리가 전부 부모한테 받은 거 없다면 다 도토리 키 재기. 다 재산이 고만고만하고, 자존심 상하면서 다녔을 때는 내 새끼들 보고 버티는 거지. 딸내미 생각하면 앞이 캄캄하고 자동적으로 안 미칠래야 안 미칠 수가 없는 거예요."

제 목소리를 내도 죄인, 나이를 먹어도 죄인인 회사에서 쫓겨나지 않기 위해 이들은 싸우고, 숨죽이고, 병에 걸릴 때까지 참는다.

나는 새노조 위원장에게 물었다.

"혹시 돌아가신 분들 중에서 노동조합에 와 토로하고 그랬던 분은 안 계신가요?"

새노조 위원장은 말했다.

"그 정도만 되어도 안 죽지요."

사람 목숨이 얼마나 질긴데, 그럴 정신이 있으면 안 죽는다. 더 처절하게 외롭고 절망스러워야 죽는다. KT 노동자들은 그렇게 죽어갔다.

기업이라는 논에 키워지는 미꾸라지

15년에 걸쳐 국가 부문 일부가 거대 공기업들로 변화되었다. 그 공기업들이 이제 민영화를 추진하고 있다. 민영화를 앞장서 이룬 KT는, 지금도 '비상경영' 중이다. 이윤을 더 끌어올려야 한다. '나는 아직도 배가 고프다.' 공복감을 채우려 KT는 상품 판매에 주력하고, 부동산, 임대업[2] 등 부가산업에 집중한다. 기업 내 비통신 사업 부문을 자회사로 분리시키는 분사화를 추진한다.

이 비상 속에서 KT 노동자들은 10년간 1만 3,000여 명 퇴출되었다. 같은 기간 경영진들은 405억, 123.7퍼센트가 인상된 보수를 가져갔다. KT는 매년 수천억 원에서 조 단위가 넘어가는 순이익을 남기고, 그중 절반 이상을 주주를 위해 내놓았다. 매출액 대비 인건비, 연구개발비 비중은 급감했다. 노동자들의 고통과 무관하던 임원들의 상여금은 횡령 배임 사건으로 이어져 이석채 KT 전 회장이 검찰에 소환됐다. 폭력적인 구조조정에도 불구하고 실제 영업이익은 증가하지 않았으나(2008년 영업이익 1조 4,000억 원, 2012년 1조 2,000억 원) 횡령 배임을 위한 상여금이 지

2 통폐합으로 사용이 필요 없어진
KT지사들의 건물을 판매 임대하며
수익을 올리고 있다.

급된 것이다. 이는 무자비할 뿐 아니라 비윤리적인 경영을 보여주는 일 각에 지나지 않는다.

KT의 경영 태도가 그 자신에게도 해가 될 것이라는 우려의 목소리는 꽤 크다. 한 기사에서 본 권혜원 교수[3]의 이야기를 옮겨보자면, KT를 IMF 이후 왜곡된 한국 노동시장의 대표적인 사례로 지목할 수 있다. 권 교수가 그 반대편 사례로 드는 것은 미국의 SAS Institute이다.

> SAS는 청소 노동자부터 헬스 트레이너까지 모든 직원이 정규직이다. 병가도 무제한으로 사용한다. 비상장을 고집하고 있는데 상장되면 주주들 압력에 고유의 가치를 포기하게 될 것이라는 걱정 때문이다. 가장 일하고 싶은 기업을 꼽으면 항상 상위권에 있다. …… 재무 성과는 어떤 곳보다 탄탄하다. 직원들의 몰입이 다른 곳보다 뛰어나다.

12년째 일하기 좋은 100대 기업에 뽑힌다지만 내 눈으로 확인한 적 없으니 무작정 SAS라는 기업에 환호하고 싶진 않다. 다만 우리가 알고 있는, 아니 주입받은 상식과 다른 현실이 존재한다는 걸 말하고 싶을 뿐이다. 우리는 비용 절감 효과가 기업 성장의 동력이라 배웠다. 유연한 인력이 기업 경쟁력에 들어왔다. 그래서 우리는 스스로가 절감되는 것을 받아들였다. 일회용 부속품 취급인 비정규직을 어쩔 수 없는 것이라 인정했다. 그것이 다 같이 잘사는 것이라 믿었다.

믿음은 강해져, 우리 사회는 '메기론(논에 미꾸라지를 키울 때 메기를 넣으면, 미꾸라지들이 메기에게 잡혀 먹히지 않으려고 항상 긴장한 상태에서 활발히 움직이기 때

3 권혜원, "KT, 노동권·인권 침해
문제 터지면 단번에 무너질 수 있다",
미디어오늘, 2013.4.25.

문에 더 많이 먹어야 했고 그 결과 더 튼튼해진다는, 긴장과 위기의식이 있어야 성장이 있다는 논리)'을 제창한 삼성 이건희 회장을 3년 연속 대학생이 가장 선망하는 CEO로 뽑아놓았다.

그런데 기억해야 할 것은 우리는 미꾸라지를 잡아먹는 농부가 아니라는 점이다. 우리의 역할은 기업이라는 논에 키워지는 미꾸라지이다. 눈을 감고, 메기에게 쫓겨 숨이 차고 지느러미에 경련이 일 정도로 아팠던 헤엄질을 떠올려보자. 위험을 가까스로 피했을 때 대신 메기 입으로 빨려 들어간 동료를 떠올려도 좋다. 죽지 않기 위해 지금보다 더 빨리 헤엄치기만 한다면, 우리에게 남는 것은 통통한 몸이라는 단기적인 실적과 짧아진 수명뿐이다.

노동자의 배를 가르고 꺼낸 황금알

미국의 경제 구조 아래에서 열심히 일해도 가난할 수밖에 없는 이들을 다룬 《워킹푸어》라는 책이 있다. 저자는 미국의 대형 매장인 월마트를 두고 묻는다.

"한 매장에서 25인의 시간제 사원이 일주일간 각각 1시간 수당 없는 시간외근무(잔업)를 했다면……" 어떻게 될까? 노동자들이야 억울해도 (해고 사유를 주지 않거나 인사 고과점수를 잘 받기 위해) 그냥 한 시간 더 일을 해주는 것이지만 기업이 얻게 되는 이득은 '그냥'이 아니다.

> 남부 여섯 개 주 월마트 매장의 종업원들은 주당 40시간이라는 노동
> 시간을 초과했음에도 회사 측이 시간외근무를 수당 없이 강제했다며
> 집단소송을 제기했다. 종업원 측 변호사는 회사가 추가로 얻게 된 이
> 익을 계산했다.
> 한 매장에서 250인의 시간제 사원이 일주일간 각각 1시간 수당 없는
> 시간외근무를 했다면 250시간의 임금이 지급되지 않은 것이다. 한 달
> 이면 1,000시간이 되고, 1년이면 1만 2,000시간이 된다. 텍사스 주에
> 는 300개 이상의 월마트 매장이 있는데, 텍사스 주에서만 본래 종업원
> 에게 돌아가야 할 3,000만 달러 이상의 금액이 절약되는 것이다.[4]

노동자의 한 시간 급여를 지급하지 않아 1년 동안 기업이 얻은 이익은 3,000만 달러(한화 3조 원가량). 그러하기에 기업은 몇 만 달러를 들여 기업홍보는 해도, 노동자들의 시급이 1달러 오르는 것만은 막기 위해 애쓴다.

기업은 생각한다. 한 시간의 '절약(?)'이 이러한 이익을 가져온다면 하루, 일주일, 한 달의 시간에 들어갈 비용을 '절약'할 때는 얼마나 큰 이익을 얻게 될까? 거위가 내놓은 하나의 황금알을 보니 스멀스멀 욕심이 커진다. 저 뱃속을 가른다면. 황금알과 다를 바 없는 노동자의 노동시간 앞에 기업은 주판알을 굴린다.

'더 나아가 한 사람의 근로시간 비용을 모두 절약한다면?'

결론은 인력 감축으로 맺어진다. 사람을 해고한다. 그 자리에 새로운 사람을 뽑지 않는다. 해고된 이의 일은 남은 사람들이 나누어 할 것이다. 한 사람에게 기업이 제공할 비용을 '모두' 절약한 것이다.

이미 외환위기를 거치며 한국 기업은 이 절약의 재미를 톡톡히 누렸다. 경제위기라는 미명하에 4대 부문이라는 전 산업의 구조조정[5]이 가능하던 그때, 아웃소싱, 외주화 등 여러 이름이 붙었지만, 그 과정에 빠질 수 없는 필수 요소는 인력 감축이었다.

그런데 거위 배를 가를 때 황금알보다 먼저 보게 되는 것은 시뻘건 피다. 배를 가른 손에 피가 묻는다. 사람을 절약하려는 기업 손에도 피가 묻는다. 사람은 기업이 원하는 대로 순순히 나가지 않는다. 사람에게는 부양할 부모가 있고, 함께 가정을 이끌 배우자에 대한 책임이 있으며, 어리거나 크거나 돈 들어갈 일은 태산인 자식들이 있다. 갖은 방법을 써서 내보냈다.

---

5 1998년 경제위기 이후 정부 차원의 대규모 구조조정이 진행된다. 2000년대 중반 이후부터는 민간기업의 자발적인 구조조정이 동반된다. 특히 인력 감축에 집중된 구조조정이 주로 이루어진다.

그랬더니 죽을 만큼 힘들다 한다. 우울증을 겪고, 밤마다 가슴을 쾅쾅 친다. 그러더니 콱 죽어버렸다.

한 국외 연구 조사[6]에 따르면 "공장폐쇄로 직장을 잃은 직후, 4년간 남성들의 사망률이 44퍼센트 증가"했다. 이토록 단기간에 사망률이 증가한 이유는 "주요하게 자살 증가, 음주 관련 질환으로 인한 사망 증가 때문이다". 특히 자살의 경우, 남성 여성 모두 2배 정도 증가했다.

이 연구는 남아 있는 사람에 대해서도 말한다. "구조조정을 직간접적으로 경험한 노동자일수록, 자기 역할을 애매하게 느끼며, 회사를 그만두고 싶은 의지가 높고, 우울증이나 건강 문제(요통, 두통, 심장 문제, 고혈압, 위궤양, 소화불량 등)가 더 심각하다."

한국의 경우를 보자. 2003년 진행된 조사 연구는 "정리해고자의 경우, 정기적으로 운동하는 비율이 낮았고, 정기적인 식사비율도 약 5분의 1 수준으로 낮았다. 흡연과 음주를 하는 횟수나 용량을 보면 정리해고자 군이 훨씬 높았고 정리해고자 중 60퍼센트 넘는 수가 배우자와의 대화 시간이 줄어들고 성적 관계도 줄었다고 밝혔다. …… 정리해고자의 연령이 높을수록 이런 상황은 더 나빠졌다"고 말하고 있다.[7]

어려운 논문 뒤적이지 않아도, 대규모 해고와 그에 따른 긴 싸움을 하고 있는 쌍용자동차 노동자가 2년 사이 25명이나 세상을 떠났다. 남은 이들의 정신건강을 체크하니 고도의 우울증상을 보인 이가 41퍼센트를 넘는다.

내 부모, 내 아이가 나를 보고 있는데 어느 날 더는 일을 하지 못하는, 회사에서 내몰린 사람이 된다는 것이 그와 그녀는 부끄럽다. 회사에 멀쩡

6 Eliason, M. and storrie, D(박주영, 〈구조조정이 노동자 건강에 미치는 영향〉, 《건강과 대안》에서 재인용.)

7 조성애, 정진주, 구정완, 〈동종산업 종사 근로자와 정리해고자의 정신건강 상태 비교연구〉, 대한직업환경의학회지, 2003.

히 남은 사람도 있는데, 나만 잘렸다. 어딘가 모자란 사람이 된 것 같다.

한 해고 노동자는 말했다.

"저 같은 경우는 자식들한테 항상 그런 이야기를 해요. 잘못한 놈이 혼나는 거고, 잘하는 사람이 상 받는 거다. 우리는 평생 그런 교육받고 살잖아요. 그런데 어느 날 갑자기 그렇게 말하는 제가 매를 맞은 상황이 됐잖아요."

내가 뭘 잘못했지? 대체 무엇을? 억울하다. 그러다 내가 정말 잘못을 한 게 아닐까 한다. 혼란스럽다. 그런 자신에게 화가 난다. 술을 마시고, 담배 한 개비라도 더 피운다. 밥이 넘어가지 않는다. 말투는 날카로워진다. 자격지심이 든다. 그러니 싸움이 잦다. 가까이 있는 가족들에게 시위가 당겨진다. 집구석이 이러니, 내뱉는다. 스트레스다. 술을 마신다. 계속된 반복. 몸을 해치고 마음이 다치고 가족도 등을 돌린다. 어느 날 베란다에 서서 아래를 본다. 여기서 떨어진다면 평온해질까?

한 해고 노동자의 아내[8]는 해고와 그에 맞선 파업을 고스란히 같이 겪었다. 1년 후, 나는 그녀에게 물었다.

"이제 좀 일상으로 돌아왔나요?"

그녀가 되물었다.

"어떻게 일상으로 돌아오나요?"

나는 입을 다물었다.

"애 아빠가 여전히 일이 없는데."

일상은 멀고, 아픔은 가까이 있다.

---

8 쌍용차 해고자의 아내와 한 인터뷰.

3부

시간에 쫓겨 달리다

"평원을 달리는 아메리카 인디언들은 한동안 달린 다음에는
말을 멈추고 달려온 길을 되돌아보며 기다린다.
미처 따라오지 못한 영혼을 기다리는 것이라 한다."

– 신영복

1

누구를 위한 고객만족도 1위인가?
─미담을 강요하는 일터, 우체국

화성서 배달 후 복귀하던 집배원 차에 치여 순직

추석을 앞두고 밤늦게까지 우편물을 배달하고 돌아가던 20대 집배원이 차에 치여 숨져 주위를 안타깝게 하고 있다.

28일 경찰에 따르면 향남우체국 소속 상시집배원 최모(26)씨가 지난 25일 오후 8시 5분께 경기도 화성시 향남읍 송곡리 한 도로에서 오토바이를 몰고 우체국으로 복귀하다가 중앙선을 침범한 승합차에 치였다. 병원으로 옮겨진 최씨는 이틀 후인 27일 오후 4시 10분 숨졌다. 최씨는 우편물이 집중되는 추석특별소통기간(15~26일)에 폭주한 우편물을 밤늦게까지 배달하고 복귀하다가 사고를 당했다.

연합뉴스, 2012.9.28.

2011년 7월, 젊은 집배원이 숨졌다. 동료와 우편물 배달을 하던 중 무릎까지 불어난 빗물로 인해 배수관을 보지 못한 것이다. 배수관 물살에 휩쓸려 가면서도 그는 자신의 손에 들린 우편물을 동료에게 넘겼다. 이 사건을 일부 언론은 '폭우 속 아름다운 순직'이라 전했다. '잔잔한 감동' '미담' 같은 수식이 붙기도 했다. 순직이란, 직무를 수행하다가 목숨을 잃는 일을 말한다. 그러니까 일을 하다 죽음에 이르게 되는 산업재해, 그것도 중대재해이다.

스물여덟 해밖에 살지 못한 삶이었다. 사고가 있던 7월 27일은 104년 만에 기록적인 폭우가 쏟아진 날이다. 날 맑고 해 쨍쨍한 날에도 오토바이를 타고 종일 거리를 헤매다 교통사고로 1년에 300명씩 다치고 죽는 것이 집배원이다. 폭우 속에 사람을 그리 보내놓고, 미담이라니. 그런 미담을 원한다면, 주인공이 될 이들은 얼마든지 있다.

태풍 볼라벤이 불던 날, 머리 위로 날아다니는 슬레이트 지붕 기와를 보며 배달을 했다는 집배원들을 만났다. 왜 그런 날씨에 배달을 했냐고 물으니, 고작 날씨 때문에 쉰다는 사람을 본 적이 없다고 했다. 다들 턱 끝까지 차오른 일에 허덕이는데 거기에 내 짐까지 지울 수 없어 하루 쉬는 것은 꿈도 못 꾸는 사람들. 미담을 그리도 원한다면, 이들이 다음 미담의 주인공이다.

하루 평균 노동시간이 무려 16시간

2011년에는 일주일 간격을 두고 잇따라 두 명의 집배원이 숨진 일이 발생했다. 경기도 송전우체국 집배원 김씨는 오토바이 사고로 인해 뇌사 상태에 빠진 후 닷새 만에 숨졌고, 충남 유구우체국 오씨는 우편배달 중 어지러움과 호흡곤란을 호소하며 쓰러졌다. 원인은 심장마비였다. 오씨는 서른 초반으로 젊었으며, 김씨는 쉰을 바라보는 나이였다. 정규직 집배원 김씨와 상시계약직인 오씨, 그들 사이의 공통점은 피로했다는 것이다.

집배원의 산업재해율은 1.79퍼센트로 전체 업종 재해율(0.69퍼센트)의 두 배를 넘는다(2010년 기준). 프레스에 찍히고 용광을 다루고 철에 부딪히는 제조업 산업재해율 0.69퍼센트와 비교해도 놀라운 수치이다. 그럼에도 나는 그들의 과로를 의심했다. 편지 배달이 뭐 그리 힘들어 죽기까지 하는 걸까? 그런 내게 집배원 유씨는 고개를 저었다.

아침이면, 사람 키를 넘어 층층이 쌓여 있는 우편물 사이를 누비며 담당 구역의 우편물을 분류한다. 일반우편만 2,000여 통. 수취인에게 직접 전달해야 하는 등기우편, 작은 규모의 택배 물품까지 더해지면 종이 무게만 30킬로그램이 넘는다. 한 짐을 지어 엘리베이터 안으로 밀어넣고 문을 닫으면 "전쟁이 따로 없네"라는 말이 절로 나온다. 그로써 하루 평균 10.32시간이라는 집배원의 근무가 본격적으로 시작된다. 윤씨의 담당 구역은 2,000여 세대. 거대 아파트 단지에 맞먹는 세대 수이다. 사람들은 다세대주택에도 살고, 저 달동네 언덕 너머에도 산다.

윤씨가 경기도 모 지역 우체국에 발을 들인 것은 25년 전. 자전거로 편지를 배달하던 시절이었다. 일하는 사람은 적고 일은 많았다. 별

보고 퇴근하는 날은 운이 좋은 편이었다. 우체국 옆에 딸린 목욕탕에서 자는 날이 많았다. 입사 동기가 10명이었는데, 일이 힘드니 하나둘 떠나 자신만 남았다.

1990년대가 되었다. 자전거는 사라지고 오토바이가 그 자리를 차지했다. 연차가 쌓여가고 일도 예전보다 수월해졌다. 어느새 그는 지역에서 10년 넘게 우편배달 일을 해온 토박이 집배원이 되었다. 자질구레한 주민들의 민원처리 담당이기도 했다. 법원 우편물 몇 백 통을 배달해본 경험으로 수취인에게 상담을 해주기도 하고, 기력이 쇠해 쓰러진 노인들을 119에 실어 보내기도 했다. 아이를 집에 혼자 두어 걱정이 된다는 주민 연락을 받으면 배달하는 사이사이 들여다보기도 했다. 그러면서 주민들과 정을 붙였다.

그러나 1998년, 공기업과 공공기관의 대규모 인력 감축이 있던 해. 집배원 5,742명의 감축이 시작되었다. 정부는 이를 '군살 빼기'라고 했다. 목욕탕에서 쪽잠을 자며 일해왔는데, 자신과 동료들은 군살이 되어버렸다. 군살을 제거한다며 우체국은 사람들을 내보내고, 적은 인력으로 우편배달 업무를 강행했다. 당시 한 조사에 따르면 집배원 하루 노동시간이 16시간이었다고 한다.[1] 그는 버텼다. 군살이 될 수는 없었다.

시간은 자꾸 흘러 세상은 변했다. 사람들은 이제 우편으로 보내는 편지를 쓰지 않는다. 며칠씩 기다렸다가 받아보는 손편지가 필요 없다. 이메일이 있고, 문자메시지가 있고, SNS가 있다. 세월이 변한 것을 넘어 시대가 변했다. 이제 사람들은 묻는다. 요새 누가 편지를 쓰냐고, 집배원 일 좀 편해지지 않았냐고. 그러나 집배원 유씨의 말은 다르다.

---

1 2002년 체신노조 발표에 따르면, 집배원 하루 평균 노동시간은 16시간, 우편배달 물량은 3,000여 통이었다.

"우편 물량 자체는 줄었을지 모르지만, 우편 시스템 자체는 부차적인 업무가 엄청나게 늘었어요. 일일특급, 당일 택배 배송, 택배 픽업 같은 일이 엄청나게 늘어났거든요. 또 고객한테 친절해야…… 그런 부분이 정말 강화돼서 그게 잘못됐을 때는 바로 민원이 들어오고, 그러면 감점이 되기 때문에 특히 조심하죠."

온라인 사업이 활성화되면서 셀 수 없이 많은 택배 물품을 만들어 냈다. 이제는 '경비실에 놓고 가세요' '어제 배송돼야 했던 거 아니에요?'라는 소리를 듣는 물건이 그의 손에 들렸다. 물 한 잔 건네던 주민들이 살던 다세대주택은 재개발이 되어 고층 아파트로 변했다. 아파트 주민들은 그가 초인종을 누르면 딱딱한 얼굴로 경계부터 했다. 세상은 흉흉했고, 강도들은 툭하면 택배 기사나 집배원으로 변장했다.

서비스라는 말이 만연해져 비용을 냈으면 그만큼의 서비스를 받아야 한다는 생각을 당연하게 했다. 공공기관이라도 비껴갈 수 없다. 이를 부추긴 것은 우체국 스스로였다. 이제 편지를 나르는 일은 우편 서비스다. 민영화 소문이 도는 우체국은 적자가 세상에서 제일 무서운 것처럼 굴었고, 고객을 잃지 않기 위해 발버둥 쳤다.

그 결과 우체국은 일반행정 서비스기관 분야 고객만족도에서 15년 연속 1위를 달성했다. 친절한 '집배원 아저씨'와 어울리는 이미지를 가진 게였다. 그러나 집배원 아저씨들은 행복하지 않았다.

민원이 들어오면 해당 우체국 전체의 평가 점수가 떨어졌다. 그로써 성과급 등이 결정되니, 동료들까지 피해를 입게 된다. 심할 경우 동료 집배원들 앞에서 민원이 오게 한 잘못을 밝히는 (그의 표현대로라면) 자아비판을 해야 한다. 자존심 상하는 일이다.

9시 뉴스를 볼 권리

우체국이 든 회초리가 집배원을 웃게 하지만, 실은 웃을 새도 없이 바쁘다. 윤씨는 말했다.

"우체국이 예전에는 정보통신국 소속이었는데, 집배원들이 정보가 가장 늦어요. 뭐, 신문을 하나 읽을 수 있는 시간, 아니면 뉴스 볼 시간이 없는 거야."

쪽잠 자며 일하던 시간이 지나 살 만해졌다. 그랬더니 사람을 잘랐다. 공무원은 철밥통이기 때문에 감축을 해야 한다고 했다. 철밥통은 정년을 채우고도 유관단체나 산하기관의 임원으로 옮겨가는 고위급에나 해당하는 말이지만 잘리는 것은 말단 공무원들이었다.[2] 위에서 비대해진 것을 아래를 두들겨 숫자를 맞춘다. 집배원 일은 2배 가까이 늘었으나 고용은 제자리걸음이라 한다.

그러니 새벽부터 출근을 하는 사람이 생겨난다. 두세 시간 먼저 나와 일을 시작하는 것이 속 편하다고 했다. 토요일에 돌아가며 부분 근무를 하지만, 일요일에도 나와 우편 분류를 미리 해두는 것이 일상이다. 이것도 명절이나 선거철같이 배송이 급증하는 때는 소용없는 일이다. 평소의 3배 가까이 물량이 증가하니 주말에 분류를 미리 해두어도 밤늦도록 일이 끝나지 않는다.[3]

---

2 한 예로 2013년 금융지주사들의 사외이사 42명 중 16명이 정부기관에서 일한 고위 공무원 퇴직자이다.

3 일은 많고 인력은 부족하니, 집배원들은 연차휴가를 사용할 수가 없다. 유급휴가인 연차 비용이 우체국 재정에서 차지하는 부분이 만만치 않다. 우체국은 연차를 사용하라고 종용한다. 더 나아가 사용하지 않은 연차 비용을 월급에 넣지 않았다. 사용하라고 했는데, 집배원들이 사용하지 않은 것이라고 했다. 주말에도 나와 일을 해야 하는 실정에서 집배원들이 연차를 쓸 수 있을 리 만무하다. 이것이 2011년 체불임금 싸움으로 번지기도 했다.

전(前) 우정사업본부장이 언론사와 한 인터뷰에서 밝힌 바로는, 부임 당시 목표가 집배원들에게 '적어도 9시 저녁 뉴스는 집에서 볼 수 있게 해주자'였다고 한다. 일일 8시간 근무가 법으로 정해진 나라에서 이것은 '해줄' 일이 아니라 당연히 '해야 할' 일이란 생각이 들지만, 여하튼 집배원들이 9시에 퇴근하기조차 힘든 조건임을 재차 확인할 수 있다.

그런데 9시 뉴스가 문제가 아니다. 2012년, 1일 11시간 이상 근무할 경우 심근경색 발생 위험이 2.94배 증가한다는 연구 결과가 발표됐다(고용노동부). 집배원들 하루 근무시간이 평균 11시간이다. 명절과 같은 시기에는 15시간 이상 근무한다.[4] 심장에 이상이 생길 가능성을 일반인의 3배쯤 가지고 있으니, 집배원들은 일하다 쓰러진다.

업무량은 과로에만 영향을 미치지 않는다. 마음은 급하고 시간은 없다. 오토바이 핸들을 잡는 손이 경직된다. 지난 5년간 교통사고로 사망한 집배원은 13명, 중경상을 입은 집배원은 1,520명이다.

윤씨는 자신의 동료 이야기를 해준다. 다리가 부러지다 못해 허벅지 뼈가 다 부서진 사람이다.

"뼈에 핀을 많이 박아놨어요. 겨울 되면 핀 박아놓은 데가 차가워서 시리고, 그 고통이 엄청난 거야. 낙엽이 떨어지면 그때부터 느낌이 온대요. 한겨울 오토바이 타면요, 아무리 옷을 껴입어도 옷 틈새 사이사

---

4 2012년 한국노총 정책본부의 노동시간 실태조사 결과이다.
한편, 2011년 우정사업본부가 한국노동연구원에 의뢰해 2012년 9월 발표한 '현업직원 감정노동 실태 및 갈등관리방안 연구'에 따르면 전국 집배원의 초과 근무시간은 하루 평균 2.6시간, 월 평균 51.8시간이다.

이로 바람이 들어오는데 시리다 못해 아파요. 낙엽이 떨어지면 그런 고통을 참아가면서 다시 또 일을 해야 하고. 그렇다고 우체국을 나가면 생계가 막막한 거고. 자기가 일을 못할 경우에는 그 누구도 해주지를 않는 거예요. 그래서 더더욱 자기 몸을 안 사리고 일을 한다는 거죠. 고통을 참아가며 일을 해야 하는 거고. 그렇다보니까 술 한잔 할 때 얘기하는 거 보면, 그런 고통들이 엄청나게 가슴 아픈 거죠."

정작 유씨를 분노하게 하는 것은 동료가 겪은 고통과 후유증이 아니다.

"내가 17년 동안 다녔지만, 동료가 사고가 나면 나는 거고 죽으면 죽는 거지. 그냥 모든 것을 사고가 난 당사자의 부주의로 인해 일어난 일이라고 해요. 1년에 2, 3명씩 꾸준히 죽어가도 바뀌지 않고 '개인 부주의다' 하면서 사고가 난 그때 잠시 교육을 한다고요."

매년 250여 명의 집배원이 교통사고를 겪는다. 원래 두 바퀴만 달린 것들은 위험하다. 그것을 타고 급히 움직이려니 사고가 난다. 우체국은 헬멧을 쓰라 입바른 말을 한다. 헬멧을 사용하면 사고 피해가 줄어드는 것은 누구나 안다.

"요즘 애들 자전거 탈 때 쓰는 헬멧도 얼마나 좋은 게 많은데, 집배원들한테 싸구려를, 바람도 안 통하는 것을 갖고 와서 종일 쓰고 있으라고 한다고요."

집배원들의 말에 의하면 헬멧을 미착용한 집배원에게 벌금을 물리는 경찰은 없다고 한다. 헬멧을 8~10시간 쓰고 다니는 것이 얼마나 갑갑한 일인지 알기 때문이다. 더구나 우체국이 제공하는 저렴한 헬멧은 통풍도 원활하지 않아, 안전을 얻는 대신 머리카락을 잃고 탈모 증상을 겪게 된다.

'안전보호구는 가장 마지막 선택'이라는 말이 있다. 안전 시스템과 설비를 갖추어놓고도 미진한 부분을 안전보호구가 채우는 것이라 했다. 그러나 한국의 산업 안전은 당장 갖추기 쉬운 보호구를 채우는 것으로 해결된다. 인력 충원, 세륜차로의 전환 등의 실질적인 해결은 사라지고 노동자가 벗으면 그만인 헬멧이 생명을 지키는 유일한 것이 되고 만다.

우체국은 이륜차 위험성을 인지하여 세발 차량으로 전환을 한다고 하지만, 이는 아주 천천히 이루어진다. 인력 감축 구조조정의 속도와는 비할 바가 안 된다. 전환 비용이 크고, 속도가 느린 삼륜차는 한 사람이 소화할 수 있는 우편 양을 줄인다. 인력 충원 요구로 이어질 수 있다. 그러므로 우체국은 흥이 안 난다.

일주일 간격으로 두 명의 집배원이 사망하고, 집배원들의 살인적인 노동에 대한 비판이 높아지자 우정사업본부는 "토요 집배를 최소화하고 있는데 '뜻하지 않게' 택배 물량이 증가해서 시행이 안 되고 있다"라고 해명했다. 택배 상한선이나 인력 충원 같은 방안은 안전을 위한 수단으로 고려되지 않은 채, 뜻하지 않은 사고라는 변명으로 산재사망 사고를 대한다. 우체국의 이런 태도는 새롭지 않은데, 집배원들의 야간 운행이 위험하다고 회자되자, 우정사업본부는 안전모에 헤드랜턴을 다는 것으로 답했다. '근본적인 해결'이라는 말을 모르는 듯 보이는 우체국의 태도는 집배원만 한탄하게 한다.

유씨는 말했다. 자신이 일한 이래, 배달 업무에서 달라진 것은 수취 정보를 손으로 적을 시간조차 아낄 수 있는 PDA 지급밖에 없다고. 그는 우정사업본부와 다른 해결을 이야기한다.

"일단은 노동시간을 줄여야 하고, 두 번째는 안전에 대한 추가 비용이 있어야 해요. 말로만 할 게 아니라, 안전에 대한 회사 측의 투자가 있어야만 사고를 줄여갈 수 있는 거예요. 한 가지 예로, 택시를 들 수 있죠. 택시가 교통사고를 엄청 많이 냈죠. 택시 같은 경우에 도급제를 없애버리고 반 월급제를 실시하니까 교통사고가 줄어들은 거예요. 그만큼 장시간 노동을 안 해도, 빨리빨리 안 해도 50프로 정도는 월급으로 나오니까."

사고를 줄이고 싶으면 비용을 지불하고 시스템을 변화시켜야 한다는 말이다. 몇 백 명의 추가 인력만 있어도 덜 죽는다.

1926년에 순직한 고 이시중 집배원의 추도식이 매년 열린다고 들었다. 이시중 집배원은 폭우 속에서 불어난 냇물에 편지가 휩쓸려가자, 이를 주우려다가 목숨을 잃은 이다. 일정강점기 적 일이라 했다. 그의 희생정신을 기려 추도식을 연 지도 80년이 지났다. 2011년, 같은 상황에서 젊은 집배원이 죽었다. 그 역시 미담이 되었다.

집배원들은 죽는다. 강물에 휩쓸려, 트럭에 부딪혀, 지친 몸이 돌연히 작동을 멈춰 죽어간다. '유사한 사망과 사고가 몇 년, 몇 개월을 주기로 계속 일어난다면' 이것은 '시스템이 사고를 부르는 방향으로 작동하고 있다'고 봐야 한다.[5] 추모할 일이 아니라 미안하고 죄스러워해야 할 일이다. 반복적인 죽음을 불러오는 시스템이 몇 십 년을 거쳐 유지되고 있다는 소리이니 말이다.

5 전수경, 〈노동자 산재사망, 이득을 얻는 자가 책임지는 것이 정의다〉, 《노동과 건강》 84호, 노동건강연대.

더한 사람들, 8,000여 명의 비정규직

"그래도 우리는 낫죠."

집배원 윤씨는 더한 이들이 있다고 했다. 그가 우리는 낫죠, 라고 말할 수 있는 까닭은 우체국 내 비정규직이 있기 때문이다. 집배원과 똑같은 우편물을 나르지만 우체국 직원은 아닌 이들. 이런 이들이 8,000여 명이다. 우체국은 놀랍도록 다양한 형태의 비정규직을 고용하고 있었다. 위탁 택배원도 그 놀랍도록 다양한 사람들에 포함된다.

어쩐지 우체국을 통해 택배를 받으면, 한 날은 나이가 든 집배원이 오고 한 날은 젊은 사람이 왔다. 한 구역에 두 사람이 번갈아 오는 것을 보고 우체국은 공무원이라 휴가 쓰기가 자유로워 대체근무를 하는 건가, 생각했다. 철이 없었다. 오토바이에 실을 만한 작은 물품은 집배원이, 무게가 나가는 제품은 위탁계약을 한 이들이 배송을 한다고 했다. 추측하건대, 젊은 남자는 위탁 택배 노동자다. 업무를 위탁받은 이들은 우체국 로고가 그려진 차를 타고, 우체국 십배원 옷을 입지만, 개인 사업주다.

서울에는 관서마다 20명 정도의 위탁 택배원이 있다. 내가 본 젊은 연령대의 택배원은 흔치 않다고 한다. 위탁 택배원 대부분이 40~50대다. 젊은 사람들은 들어와 1년을 버티기가 힘들다. 일이 힘들어서? 택배 기사들의 과다한 업무는 알려진 바다. 하루 몇 백 개의 택배 물품을 이고 날라야 하는 업무. 그럼에도 아니라고 했다. 일이 힘든 것이야 체력 좋은 이들에게 별 문제겠냐 한다. 자꾸만 이탈하는 이유는 이곳에서 버틸 이유를 찾지 못하기 때문이란다.

열심히 일해도 오늘보다 내일이 나을 거라는 희망이 없다. 일을 할

© 집배원 장시간 – 중노동 없애기 운동본부

어쩐지 우체국을 통해 택배를 받으면, 한 날은 나이가 든 집배원이 오고 한 날은 젊은 사람이 왔다. 한 구역에 두 사람이 번갈아 오는 것을 보고 우체국은 공무원이라 휴가 쓰기가 자유로워 대체근무를 하는 건가, 생각했다. 철이 없었다. 오토바이에 실을 만한 작은 물품은 집배원이, 무게가 나가는 제품은 위탁계약을 한 이들이 배송을 한다고 했다. 추측하건대, 젊은 남자는 위탁 택배 노동자다. 업무를 위탁받은 이들은 우체국 로고가 그려진 차를 타고, 우체국 집배원 옷을 입지만, 개인 사업주다.

수록 호주머니에서 나가는 돈이 커진다. 꿈 많은 청춘들이 납득할 수도, 납득할 필요도 없는 일이다. 경력으로도 남지 않는 시간. 아무리 발버둥 쳐도 자신은 우체국과 무관한 사람이다.

끝없이 떨어지는 구렁텅이는 이상한 취업 구조에서 시작된다. 대부분의 위탁 택배원은 운송회사를 통해 배송차를 사고, 물류지원단 소속으로 편입되며, 개인사업주로 신고를 내고, 우체국 물품을 배송한다. 우리가 흔히 보는 빨간 우체국 차를 사는 데 드는 돈은 1,500만 원 정도. 2,000만 원을 넘어가는 것도 있다. 대부분 시중에서는 더 저렴하게 살수 있는 중고차다. 그럼에도 비싼 돈을 주고 운송회사에서 차를 사는까닭은, 운송회사를 중개로 하지 않고는 우체국 취업이 힘들기 때문이다. 한마디로 뻥튀기된 차량 비용은 취업 수수료이다.

운 좋게 기존에 소유한 개인 차로 일을 시작한다 해도, 우체국 배송차 모양으로 도색을 해야 한다. 택배 일을 할 때 빼고는 쓰지도 않을 차를 색깔, 모양까지 우체국 입맛에 맞게 바꾸면서도 개인 돈을 들인다.[6]

운송회사는 차를 웃돈 받고 팔아 좋고, 우체국은 관리비 들이지 않고 천여 명의 택배 운송 노동자를 부리니 좋다. 손 안 대고 코 푸는 격, 매부 좋고 누이 좋다. 이런 현실은 또 하나의 긍정적인(?) 효과를 내는데, 택배원들의 업무 촉진이다. 아침 6시에 출근하여 깜깜해져야 집으로 돌아와 잠드는 것이 일상임에도 택배원들은 물량이 떨어질까 조바심을 낸다.

---

6 이런 일은 비일비재하다. 학원생 운송 차량, 건설 거중기, 제조업 지게차 등 일하는 동안이 아니면 사용하지도 않을 이런 생산수단들을 노동자들에게 구매토록 하고 있다. 이들은 억지로 자차를 소유하고, 개인사업주라 이름 붙여진다.

택배 물품 하나당 택배 기사가 받는 수수료는 970원(2012년 2주간의 파업을 통해 40원 인상된 금액이다). 이마저 고스란히 손에 들어오는 것은 아니다. 몇 천만 원짜리 차를 할부로 샀으니 매달 50만 원가량[7]의 돈이 빠져나간다. 유류비, 정비 비용, 점심 값도 자기 부담이다. 파손된 물품에 대해 민원이 들어오면 그 배상도 온전히 개인 몫이다. 초기 비용에 다달이 빠져나가는 돈도 만만치 않고 위험 부담도 큰데, 수수료만 적다. 그러니 혹여 일이 줄어들까 전전긍긍한다. 하나라도 더 배송해야 한다.

일로 치면, 우체국 집배원 못지않다. 몸이 병들어가는 걸 알면서도 조바심을 낸다. 어디선가 과로로 픽픽 쓰러지고 있을 것이다. 쓰러진다 해도 통계로 잡히진 않는다. 이들은 소사장들이다. 이 굴레를 젊은이들은 버텨내질 못한다. 젊은 사람들이 떠나간 곳에 가정이 있어 꼼짝 못하는 나이든 노동자들이 남는다.

우체국은 자사 직원이 아니라며 이들을 못 본 척한다. 배송하는 것은 우체국 물품이지만, 우체국에게 이들은 제3자다. 죽음도, 병도, 이들의 무엇에도 우체국은 책임이 없다. 그러면서도 위탁 택배원들에게 우체국에 걸맞은 품위 유지를 요구한다.

"교육 시간에 하는 말이, 당신들은 위탁이지만 우체국 제복을 입고 있고 우체국 물류를 담당하니 그에 맞는 품위를 유지하라고 이야기해요. 우체국 직원이다 생각하라고. 차별을 이렇게 하면서 말이에요."

우체국 직원이라 생각하되, 우체국 직원으로서 대우받기를 기대하

7 〈특수형태근로종사자의 실태분석 및 노동법적 보호방안에 관한 연구〉(이후송 석사, 노동법학, 2011년)에 따르면, 위탁업자인 택배 노동자들이 유류비, 임대비 등 운영비로 달마다 소비하는 비용은 평균 70만 원꼴이다.

지 말 것. 월요일 아침마다 하는 교육이라고 했다. 개인사업주라 해놓고 간섭이 심하다. 교육을 받는 노동자들은 뒤돌아 코웃음을 친다. 그에 맞는 품위? 제복마저 정규직에게 1년에 두 번 지급되는 것이 위탁에게는 1년에 한 번뿐이다. 신발은 지급되지도 않는다. 꼭 그리 차별을 둔다. 위탁 택배원 사무실은 지하 주차장 구석에 있는 가건물이다. 공기는 매캐하고, 온풍기 하나 없어 늦가을만 되도 추워 견디질 못한다. 임시 건물에서 몸을 웅크리고 버틴다. 그러다보면 집배원들이 있는 위층 우편국은 온풍이 쩡쩡하더라고 말하게 된다. 사람 치사하게 된다. 이런 상황에서 품위라니.

정작 품위를 유지하고 싶어하는 이는 우체국으로 보인다. 사장님 행세를 하고 있으니 말이다. 우체국은 위탁 노동자들에게 다음과 같은 계약서를 쓰게 했다. 단체 결성을 금지하고, 모든 택배 물품의 분실, 파손 책임 등은 기사에게 있으며, 중량이나 부피의 크기를 구분하지 않고 모든 물량을 인수해 배달한다. 고객의 소리에 불만 접수가 2회 이상 되면 우체국과 재계약 기회를 박탈한다. 이것이 위탁 택배원들에게 주어진 조건이다. 수수료 같은 비용을 결정하는 것은 우체국의 일방적인 권한이다.[8] 노예를 부리니, 갑님 우체국 품위가 올라가시겠다. 우체국 택배 기사들의 직업병으로 화병이 추가될 예정이다.

그나마 병환이 깊어지지 않게, 단체 결성 금지에 맞서 위탁 택배 기사들이 2013년 11월 자신들의 권익을 지키기 위한 조합을 만들었다.

---

8 우체국이 물량 중량에 따라 택배 물품 수수료에 차등을 두겠다고 하여 논란이 되고 있다. 전체 물품의 80퍼센트를 차지하는 저중량 택배의 수수료가 낮아짐에 따라 우체국 위탁 택배 노동자들의 실질임금이 인하될 위기에 처했다.

비정규직 종합세트, 우체국

우체국은 배송 업무에 정규직 집배원 외에도 상시위탁 집배원, 상시계약 집배원, 특수지 집배원, 위탁 택배원, 그 외에도 일용직 단시간 근무자들을 두고 있다. 집배원과 같은 업무를 하지만 지역의 아파트 두세 단지만을 배정받은 자택집배원은 우체국장과 계약을 맺은 개인사업자, 즉 특수고용직이다. 우편집중국에서 우편물 분류를 하는 이들은 시급을 받는 비정규직이다. 우체국에서 우편집중국으로 우편을 배송하는 이들은 우체국 자회사 물류지원단의 하청업체 소속 노동자들이다. 비정규직 종합세트라 할 만하다. 정부기관임에도 이리도 세세하게 지위와 고용형태에 차등을 두어 노동자들을 관리한다. 유연한 일자리 창출이라는 정부 정책(요사이 유행하는 것은 '시간선택제'다)에 부합하기 위한 우정사업본부의 노력이 눈물겹다.

위탁 택배에 이어 우정사업본부 내 비정규직 처우 문제가 불거지고 있는 곳은 우편집중국이다. 1996년 동서울 우편집중국이 개국할 즈음, 우체국 집배원들은 집중국으로 근무지를 옮길 것을 요구받는다. 전국에서 보내온 우편 물류를 우편집중국을 거쳐 각 동의 우체국으로 발송되도록 구조개편을 하던 중이었다. 한평생 우편 배송일을 하고 살았는데 갑자기 집중국으로 가서 우편을 분류하라 했다. 늙은 집배원들은 반발했으나 다른 길은 없었다. 퇴직당하지 않기 위해 집배원들은 손때 묻은 자전거와 오토바이를 놓아두고 우편집중국으로 출근했다. 우정사업본부는 우편집중국에 집배원이었던 정규직원을 배치하고 그 외 부족한 인력은 계약직으로 채웠다. 이를 시작으로 2000년대 초반, 전국 25국의 우편집중국이 개국한다.

우편집중국은 우정사업본부 소속이긴 하나 빨간 우체통, 빨간 자전거와는 어울리지 않는 이미지를 가진 공간이다. 각지로 배송되는 방대한 양의 물품을 관리하는 집중국은 거대 물류 공장이라 보면 된다. 소형 통상 우편물을 분류하는 기계 한 대가 1시간당 2~3만 통을 처리한다고 하니, 집중국을 거치는 우편 물류의 양이 가늠된다. 소형 우편물만이 아니라 관리를 요하는 등기우편과 부피가 큰 소포들이 모두 이곳을 거친다.

소포와 택배 물품 분류를 취급하는 곳은 소포계. 이곳은 거대한 택배 상하차 집합지를 연상하면 된다. 노동자들의 머리 위로 '접시'라 부르는 운반대를 단 컨베이어벨트가 돌아간다. 소포마다 붙은 바코드를 기계가 인식하여 구나 동 주소에 따라 나누면 지정된 장소에서 경사면을 따라 아래 구분칸으로 내려온다. 기다리던 작업자들이 소포를 플랫(작업자들은 '파레트'라 부른다)이라고 하는 커다란 운반 용기에 차곡차곡 담아 하차장으로 옮긴다. 그곳에는 외주업체 직원(정확히는 우체국 협력업체 물류지원단의 하청업체 직원)이 차를 대기시키고 기다리고 있다.

플랫이라는 철제 용기를 보니, 무게가 105킬로그램이라 적혀 있다. 용기가 수용할 수 있는 무게를 가리키는 말이며, 노동자가 오직 팔힘만으로 끌고 가야 하는 무게가 그만큼이라는 소리이다. 놀란 나에게 계약직 직원들은 정정을 해준다. 100킬로그램이 아니라 200킬로그램이라고. 일은 산재하고 시간은 없으니 한 손에 하나씩 용기를 잡고 끈다고 했다.

"우리 일은 그날그날 연장을 해서라도 마감처리가 돼야 해요. 그러니 사람 마음이 급해지는 거죠."

사람 키보다 큰 파레트, 그 안에 가득 담기다 못해 쌓인 물품들. 저

운반 용기에 쌀도 담기고 절인 배추 상자도 담긴다.[9] 빈 파레트를 잡아 당겨보는데, 쉽게 끌려오지 않는다. 노후되어 그런단다. 밑바퀴를 보니 고무 파킹이 닳아버린 것이 많다. 파레트 겉을 감싼 철사들이 밖으로 튀어나와 있다. 파레트 문을 고정시키는 걸쇠도 느슨하다. 일이 급해 정신을 놓거나 갑자기 파레트 철문이 열리면 여기저기 긁히고 받힌다. "온몸이 상처고 멍이죠." 그래도 제일 놀라운 것은 파레트를 한 손에 하나씩 드는 것이다. 그게 가능해요? 근무 2년차 오상현 씨는 "그러니 6개월 만에 어깨가 다 나갔지요" 한다.

당시 병원을 찾았고, 의사는 어깨 근육이 파열됐다는 진단을 내렸다. 의사가 권해준 것은 당연히 수술과 휴식. 그가 선택한 것은 당연하게도 두 가지 모두 아니었다. 병가를 내고 당당히 쉴 수는 없었다. 계약직, 지금처럼 무기계약직도 아닌 6개월 단위의 단기직이었다.

억 단위 돈을 들여 사왔다는 기계가 쉴 새 없이 움직인다. 하지만 우편집중국은 그만큼 수작업을 요하는 곳이기도 하다. 수만 통의 우편 중 바코드 상실이나 작성자의 오류로 반송되는 물품이 1퍼센트만 있다 해도 수천 통이다. 사람 손이 필요하다. 기계가 24시간이면 사람도 24시간이다.[10] 오전에는 자국에서 타국으로 가는 물품들이 오후에는 타국에서 자국으로 오는 물품들이 분류된다. 밤낮으로 작업을 요하는 분류 업무의 특성을 우체국은 계약직 노동자로 메웠다. 야간 노동을 시켜도 잔업을 시켜도 우체국 차원에서 부담이 크지 않는 노동력이었다. 이들

---

9 전북 등 지방 우편집중국은 농협과 농작물을 저렴한 가격에 배송하는 계약을 맺었다고 한다. 농민들에게는 참으로 다행스러운 일이지만, 집중국 노동자들에게는 수고가 그만큼 늘어난 셈이다.

10 정규직은 1일 근무 1일 휴일 방식으로 24시간 근무를, 계약직들은 나누어 조근/중근/야간 근무를 한다.

이 한 달 일해 받는 돈은 90만 원을 채우지 못했다.

2012년 비정규직 노동조합이 만들어지기 전까지, 최저임금액인 시급을 제외하고 이들에게 주어지는 것은 명절날 비누세트가 전부였다. 상여금도, 성과급도, 근속수당도 어느 하나 인정되지 않았다.

"누가 잔업을 안 하겠냐고요"

우편집중국 일은 늘 넘친다. 우편물이나 고지서를 처리하는 소형계 같은 경우 카드 고지서가 발송되는 열흘은 꼼짝 없이 잔업이라고 했다. 그것이 아니라도 연장근무가 한 달에 25시간 정도이다. 주 5일 근무니 하루에 한 시간씩은 잔업이 있다고 보면 된다. 명절이나 연말 때는 40시간까지 잔업이 늘어난다.

1~2시간씩 하는 수작업을 제외하고는 소형계 직원들은 온종일 우편물을 기계에 넣고 빼는 일을 반복한다. 종이 몇 장 취급할 일이 아니다. 소형 바구니에 담긴 우편물을 들어 올려 기계에 넣는 일은 허리 어깨 목 등 관절에 부담을 준다. 지금은 대부분 신형으로 바뀌었지만, 구형 바구니는 그 자체만으로 묵직하다. 우편이 가득 담긴 바구니가 5킬로그램 정도 된다고 하는데, 자신들이 들고 나르는 바구니 수가 하루에 몇 개인지 정확히 알진 못한다. 그럼에도 "내가 이 일을 하니까 아픈가 보다"는 인식은 분명히 하고 있다.

소형계 근무가 12년이라는 계약직 근무자는 집중국 노동자들이 제일 많이 가는 병원이 정형외과이고, 다음이 한의원이라고 했다. 별명이 '종합병원'이라는 그녀 역시도 단골 환자다.

© 프레시안 김윤나영 기자

우편집중국 일은 늘 넘친다. 우편물이나 고지서를 처리하는 소형계 같은 경우 카드 고지서가 발송되는 열흘은 꼼짝 없이 잔업이라고 했다. 그것이 아니라도 연장근무가 한 달에 25시간 정도이다. 주 5일 근무니 하루에 한 시간씩은 잔업이 있다고 보면 된다. 명절이나 연말 때는 40시간까지 잔업이 늘어난다.

"5,140원에서 연장을 하면 1.5배가 돼서 7,110원이 되는데, 누가 잔업을 안 하겠냐고요."

누가 안 하겠냐고요. 당연하다는 듯 묻는 말에 바로 고개를 끄덕이지 못한 것은 금액의 차이가 겨우 1,970원, 단돈 2,000원도 안 되기 때문이다. 그 돈 때문에 집에 가지 않는다. 그리고 다음 날 병원을 찾는다. 그녀의 다음 말이 이어지고서야 고개는 움직였다.

"급여가 작기 때문에 연장을 무조건 한단 말이에요. 어거지로 하고 가는 거죠."

노동조합이 만들어지고 최저임금보다 280원이 높은 시급을 받게 되었지만, 그래도 한 달 꼬박 일해 그녀에게 주어지는 돈은 98만 원 정도. 2년 전만 해도 80만 원 안팎이었다. 매일 연장을 한다 하면 시간외 수당이 붙어 20만 원이 추가된다. 기존 월급의 4분의 1을 차지하는 금액이다. 고만고만한 벌이에 10만 원, 20만 원이 있고 없고의 차이가 얼마나 큰지 알기에, 포기할 사람이 없다.

한 푼 돈이 아쉬워 근무가 끝나도 붙잡혀 있지만, 그녀는 자신의 노동의 가치를 알고 있었다. "내가 일한 만큼은 받지 못하고 있죠." 반대로 말하자면, 임금보다 과도한 노동을 하고 있다는 것이다.

"어느 정도 인원이 충원돼야 일이 적당할 것 같나요?"

집중국 경력만 12년인 그녀는 말했다.

"우리가 연장근무를 한 시간만큼 인원이 더 필요하겠지요."

상식적인 계산법이었다. 그러나 우정사업본부 윗분들의 계산은 달랐다.

우정사업본부 인력 산출 기준을 보면, 1일 기준 노동시간을 9시간으로 잡고 있다. 노동자에게 8시간 후 1시간 추가 연장근무인 것이 우정사업본부에게는 적정 근무시간이다. 추가 근무를 우체국은 고용 창출로 계산한다. 9명이 8시간 근무에 2시간씩 잔업을 한다면, 우정본부는 9명이 9시간 기준 노동을 하고, 한 명(9명의 잔업 1시간)의 근무자가 추가된 것으로 판단한다. 잔업을 고용 인원이 충원된 것으로 보는 것이다.[11]

제시간에 일을 끝내기 힘들어 노동자들이 남아 잔업을 하는데, 잔업시간이 늘어날수록 우정본부는 우편집중국의 인력이 충분하다고 판단하게 된다. 이 해괴한 계산법으로 인해 우체국은 인력 부족할 일이 없다. 원래 높은 자리에는 아무나 앉는 것이 아니다. 우정사업본부 높으신 분들은 통념과 상식을 뛰어넘어 마법이라 불릴 만한 계산을 하고 있다.

근무 인원은 추가되지 않는다. 우정사업본부는 오히려 추가 수당이 부담스럽다며 야간 근무자 수를 줄였다. 앞서의 그녀도 10년 이상 야간 일을 했다. 그러다 중근(2시부터 11시까지 근무하는 것을 말한다)으로 자리를 옮기게 되었다.

아이들이 초등학교를 다니던 시절, 야간 근무자를 구한다는 공고를 보고 일을 시작했다. 아이들이 잠들면 집을 나와, 아이들이 깨기 전 돌아올 수 있는 근무시간에 그녀는 매력을 느꼈다. 아침이면 일터에서 돌아와 아이들 학용품을 챙기고 도시락을 쌌다. 아이들이 학교에 가면 집안일을 하다 잠이 들었다. 초인종은 울리고 골목을 지나는 트럭 장수의 목청은 컸다. 설핏 잠이 들다가 깨길 반복했다. 가족들이 집으로 돌아오면 그녀는 저녁을 차리고 아이들 잠자리를 봐주고 다시 일을 나갔다. 지금도 그때의 습관이 남아 5시간을 겨우 잔다는 그녀는 오랜 야간

11 우정사업본부 현업관서 소요인력
산출기준 세칙.

노동이 자신의 몸을 '종합병원'으로 만들었음을 알고 있었다.

그런데도 그녀는 야근에서 중근으로 옮긴 것이 달갑지 않다. 야간 수당이 사라진 시급 때문이었다. 만약 노동조합이 없었다면 그녀의 불만은 더 컸을 것이다. 노동조합 한 간부의 말대로 "20만 원만 더 얹어주면 노동환경이나 건강 이야기가 더 이상 나오지 않을 것을 노동조합도 알고 사측도 알고, 노동자 자신도 안다".

돈에 묶인다. 돈에 연연하는 것은 한 달에 일이백으로 생활하는 임금 노동자만이 아니다. 우정사업본부도 돈, 돈이다. 우정사업본부는 "비정규직 근로자들의 처우를 개선해야 한다는 데 누구나 공감하지만 결국 예산이 허락하는 범위에서 할 수밖에 없"[12]다며 우편사업 적자를 염려한다. 우편사업의 적자를 금융부문의 수익으로 매우고 있다는 것이 우체국의 속사정이라 한다. 그러나 많이 아껴왔다.

우편집중국은 전반적으로 조도가 낮았다. 전문가가 아니라도 이곳에서 갈겨쓴 손글씨나 바코드에 새겨진 작은 글씨를 읽다보면 눈이 나빠지겠구나 하는 것은 충분히 예상할 수 있는 정도의 밝기였다. 우편집중국은 일반 공장을 떠올리면 되는데, 층 자체가 높다. 그 높은 천장 위로 작업자들을 고려하지 않았음이 분명한 형광등이 달려 있다. 이곳은 그나마 나은 곳이라는 반응이었다.

"중형계 가면, 더 해요. 어두컴컴한 게 여기서 사람이 일할 수 있나 싶은 그런 곳이에요."

수만 톤의 종이가 오가는 곳이기에 미세한 종이 먼지도 우려 대상이다. 작업이 시작되기 전 청소 노동자가 느린 걸음으로 바닥을 밀대로 밀고 있다. 이것으로 청소가 다 될 리 없다. 한 차례 작업을 하고 분류

12 [IT초대석] 김준호 우정사업본부 본부장, 미디어잇, 2013.11.12.

기계를 열면 하얀 가루가 가득하다고 했다. 기계 소음에도 작업자들은 무방비다. 집에 있어도 기계 환청이 들린다는 작업자들은 난청에 시달리고 있다. 우체국은 많이 아껴왔다. 작업자를 고려하지 않은 작업환경이 우체국의 절약정신을 말해준다.

비정규직 고용은 절약의 진수를 보여주는데, 우체국 내 계약직만 해도 8,000여 명. 이들은 10년을 일해도 같은 시급, 같은 근속이었다. 비정규직 보호법안이 시행된 2010년, 무기계약직으로 전환되기 전까지 그들은 아무리 일해도 6개월짜리 계약직이었다. 동일노동 동일임금까지 들먹이지 않더라도, 그들의 최저임금 시급에 근속수당이라도 붙고 퇴직금이라도 지급되었더라면 억 단위의 재정이 추가 지출되었을 것이다. 위탁 택배 기사 등 특수고용직의 임금까지 따져보면 더 복잡해진다.

우편집중국이 10년 동안 무권리의 계약직을 고용하여 아낀 비용은 수백억 단위이다. 노동자 하나하나에게 돌아가야 할 돈이 우정사업본부 주머니에서 나오지 않았다. 앞으로 들어갈 돈을 말하기 전에 아껴온 비용을 떠올리는 것이 합리적이고 양심적이다. 천장에 굴비를 달아놓고 짜다고 외치는 자린고비를 흉내 내는 것도 아니고, 처우 개선에 들어갈 돈을 계산하며 손을 발발 떨 것 없다는 말이다.

그럼에도 우정사업본부가 단 하나 아끼지 않은 비용은, 노동자들 간의 갈등이 만들어내는 비효율이다. 여타 사업장과 같이 우편집중국도 정규직과 비정규직 갈등이 없을 수 없다. 우편집중국 개국 초부터 계약직으로 일했다는 노동자에게 "얼마나 인원이 충원되어야 일이 적당할 것 같냐"는 질문을 했을 때, 그녀는 단호하게 답했다.

"사실 인원은 지금으로도 충분해요."

의아했다. 인원이 부족하기에 일이 많다는 답이 일반적이었다. 그녀
는 덧붙여 말했다.

"정규직들이 일을 한다면요."

우편집중국에서 일하는 이들 중 반이 정규직 노동자였다. 그 많은
수가 손을 놓고 있다는 말인가?

"관리하는 역할을 하죠. 관리자들은 따로 있는데도 뒷짐 지고 있는
거예요."

그녀의 말은 약간의 과장이 섞였을지도 모른다. 마냥 뒷짐은 아니
었다. 종종, 빈번이, 뒷짐이었다. 정규직은 물류를 이동하는 역할이나
기계차 운전, 기계 작동, 관리 감독 일을 맡았다. 그중 일부는 계약직 노
동조합원을 감시하는 일 또한 관리 감독의 소임으로 알고 있다(물론 제
역할을 하는 정규직 노동자들이 있다는 사실을 잊진 않는다).

같은 공간에서 일을 나눠 하는 입장에서 보면, 속 터질 일이다.

"정규직 그 사람들 다 전에는 집배원들이었거든요. 그 사람들 고
생했던 거 알죠. 끈 떨어지듯 집중국에 온 것도 알고요. 집중국이 처음
만들어졌을 때는 이러지 않았어요. 그런데 와보니까, 자기들보다 낮은
대우를 받는 우리가 있는 거죠. 언제부터인가 우리 위에 군림하더라
고요."

우체국에는 적어도 일한 지 13년, 많게는 30년이 넘어가는 늙은 정
규직들이 있다. 우체국은 새로운 정규직원을 고용하지 않는다. 일한 지
10년 20년이 넘어가면 얼마나 일이 하기 싫을까. 6개월 만에 어깨가 파
열될 만큼의 노동 강도가 그전에는 없었던 것이 아닐 게다. 그때라고
시골집에서 과일이며 쌀을 포대로 보내오지 않았을 리 없다. 집에 갈
시간이 없어 우체국 옆 목욕탕에서 쪽잠을 자며 보냈다는 집배원이 한

명은 아니었을 것이다. 노동으로 닳은 몸이 얼마나 쉬고 싶을까. 사람이 고된 일을 20년 30년 반복적으로 하는 것은 심각한 문제이다.

지친 몸은 움직이고 싶지 않다. 그런데 마침 쉴 수 있는 기회가 찾아왔다. 우체국 차원에서 근속 연수가 긴 노동자들을 재배치하거나 일의 강도를 조율해준 것은 아니다. 단체협약을 통해 이를 합의하거나 때로 우체국과 싸워 얻어야 했지만 그들은 더 손쉬운 방법을 발견했다. 계약직이라는 직군이 생겨난 것이다. 정리해고의 위험을 피해 우편집중국에 오니, 자신들에 비해 몇 배나 낮은 대우를 받는 단기직들이 있었다. 대우가 다르니 사람의 지위도 달라 보였는지, 이들은 아래 종족 취급을 받았다. 업무를 배분하는 것은 정규직의 권한이니, 어렵고 손 많이 가는 일에 계약직이 배치되었다.

정규직이 계약직을 부리는 것이 눈에 들어오지 않을 리 없으나 우편집중국은 못 본 척 했다. 이들 간의 갈등이 깊어진다고 해서 우체국이 잃을 것은 없었다. 우체국 입장에서는 오히려 정규직원과 계약직원들이 화목하게 지내 혹여 계약직의 처우를 올리거나 정규직 전환 가능성을 열어달라는 요구를 하는 게, 더 큰일이다. 그러니 갈등을 조장한다.

누군가의 희생을 토대로 체질 변화를 이룬 우체국은 우편 서비스의 수준을 끌어올렸다. 누군가의 과중된 노동으로 우편물은 제시간에 배송된다. 하청의 하청, 다단계 하청업체의 노동자가 우편물을 우체국까지 운반한다. 어쨌든 발 빠르고 친절한 우체국은 고객만족도 1위이다.

대한민국, 산재사망률 1위

기쁜 소식이 있다. 독일은 한 해 평균 80만 명이 일하다 다치는데, 한국은 고작 그 10분의 1도 되지 않는 8만 명이 다친다는 소식이다. 우리가 '선진 국이긴 선진국'이라 좋아하려는데, 좀 찜찜하다. 안타깝게도 다른 말을 하는 통계수치가 있다. OECD 국가 중 한국 산재사망률 1위.[13]

이 상이한 수치는 한국 산업재해의 재미있는 현상 중 하나이다. 한국의 산업재해율은 소위 선진국이라 일컫는 국가들보다 낮다. 한 예로, 2009년 미국의 전체 노동자 중 2.5퍼센트가 일하다 다친 반면, 한국은 고작 0.7퍼센트의 산재율을 보였다. 그러니까 미국에서 1,000명 일해 2~3명이 다치는 동안, 한국에서는 1명이 다칠까 말까라는 이야기이다. 산업공동화 현상으로 제조업이 거의 사라진 미국이 우리에 비해 2배 이상의 산재율을 보인다.

여기까지라면, 아 우리나라 좋은 나라 안전한 일터구나, 하고 말겠는데 문제는 사망률이다. 업무에 관한 사망 수를 표시한 산재사망률은 한국이 타 국가들에 비해 월등히 높다. 미국이 10만 명당 4명의 사망률을 보인 그해, 한국은 21명의 노동자가 죽었다.

산재율과 사망률의 과도한 격차는, 한국 노동자들은 '덜 다치지만 많이

---

13 더 정확히 말하자면, 2010년 한국은 10만
명당 21명 사망으로 1위를 차지했다.
그해 2위는 멕시코(10명), 포르투갈(6명),
캐나다(5.9명), 슬로바키아·이탈리아(5명),
폴란드(4.6명), 뉴질랜드(4.58명),
스페인(4.4명), 미국(4.01명) 등의 순이었다.

죽는다'는 결론을 낸다. 이론적으로도 상식적으로도 가능하지 않은 결론이다.

이론 쪽을 보자. 미국 보험사의 손실통제 부서에 근무한 경력으로 하인리히가 실증적으로 밝혀낸 법칙에 따르면 산업재해 사망에는 1:29:300 비율이 통용된다고 한다. 산업재해가 발생하여 중상자가 1명 나오기까지 같은 원인으로 발생한 경상자가 29명, 같은 원인으로 부상을 당할 뻔한 잠재적 부상자가 300명이 있었음을 보여주는 비율이다. 하인리히 법칙이라 부르는 이것은, 큰 사고는 우연히 또는 어느 순간 갑작스럽게 발생하는 것이 아니라 그 이전에 반드시 경미한 사고들이 반복되는 과정 속에서 발생한다는 것을 말해주는데, 한국은 하인리히 법칙이 통하지 않는 국가가 된 것이다.

요상하기가 국제 연구감이다. '노동자가 일하다 잘 다치진 않는데, 한 번 다치면 죽을 가능성이 큰' 사업장이라도 한국에 존재하는 것일까.

여기 납득할 만한 단 하나의 추측이 있다. 한국의 산재율이 실제 일하다 다친 사람들의 수를 반영하고 있지 않다는 것. 숨겨진 사고는 재해 수치에 반영되지 않는다. 그러나 다친 사람은 숨겨도, 죽은 사람은 숨길 수가 없다. 산재율과 산재사망률의 부조화는 이렇게 만들어진다.

한국은 산재사고를 산업재해보상보험을 통해 보고된 수치로 파악하고 있다. 그러나 실제 일을 하다 다쳤을 때, 우리가 쉽게 취하는 방법은 산재보험 신청이 아니다. 대부분 사람들은 개인적으로 치료하거나 회사를 통해 공상처리를 받는다. 실제 공상이라 함은 산업재해 신청을 할 수 없는 3일 이내의 미비한 부상이나 질병을 회사 자체적으로 처리하는 것을 말하지만, 현실에서는 한 달을 입원해도, 손가락이 잘려도, 머리가 깨져도 공상처리이다.

중소 규모 제조업 사업장의 산업재해 실태를 조사한 한 연구에 따르면[14], 미신고된 산업재해가 전체 산업재해의 91.1퍼센트에 다다른다고 한다. 그러니까 신고가 되지 않은 부상과 질병이 신고된 수보다 9배나 높다는 게다. 이를 전국으로 확대해보자면, 2011년 산업재해를 당했다고 근로복지공단에 보고된 이는 9만 3,292명, 실제로는 그 9배인 81만 명이 일하다 다치거나 아프다고도 할 수 있다. 설마, 그러겠냐 싶지만, 설마, 아니라고는 못하겠다.

'설마'가 아니었다. 2013년 가을 고용노동부 국정감사에서 산재 은폐 매뉴얼이 공개됐다.[15] 매뉴얼은 '경상자는 어떠한 경우라도 2일 이상 병원 처리 안 된다'(삼성물산), '회사가 지정한 특정 병원에서 치료받게 하고 업체 비용으로 처리할 것'(기장건설) 등의 내용을 명시해두었다.

더 유쾌하지 않은 것은 산업재해를 이리 공식적으로 은폐하여, 각 기업들이 얻어간 이익인데, 삼성물산은 산재를 줄여 보고한 대가로 5년간 보험료 622억 원의 감면 혜택을 받았다. 삼성전자는 597억, 현대중공업은 852억, 현대자동차는 540억, 롯데건설은 410억. 기본 몇 백억의 돈을 아꼈다. 그 5년 동안, 어떤 노동자는 등이 휘고, 팔이 잘리고, 다시 일터로 돌아가지 못할까봐 두려워 밤마다 병든 몸을 벌떡 일으킨다.

2002년과 2003년에는 시민단체의 자체 조사로 인해 1,000여 건의 산재 은폐가 밝혀지기도 했다. 이런 상황이니 근로복지공단은 매년 연말이면 산업재해율이 전해에 비해 떨어졌다고 보고하지만, 환영받지 못한다. 신고된 산재사고 수가 줄었거나, 산재 승인 건이 나날이 적어진다는 이야기로

14 홍성자, 전만중, 김창윤, 〈중·소규모 제조업 사업장의 산업재해 실태〉, 《한국산업간호학회지》 제20권, 2011년 5월.

15 민주당 한정애 의원이 공개한 자료이다.

해석될 가능성이 크기 때문이다.

정부가 어떤 수치를 들고 오더라도, 한국의 산업재해 특징은 많이 다치고 많이 죽는다는 것이다. 한 해 평균 2,200명이 일하다 죽는다. 하루 평균 6명꼴. 4시간에 한 명씩 죽는다 해도 과언이 아니다.

또 하나의 특징이 있다. 사망 산재 대부분이 중소영세사업장에서 일어난다는 것이다. 2011년 1,000인 이상의 직원을 둔 기업의 노동자 125명이 죽어가는 동안 5인 미만 사업장의 노동자는 534명이 죽어갔다. 그해 2,114명의 노동자가 목숨을 잃었다. 이 중 50인 미만의 사업장에서 죽은 노동자가 1,314명. 60퍼센트가 넘는 죽음들이 중소영세사업장에 몰려 있다. 그러니까 결론은, 힘없는 노동자가 더 빨리 죽는다.

2

더 많이, 더 빠르게 달리다
─택배, 퀵서비스, 청소년 알바의
위험한 질주

택배·퀵서비스 기사 산재 대구서 첫 인정

택배와 퀵서비스 기사도 산재보험을 적용 받을 수 있게 한 '산업재해보상보험법 시행령' 이 개정된 뒤 전국 첫 산재 승인이 대구에서 나왔다. 대구에서 퀵서비스 기사로 일하던 김주섭 ⑶ 씨는 지난달 2일 오후 오토바이를 타고 물품을 배송하던 중 유턴 차량을 피하려다 넘어져 6주간의 입원 치료를 요하는 부상을 입었다.

김씨는 21일 근로복지공단 대구지역본부에 산재 요양신청을 했고, 25일 근로복지공단으로부터 산재보험을 받을 수 있다는 승인을 받았다. 이에 김씨는 공단으로부터 치료비용 전액과 하루 4만 5,000원의 70퍼센트(1일 3만 1,500원)에 해당하는 휴업급여를 일하지 못하는 기간 동안 받을 수 있게 됐고, 치료 후 장해가 남을 경우 장해등급에 따르는 장해급여도 받을 수 있게 됐다

매일신문, 2012.6.5.

남자를 따라 뛴다. 따라잡았다 싶으면 어느샌가 저만치 앞선다. 계단을 오를 때는 두 칸씩, 내려갈 때는 잘게 발을 놀려야 한다. 마음이 급하니 발이 엉킨다. 앞서 가던 남자가 나를 돌아본다. "저 때문에 뛰는 거지요?" 그럼에도 보폭은 좁히지 않는다. 남자에게는 그럴 시간이 없다. 나는 남자를 쫓느라 뛰고, 남자는 시간에 쫓겨 뛴다.

5층 건물을 성큼 오른 그는 문을 두드리며 외친다.

"택배요!"

조용하다. 다시 쾅쾅. "없네." 남자는 숨을 내쉬는 동시에 핸드폰 다이얼을 누른다. 고객은 전화를 받지 않고 남자는 준비해둔 '부재중 방문' 스티커를 문 앞에 붙인다. 지체한 시간은 고작 1분. 하지만 남자가 종종걸음 치며 아껴보려 했던 시간은 사라졌다.

택배 상자 1개당 720원

택배회사 물품을 배송하는 김성일 씨는 말했다.

"운전을 이렇게 부드럽게 못해요. 원래는 이것보다 더 빠르죠."

그는 차를 조금 거칠게 몰면서 말했다. 그래도 오늘은 우아하게 운전하는 거라고 했다. 취재를 한다며 동행한 나에 대한 배려였다. 바쁜

게 움직이질 않을 생각이라 물품도 조금 들고 왔다고 했다. 그것이 150여 개. 탑차 뒤에 빼곡히 들어차 있는 상자들을 보며 계산했다. 하나를 배송한다고 해도 3분. 150개면 450분. 그럼 7시간 반이라고 하는데, 배송 물품을 출하해온 시간이 이미 11시였다.[1] 이게 적게 가져온 것이라고? 생각은 거기까지였다. 그는 연신 뛰었고, 나는 그를 뒤쫓기 바빴다.

성일 씨는 택배 일을 3년 했다. 다니던 회사[2]가 위장폐업을 하고, 직원들은 부당해고 소송을 걸었다. 소송이 6년이 지나도 끝나지 않았다. 복직을 기다리느라 따로 직업을 갖지 못하고 아르바이트로 택배 일을 시작했다. 그러다 생계가 되어버렸다.

그는 택배 일을 두고 이리 말했다.

"정직한 직업이지요. 일한 만큼 가져가니까."

그러나 누군가 이 일을 한다고 하면 만류할 것이라 했다. 이 정직한 직업은 택배 상자 한 개당 720원을 내놓는다. 이를 수수료라 부르는데, 얇은 종이상자도 무게가 20킬로그램이 넘는 쌀 포대 수수료도 모두 같다. 수수료 단가가 낮으니 더 많은 물품을 배송해야 한다. 최대한 물건을 끌고 나온다. 다른 날에는 200개 넘게 배송을 한단다. 9시나 되어야 배송이 끝난단다. 배송이 끝나면 집으로 돌아가는 것이 아니다. 물류센터로 돌아가 장부정리를 해야 한다. 이쪽은 9시 뉴스가 문제가 아니다.

힘들이지 않고 들 만한 물품은 보통 2분에 하나꼴로 배송된다. 2분에 한 번씩 차에서 내려 탑차 뒷문을 열고 짐을 꺼내 나른다는 소리이

---

1 성일 씨만 이렇게 일하는 것은 아니다. 한 조사에 따르면, 택배 노동자의 주 근로시간은 64.1시간. 소득은 2,400만 원에서 3,600만 원, 여기서 영업비용을 제외하고 실제 소득을 계산하면 평균 180만 원 정도라 한다.

2 성일 씨가 다니던 회사는 기타 제조회사 콜트콜텍이다. 콜트콜텍은 2007년 87억 원의 순이익을 냈음에도 경영이 어렵다며 업체 폐업을 했다.

다. 말처럼 간단한 일이 아니다. 일반 차보다 높은 탑차를 오르내리기 위해 엉덩이와 다리에 힘이 들어간다. 이것이 수분 간격으로 반복된다. 불어오는 바람에 흔들리는 문이 짐을 찾기 위해 수그린 택배 기사의 몸을 쳐댄다. 문짝이라 하지만 철판이다. 몸에 멍을 입힌다. 문을 잡아줄 사람도, 걸쇠로 문을 고정할 시간도 없다. 시간을 아긴다며 차 짐칸에서 뛰어내리기 일쑤다. 내려서는 짐을 들고 뛴다. 어깨에 무게를 짊어진다. 엘리베이터를 기다릴 여유조차 없다. 계단을 오른다. 이 과정이 반복된다. 그를 따라나선 지 얼마 지나지 않았는데도 엉치뼈가 아프고 허리가 뻣뻣하다. 이 일을 하면 어디가 아프냐? 물어볼 필요도 없다.

택배 일을 하다가 꼬리뼈가 다 나갔다는 사람도 있다. 다리가 저려서 병원에 갔더니, 엉덩이뼈 부근이 혈액순환이 안 돼 썩어 들어가고 있다고 했다. 너무 많이 사용했기 때문이란다. 택배 일만 8년을 한 사람이었다. 차에서 내리고 올라타는 일만 하루에 200번, 일주일에 6일, 8년을 했으니 무리가 온 것이다. 짐을 옮기느라 어깨가 결린다, 다리가 아프다, 이런 것들은 애교 수준이다.

마침 김장철이라, 절인 배추가 주요 배송 품목이다. 시골에서 올라온 쌀, 감, 대추 등의 무게도 만만치 않다. 보통 상자당 10~20킬로그램 정도 나간다. 오늘은 절인 배추가 11박스가 있다며 씩 웃던 성일 씨는 배송지가 4층이라고 덧붙인다. 엘리베이터가 없는 빌라였다. 성일 씨는 배송 직전, 담배 한 개비를 물었다. 마음의 준비라 했다. 상자 두 개를 등짝에 이고 계단을 오르다 3층에서 멈춰 선다. 4층까지 한 번에 올라가면, 다른 상자는 옮기지도 못하고 뻗는다면서 쉰다. 이 상자 또한 하나당 수수료는 720원. 파스 값이 3,000원이다. 상자를 4개 옮겨야 파스 값이 나온다. 파스는 이미 성일 씨 무릎에 잔뜩 붙어 있다.

식당에서 나는 삼겹살 냄새

몸 쓰는 일을 하니 금방 지친다. 음식 냄새에 예민해진다. 군고구마 냄새, 호떡 냄새, 된장찌개 냄새, 생선 굽는 냄새. 계단을 오르내리며 그와 나는 음식에 관해 말한다. 냄새를 놓치는 법이 없다.

"저녁에 돌 때 식당에서 나는 삼겹살 냄새, 그게 죽음이죠."

끼니로 먹은 것은 길거리 노점 핫도그 하나. 점심때가 한참 지났지만 밥을 챙겨먹을 시간이 없다. 길거리 핫도그조차 나 때문에 굳이 챙겨 먹는 듯했다. 모든 시간은 택배 물품 수수료로 치환된다. 밥 한 끼먹는 데 드는 30분의 시간은 택배 물품을 10개 이상 옮길 시간. 그가 그 시간 동안 벌 수 있는 돈은 적어도 7,200원. 이 돈을 버릴 수가 없어 굶는다. 저녁도 운전석에서 먹는 빵이나 김밥이 전부라고 했다.

"저녁에 가정집에 배달을 가면, 가족들이 다 앉아서 식사하는 게 보여요. 그때 서글프죠. 나는 왜 여기서 이러고 있나. 식구들하고 다 같이 밥 먹어본 적이 언젠가……"

위장병은 당연하고, 마음의 허기도 크다. 그깟 저녁 밥상에 초라해진다. 먹고살아가는 일이 스스로를 존중 못하게 한다. 사람을 왜 이리 만들까.

지나쳐가는 사람들은 초라함에 무게를 더해준다. 배송을 하며 듣게 되는 싫은 소리를 옆에서 세어보니, 30분에 한 번꼴이다. 그는 꽤 일을 똑 부러지게 하고, 친절한 편인데도 말이다.

"차를 왜 여기에 대놨어!" "왜 연락 안 하고 오세요?" "배송이 왜 이렇게 늦어?" "짐 안 맡아줘요. 가지고 가요."

정당한 요구도 있고, 억지를 부리는 사람도 있다. 다들 한마디씩 한다. 종일 거리를 돌며 100여 명을 대면하는 택배 노동자는 이 한마디들을 듣는다. 듣는 사람 입장에서는 스무 마디고 백 마디다. 나 역시 택배 노동자에게 한마디 했을 것이다. 문을 왜 쾅쾅 두드리지? 목소리를 왜 저리 높이지? 왜 연락 없이 오지? 불만이었다. 그런데 빠른 걸음에 숨이 차보니 알 것 같다. 숨이 차니 목소리가 안 나온다. 부러 더 크게 소리를 낸다. 언뜻 언성을 내는 거 같다. 사람이 없으면 짜증부터 밀려온다. 꾸물거리는 고객들을 보면 구시렁대는 나를 깨닫는다. 이 일 며칠 하면, 성격 버리겠다.

시간은 마음의 여유를 빼앗는다. 친절을 베풀고 싶어도 한정된 시간에 할 수 있는 것은 없다. 느긋하게 굴어 친절 몇 가지 베풀다보면 하루 50개나 배송할 수 있을까? 50개를 배송한다 치면, 일당 3~4만 원이다. 이걸로 차 할부금도 내고, 기름도 넣고, 점심도 사먹어야 한다. 심지어 성일 씨가 문에 붙이는 '부재중 방문' 스티커 또한 자비로 만든 것이다. 개인사업주라며 택배회사는 그에게 수수료를 제외한 어떤 것도 내놓지 않는다. 그는 아파서도 안 된다. 아플 경우 대신 업무를 수행할 사람을 구해야 하는데, 자신이 지급해야 할 그 돈이 일당 10만 원이 넘는다. 아플 수도 없다. 그러니 뛴다.

기업은 단돈 100원도 손해 보려 하지 않아

몇 백 원을 지키고자 허기지게 돌아다니지만, 택배 노동자 중 돈 몇 백만 원씩 손해 보지 않은 이가 없다. 택배 물품 만 개쯤 배송해야 만져볼 수 있는 돈. 몇 달치의 수수료. 성일 씨도 일 시작하고 얼마 지나지 않아

600만 원이라는 돈을 잃었다. 그가 일한 영업소 사장이 돈을 들고 사라진 것이다.

택배회사는 각 지역마다 본사와 영업소를 두는데, 영업소 점주와 택배회사가 계약을 맺는 식이다. 영업소에서 물품을 받는 택배 기사는 택배회사 본사나 영업소 소속이 아니다. 개인사업주로 등록해야 한다. 그런데 영업소가 망하거나 사장이 돈을 들고 사라지는 경우가 종종 있다. 택배 기사들은 하루아침에 직장을 잃고, 체불된 임금도 받을 길이 없다. 임금을 구제받을 길이 없다. 이들을 고용한 적 없는 택배회사는 모르쇠다.

"회사는 단돈 100원이라도 손해를 보지 않으려 해요"

택배물류회사는 개인사업주들의 병과 피로, 금전적 손해 그 어느 것도 책임질 필요가 없다. CJ, 로젠, 대한, 현대택배 등 수두룩한 대기업들이 택배 사업에 손을 대고 있지만, 이들의 물품을 배송하는 택배 노동자들은 영세한 영업소와 불안한 계약을 맺고 있다.

몇 년 전만 해도, 성일 씨 같은 사람들은 택배회사의 정식 직원이었다. 이 당연해 보이는 고용구조가 바뀐 것은 몇 년 되지 않은 일이다. 성일 씨가 일하는 대한통운만 해도 5년 전에는 꽤 많은 수의 직고용 노동자들이 있었다. 하지만 2008년 금호아시아나그룹이 대한통운을 인수한 뒤, 대부분의 택배 기사들은 개인사업주로 계약을 해야 했다. 개별 계약은 영업소를 통하게 되어 있고, 이 과정에서 여러 단계의 중간 알선 업체들을 거치며 택배 단가는 낮아만 간다.

물류 회사들은 책임지지 않으나, 통제는 한다. 5년 전쯤, 광주 지역 택배 기사들이 노동조합(대한통운에도 한국노총 소속 노동조합이 있었으나, 특수고용직 노동자들에게 별 관심이 없었기에 이들은 화물연대에 가입해 노동조합을 따로 세우게 됐다)을 만든 적이 있었다. 덕분에 수수료 900원이라는 상대적으로 나은 노동조건을 확보할 수 있었던 이들은, 다음 해 재계약을 하지 못했다. 수수료 30원 인상을 요구했기 때문이다. 재계약을 차일피일 미루던 대한통운은 노동자들이 물류 분류작업을 거부한 지 하루 만에 기다렸다는 듯 문자메시지로 계약 해지 통보를 했다. 복직을 위해 택배 기사들은 40일 넘도록 싸웠지만 지역신문 몇 군데 빼고는 언론보도도 되지 않았다. 노동조합 지회장과 부지회장에게 체포영장이 발부되고, 대한통운 노동자들의 싸움을 지원하던 화물연대 노동조합 박종태 지부장이 비관 자살하기에 이른다.

당시 대한통운을 인수한 금호아시아나는 육·해·공 연계를 통한 종합물류사업을 전개하겠다며 포부를 드러냈다. 금호아시아나그룹은 국내 10대 재벌이다. 거대 재벌이 이루려는 종합물류산업 밑바닥에는 노동자의 자리에서 밀려나 고작 800원에 내쫓기고 죽는 택배 기사들이 있었다.[3]

더 빠르게 더 위험하게 사는 사람들

더 빠르게 달리는 직종을 찾아 나섰다. 이름조차 '퀵'이다. 퀵 배달 서비스 기사. 두 바퀴 오토바이와 속도가 만나니, 사고가 안 날래야 안 날 수가 없다. 정규직 집배원은 사망자 수라도 나오지, 몇 명이 근무하는지조차 집계되지 않는 퀵서비스 노동자는 죽어도 죽음이 알려지지 않

---

3 대안으로 '표준임금제' 등 운송단가 현실화 방안과 택배 기사의 안전보건 일차 책임을 실질적 사용자인 택배회사에 부여하는 방법들이 이야기되고 있다.

는다. 많이들 다치겠구나 추측하는 정도이다.

퀵 기사들을 만나기로 한 날, 약속 시간이 되기 직전 전화가 왔다. 일행 한 명이 교통사고가 났단다. 신호를 기다리는데 택시가 와서 박았다고 한다. 사고 수습을 해야 해서 늦을 거라는 전화였다. 사고는 내 눈에 띌 정도로 잦다.

얼마 후, 이들이 왔다. 사고 난 당사자도 함께였다. 내 쪽에서 난리가 났다.

"여기는 왜! 병원으로 안 가세요?"

정작 그는 덤덤하다.

"지금 가도 안 받아줘요. 응급 환자가 아니니까."

교통사고가 났다고 하면 응급 환자가 되겠지만, 그는 그러지 않는다. 교통사고로 인해 다쳤다 하면 의료보험 처리가 되지 않는다. 보험처리가 안 되면 치료비가 3~4배 더 든다. 산재를 받을 수 있는 처지도 아닌데 치료비에 그만한 돈을 쓰고 싶지 않다. 사보험을 들려고 해도, 퀵서비스는 위험 1등급이다. 그만큼 보험료가 높다. 안 다칠 수는 없는데 병원비는 감당이 안 되니, 결국은 치료를 받지 않는다.

"블랙박스 보니까, 아예 뒷바퀴가 들렸더라고."

"멋지게 날라 갔다니까."

같이 온 동료, 김현 씨가 말한다.

"허리가 지금 상당히 아플 거예요. 그런데 내일 되면 더 아파요."

그의 끝말에 뜨악해한다.

"지금은 사고가 난 충격으로 몸이 긴장되어 있어서 덜 아파요. 내일 아침 되어서 긴장 풀리면, 진짜 아프죠."

이것을 아는 이유는 그 또한 사고를 당한 경험이 있어서다. 오토바이 경기 선수이기도 한 김현 씨지만 퀵서비스 일을 시작하고 초창기에 만 3번 사고를 겪었다. 일반 도로를 달리는 것이 익숙하지 않아서이기 도 했지만, 짐 챙기랴 걸려오는 고객 전화 받으랴 집중을 할 수 없는 조 건 때문이었다.

인터뷰 자리에 온 이들 모두 서너 차례의 사고 경험이 있다 했다. 단순히 넘어지는 사고가 아니다. 몸이 공중에 들렸다 떨어지는 것은 예 사다.

"오토바이 핸들은 항상 잡지 않으면 쓰러져요. 바퀴가 두 개라 무조 건 넘어가게 되어 있어요. 넘어가면 우리 옆에 문이 없으니 그냥 몸이 다쳐요."

다른 이가 사고 경험을 이야기해준다.

"정말 세게 달리지도 않았는데, 바람이 워낙 많이 부니까 어떻게 이 기지를 못하는 거예요. 거기가 4차로인가 그래요. 근데 저는 3차로에 서 달리고 있었거든요. 그렇다고 달리다가 브레이크를 딱 잡고 서면 그 냥 넘어지는 거예요. 그러다 뒤따라오던 차에 부딪히면 정말 난감하다 니까요. 한번은 제가 바람에 밀리는 대로 계속 속도를 줄이면서 가느라 반대편 3차선까지 넘어갔어요. 맞은편에 오던 버스랑 차들이 다 서고 난리가 났죠."

두 바퀴는 위험하다. 그러나 사고가 더 잦아지는 까닭은 두 바퀴에 만 있지 않다. 더 심해지는 경쟁 때문이다. 1997년 화물자동차운수사업 규제가 완화됨에 따라 이륜차 택배업(퀵서비스) 업체들이 난립한 것이다. 업체들끼리 과열 경쟁이 됐고 가격 인하가 뒤따랐다. 최근에는 조선족 이주노동자들마저 퀵서비스 시장에 들어왔다. 이를 기회로 삼아 업주 들은 또 배달 단가를 낮춘다.

뿔뿔이 흩어져 있는 퀵 배달 기사들은 살아남기 위해 더 많은 주문을 받는 수밖에 없다. 요즘은 주문이 PDA 기계를 통해 들어온다고 했다. 액정화면에 주문이 뜨면 먼저 확인을 하는 사람이 임자다. 업체들이 사용하는 프로그램이 각기 다르기에, 퀵서비스 노동자들은 보통 기계를 2~3개씩 가지고 다닌다. 달리며 PDA를 본다. 누구보다 먼저 눌러야 한다. 운전 중에 자꾸 PDA에 눈이 가니, 사고가 잦다. 그럼에도 비가 오면 자신은 젖더라도 PDA부터 비닐로 싸매고 또 싸맨다. 겨울철 눈이 오는 날에는 더 일을 나간다. 날씨로 인해 요금이 비싸지기 때문이다. 그런 날에는 당연히 더 다친다.

산재보험, 반쪽짜리 권리

단 한 번의 사고라도 운이 없으면 목숨을 잃는 수준으로 난다. 그런데도 후속 조치가 따르지 않는다.

"저희가 몸으로 때우죠. 몸으로 버티다보면 병이 악화되는 거예요. 낫는 기간도 오래 걸리고, 이게 골병이 되는 거예요."

사고 후, 응급실에 가기를 포기하는 노동자는 내 앞에 앉은 그만이 아니었다.

이들은 산재보험에 가입되지 않았다. 특수고용직이기 때문이다. 2013년 5월이 되어서야 특수고용직에 제한적으로 적용되었던 산재보험이 퀵서비스 노동자들에게도 주어졌다. 택배와 몇몇 업종에 보험 가입이 허용되었다. 그게 어디냐, 감지덕지할 일이 아니다. 실제 산재보험을 적용받는 퀵서비스 노동자는 한줌도 되지 않는다. 산재보험에 가입할 수 있는 이는 소수의 전속기사들뿐이다.

퀵서비스는 업체에 소속된 전속기사와 그렇지 않은 비전속기사로 나눌 수 있다. 둘 사이의 차이는 크지 않다. 전속기사도 PDA 프로그램을 통해 배송 주문을 받기 때문에 업체 소속감이 크지 않다. 임금이 수수료가 아닌 사납금 방식으로 지급되는 것이 다를 뿐이다.

업체에게 지원을 받긴커녕 오히려 생돈을 내고 다니는 경우도 있다. 한 전속기사는 회사에 출근비를 낸다고 했다. 출근을 하여 하루에 1,000원씩을 업체에 준다.

"아니 왜 출근을 한 사람이 돈을 내요?"

결근비도 아니고. 이해가 되지 않아 반문하는데, 결근비도 있단다.

"결근을 하게 되면 만 원이 마이너스예요. 거기다 입사할 때 5만 원 정도 내야 해요. 권리금 이런 게 아니라, 나중에 퇴직해도 못 찾는 돈이에요."

이 해괴한 논리는 가진 자들의 횡포로부터 비롯한다. 8년 전 업주들의 담합으로 10퍼센트 수준에서 그 두 배로 뛰어버린 수수료는 내릴 줄을 모른다. 업주들이 배송 물품마다 가져가는 수수료는 23퍼센트(2012년 기준). 모든 것이 자비 부담이다. 오토바이는 물론 PDA 기계, 몸 보호대 등을 모두 개인 돈으로 사야 한다. PDA 프로그램 사용료, 보험료도 지불한다.

"저희가 수수료, 예를 들어 만 원짜리 하나 일을 처리해서 수수료 2,300원 빼고, 기름값 빼고, PDA 대여료, 통신비 내고 나면, 5,000원이 안 남아요. 저한테 남는 돈이."

가진 것 없는 노동자는 일을 구해야 하기에, 담합의 더러움을 알고도 일한다. 3년 전에는, 8년 전에는 이보다 나았는데 회상하면서 말이다.

횡포는 산재보험에도 적용된다. 산재보험에 가입하려면, 업주와 퀵서비스 노동자가 보험비를 반반씩 나누어 부담해야 한다. 업주들은 손해라 느낀다. 사고가 나도 업주가 그 손해나 치료비용을 댈 필요가 없었으니, 산재보험 가입을 생돈 나가는 것으로 느낀다. 그래서 비용을 노동자들에게 전가한다. 사납금을 올려 받는 것이다.

"업주들이 자기 부담인 산재보험료 3만 원만 사납금에서 올릴 것 같죠? 아니요. 10만 원을 올리겠다는 거예요. 꼴랑 3만 원 지원받자고, 내가 회사에다가 10만 원을 내는 거예요."

김현 씨는 그 일을 계기로 업체를 그만두었다. 다른 업체를 구하고자 했으나, 이제 전속기사를 구하는 곳은 없다. 전속기사가 크게 줄어드는 추세다. PDA 기계로 주문을 보내면 되니, 업체는 자사 소속이라 할 만한 직원을 군이 둘 필요가 없다. 정규 노동자가 아닌 퀵 기사에게는 해고 시 '경영상의 절박한 필요' 같은 합당한 요건이 요구되지 않는다. 그저 계약을 해지하면 된다. 그 바람에 김현 씨는 원치 않게 비전속 기사가 됐다.

그는 현재의 산재보험을 반쪽짜리라 했다. 반쪽짜리 산재라, 그마저 너무 후하게 준 점수인 듯하다. 근로복지공단 조사에 따르면, 2013년 6월 기준 산재보험 가입이 가능한 특수고용직 (등록)종사자는 44만 4,178명, 이 중 가입자는 4만 4,779명에 불과하다. 10분의 1 수준이다.

특수고용직 중에서도 가장 특수한 직업

2007년에 세워진 퀵서비스 노동조합의 집행부이기도 한 김현 씨는 열을 올렸다.

"퀵서비스가 이번에 산재보험에 들어간 것도, 정말 어떻게 들어간 건지 아세요? 퀵서비스는요, 고용노동부하고도 했고 산재보험관리공단 하고도 회의를 계속 했어요. 최종 결론은 반쪽짜리는 받지 않겠다는 거 였거든요. 그때 이명박 대통령이 택배 배달 1일 체험을 한 거예요. 그러 니까 바로 된 거예요, 택배랑 퀵이랑. 퀵서비스는 그냥 덤으로 갖다 집 어넣는 거죠. 지금 실제로 퀵서비스가 어떠한 상황에 처해 있고 어떻게 현장에서 일하고 있는지에 대한 거는 제대로 조사도 하지 않고, 그냥 대충 만들어놓은 거예요, 급하게."

이명박 전 대통령이 택배회사를 찾아 박스를 나르는 요란을 떤 지 보름 만에 내놓은 특수고용직 산재보험법. 법은 있으나, 그 법을 적용 받을 수 있는 사람은 없다. 당사자들은 이게 누구를 위한 법이지? 갸우 뚱거린다. 반쪽짜리 산재라. 그마저 너무 후하게 준 점수인 듯하다.

퀵서비스 노동자들과 마주 앉았을 때, 내가 한 첫 질문은 얼마나 사 고가 잦은지였다. 김현 씨는 그런 내게 물었다.

"우리 사고에 관심이 있나요?"

우리가 얼마나 죽는지 궁금해요? 하고 묻는 것 같았다. 나는 흠칫하 여 주저리 인터뷰의 목적을 설명했다. 그는 말했다.

"우리한테 취재 많이 해갔습니다. 제가 언론에서 인터뷰한다 그러 면 하루 일당 포기하고 다 응했습니다. 우리 기사도 많이 나갔습니다. 다들 우리가 얼마나 위험한가에 관심이 있습니다. 대선 전후로 우리 찍 어가고, 심지어 종편 방송 개국 때도 아주 자세히 다루었어요. 우린 우 리를 이렇게 잘 다루는 이유를 압니다. 만만하니까요. 우리 위에는 대 기업이 없으니까요. 우리 문제는 어떤 기업을 건드릴 필요가 없어요.

우리 문제는 특정 기업을 때려서 할 수 있는 게 아니에요. 우리 위에는 뿔뿔이 흩어진 영세업체 업주들밖에 없어요. 우리는 그저 불쌍한 사람들, 이렇게 내보내면 되는 문제라서 그럽니다."

그동안 법은 그네들의 편이 아니었다. 난립하는 영세업체가 그들을 나락으로 끌고 가는 동안 법적 보호는 없었다. 그래놓고 이제 와 카메라를 들고, 불쌍한 사람이라 품어주자 하는 것. 그들은 불쌍한 사람이라 전해지길 거부했다.

나는 퀵서비스 문제가 어떤 식으로 다루어지길 바라냐고 물었다.

그는 '특고'를 말했다. 특수고용직, 특수고용 노동자는 특정 사업주에 종속돼 있지만 개인사업자 자격으로 일하는 이들을 말한다. 간단히 말해 하는 일은 노동자인데, 지위는 개인사업자인 이들이다. 노동은 하지만 노동자성은 인정받지 못하는 이들. 특수고용직은 꽤 다양한 분야에 걸쳐 존재하는데, 그중 대표적인 것이 학습지 노동자, 골프장 캐디, 택배 기사, 화물차 운송기사이다.

심한 경우, 공장에서 물건을 옮기는 지게차 운전 업무를 하는 노동자에게 지게차를 구매토록 한다. 도로로 끌고 나올 수 없는, 공장에서 자재를 이송할 때밖에 사용할 수 없는 지게차를 기사에게 구매(또는 임대)하게 하고 사장님이라는 직함을 붙인다. 무슨 조폭 세계에서도 벌어지지 않을 일이 고용 과정에서 일어난다. 고용 여부를 결정할 수 있는 이의 횡포이다. 직원을 직원이라 인정치 않으면 업체의 비용은 꽤나 절감된다. 퇴직금, 4대보험, 성과급, 연월차, 그 어떤 것도 적용하지 않아도 된다.

퀵서비스 기사도 특수고용직에 속한다. 김현 씨는 "퀵이 특수고용직 중에서도 특수하다"고 말한다.

"특고 노동자들 대부분이, 학습지 같은 경우도 회사에서 사업자를 내라고 해요. 화물이나 덤프나 레미콘도 다 각각의 사업자등록을 내요. 노란색 영업용 번호판이 붙으면 무조건 사업자등록을 해야 돼요. 그런데 퀵서비스는 노란색 번호판이 없죠. 우린 사업자로 안 내죠. 우리는 직업군에 없어요. 우리는 있는데, 대한민국에는 퀵서비스라는 직업이 없어요. 저희는 세금도 안 내요. 우리가 안 내겠다는 게 아니에요. 세금 낼 방법이 없어요. 수수료에서 3.3프로를 다 떼요. 그래서 내가 국세청에 확인을 해보잖아요. 나는 세금 납부한 기록이 없어요. 정말 우리 같은 케이스는 없거든요. 하다못해 도급계약서나 위탁계약서를 쓴다던가 하는데, 우리는 그런 거 없어요."

다른 특수고용직 노동자들은 그토록 거부하는 위탁계약서마저 그들은 가질 수 없다. 공중에 붕 뜬 것 같은 지위. 이 불안정한 지위는 그들이 탄 두 발 기계보다 그들을 더 위태롭게 한다.

내일은 떠날 생각으로 일하는 사람들

위험은 늘 도사리고, 대우는 부당하다. 그래서 퀵서비스 노동자들은 대다수 40, 50대다. 우리가 흔히 생각하는, 오토바이 몰고 싶은 젊은 사람들이 잠깐 하는 알바가 아니었다. 내가 만난 이들도 6년에서 12년 동안 근속했다. 사업이 망하거나 직장에서 내몰린 사람들이, 새로운 직장을 찾을 수 있는 연령대가 훌쩍 지나버린 사람들이 초기 자본 없이 돈을 벌 수 있다 해서 찾아 들어왔다. 시작은 다들 비슷했다. 하지만 도로 한복판을 달려도 다쳐서는 안 되는 이 직업은 그네들 인생을 벼랑 끝으로 밀어넣는다.

"실제로 일어났던 이야기인데 작년에 내 고향 친구가요, 직장에서 잘려서 놀고 있었어요. 그래서 퀵서비스 일을 내가 시켰는데, 직장 구할 때까지 무언가를 해야 될 거 아니에요. 가정이 있는데. 애가 있는데. 퀵서비스를 하면 단돈 몇 만 원이라도 버니까. 걔가 이렇게 PDA를 보고 가다가, 그걸 보느라 밑을 보는데, 딱 앞에 차가 서버린 거야. 그 차 뒤를 박았어요. 그리고 친구가 기절을 했어. 경찰차가 오고 119가 왔어요. 친구는 눈 뜨니까 병원이었단 말이에요. 이게 교통사고 처리가 되어버린 거야. 진짜 없는 사람인데, 병원에서 어떻게 할 방법이 없어요. 교통사고는 의료보험도 되지 않아요. 뒤에서 일방적으로 박은 거라고 보험도 안 되고. 1,300만 원이 들어갔어요. 그냥 죽지 못해 살고 있어요. 깜깜한 이야기지요. 이게 현실이에요. 악 소리도 못하고 여기저기 빚…… 지금 알거지예요. 퀵서비스가 그래요. 한순간 잘못하면 그냥 인생 망치는 거예요. 어려워요."

어렵다. 이들은 말한다.

"퀵서비스를 하는 모든 사람한테 물어보세요. 앞으로도 퀵서비스 할 생각이세요? 다들 나 이거 평생 할 생각은 없다, 그럴 걸요."

내일은 떠날 생각으로 일한다.

"퀵을 하는 모든 사람들이 어찌 보면 알바 개념인 거죠. 언제든 내가 그만두겠다…… 왜냐면 퀵이, 직업으로 인정도 못 받죠. 퀵서비스하면 노동자로 인정도 못 받죠. 그렇다고 퀵을 해서 많이 버는 것도 아니고요."

하지만 나이든 몸을 받아줄 직장이 없어, 빚이 다리를 잡고 늘어져서, 하루 벌어 하루 사는 일당제 삶이라 내일 당장 들어갈 돈 걱정에 주저않는다.

"오늘 나가서 한 10만 원은 들고 왔다, 그럼 내일 나가서 또 10만 원을 갖고 올 수 있냐? 아니거든요. 우리가 직업을 바꾸려면, 최소한 한 달은 내 가정이 생활할 수 있는 여유 자금이 있어야 해요. 근데 지금 퀵을 하고 있는 분들이, 다 그렇진 않지만 거의 사업을 실패하고 이거 하시는 분들이 많아요. 이러다보니까 하루 벌어 하루 먹는 그런 실태예요. 또 최근 들어서 기름값 올라가고 수수료 올라가고 이러면서, 돈을 모을 길이 더 멀어지니 떠날 생각만 하면서 일하는 거죠."

같은 돈을 받아도 월급쟁이는 돈을 모으는데, 일당쟁이는 모을 돈이 없다고 했다. 모래알처럼 손에 쥔 돈들이 빠져나간다. 헤프게 쓴다는 의미가 아니다. 목돈이 없을 경우 자잘한 비용이 더 많이 나가기 마련이다.

늘 떠나야 하지만 떠날 수 없다. 임시로 하는 일이다 마음먹지만, 실은 이것이 직장이고 생계다. 일을 하는 성취감도 제 손으로 가족을 책임진다는 뿌듯함도 있다. 속도를 즐기는 사람들이라 일의 재미를 느낄 때도 있다. 퀵을 부르는 것은 다급한 사람들, 그 다급함에 응하는 마음도 있다.

그러나 누구도 그들의 일을 엄연한 직장의 개념으로 봐주지 않는다.

"큰 건물에요, 비 오면 우리는 못 들어가요. 밖에 비가 쏟아지는데, 아예 1층 로비를 못 들어가게 해요. 밖에 서서 물건은 비 맞을까 품에 안고, 떨고 있으면. 막상 당해보면 내가 무슨 거지새끼도 아니고. 저들이 나를 필요로 하는 건데. 서로 같이 사는 건데, 우리는 너무 사람 대접 못 받는다……"

종일 도로를 달리고 건물로 들어서 슬쩍 거울에 얼굴을 비쳐보면, 검다. 스스로도 불쌍해 보이게 검다. 그래도 내 룰을 지키며 고객과 정당한 계약을 맺어 일한다 생각하는데, 세상은 이들을 작아지게 만든다. 그들은 필요에 의해 이리저리 불려 다니지만, 아무도 그들의 필요는 들어주지 않는다.

빨리 와달라는 고객의 요청에 퀵서비스 노동자는 기본요금보다 높은 가격을 부른다. 그러면서 말한다.

"이거는 우리 목숨 값이죠."

더 막장인 곳을 찾아서

퀵이 배달의 막장이라 생각했는데, 더한 곳을 찾았다. 산업재해를 취재하다보면, '쥐 사위 구하기'라는 동화가 떠오른다. 쥐 부부가 딸에게 가장 힘센 신랑을 맺어주기 위해 길을 떠난다는 내용의 동화로, 쥐 부부가 힘이 세다 생각하여 찾아간 이들은 다들 저보다 더 힘센 이가 있다고 한다. 해님은 구름이, 구름은 바람이, 바람은 돌이 더 강하다고 한다. 결국 쥐 부부의 여정은 더 힘센 이를 찾아 길어지기만 한다.

산업재해를 취재하는 여정도 이와 비슷했다. 폐가 상하고, 어깨가 탈골되고, 머리가 아프고, 당신들의 작업환경이 최악이군요, 라고 판정 내리려 하면 상대는 "아니오, 저희보다 더한 곳이 있습니다"라고 미루었다. 끝이 날 것 같지 않은 여정이 된다. 노동조건이 더 나쁘고 일이 더 위험하고 노동의 존엄이 없는 곳으로 가게 된다. 그렇게 찾은 배달의 끝이 요사이 뜨고 있는 신종 사업, 배달대행업이다.

배달대행업은 개개인의 심부름 배달을 대신해주거나 주로 자영업자들의 배달 서비스를 대행하는 업종이다. 오토바이로 배달한다는 점에서 퀵이나 다른 배송 아르바이트와 다를 바 없지만, 이 업종이 가장 힘센 신랑감으로 뽑힌 이유는 주요 종사자가 청소년이기 때문이다.

청소년이 배달대행 일에 몰리는 까닭은 대행으로 배송해야 할 물건이 원래 그들이 나르던 치킨과 피자 같은 품목이기 때문이다. 자영업자들은 아르바이트 직원을 두기보다 배달대행을 이용하는 추세다. 대행 수수료는 보통 건당으로 계산하는데, 배송 물품 하나당 업주들이 대행업체에 지급해야 하는 비용은 2,000~3,000원 수준이다. 동네 피자 한 판, 치킨 하나에 2만 원쯤 하니 업주 입장에서는 부담이 적지 않지만, 그럼에도 배달대행을 선호하는 까닭은 아르바이트생을 자신이 직접 관리할 필요가 없다는 이점 때문이다.

직접 관리하지 않는다는 것은 배달이 몰리는 때가 아니면 임금을 주지 않아도 된다는 말이고, 배달 사고가 났을 때 책임을 지지 않아도 된다는 말이다. 배달 업무를 대행했다는 이유로 책임도 대행한다. 그런데 책임을 전가받은 것은 대행업체가 아니다. 그들은 책임질 필요가 없다. 대행업체는 고용한 노동자가 없다. 오롯이 배달하는 이와 계약을 맺어 배달 수수료를 나눌 뿐이다. 고작 열여섯, 열일곱의 청소년들이 개인사업주가 된다. 배달 시 난 모든 사고의 책임은 이들, 어린 '사장'들 몫이다. 양심만 버린다면, 이것은 자영업 업주 입장에서도 배달대행 업주 입장에서도 남는 장사다.

업체가 배달 한 건당 받는 돈이 고작 3,000~5,000원, 여기서 배달 노동자가 나누어 가질 수 있는 돈이 얼만지는 뻔하다. 많아봤자 1,000~3,000원. 하나씩 배달해서는 답이 없다. 배송 물품 여러 개를 동시에 배달한다. 어느 것 하나 배송이 늦으면 안 되니(배송이 늦어 환불 요구가 일어난다면, 이 책임조차 배달하는 청소년이 져야 한다) 속도가 붙는 것은 당연하다.

사고가 나면 병원비를 보상받기는커녕 렌트한 오토바이 수리비까지 물어내야 한다. 안전 운행을 했다 하더라도, 받는 돈에서 지각비, 리스비, 수리비, 기름비를 내고 나면 손에 쥘 수 있는 돈이 없다. 그래도 한 번 이 길로 빠지면 나오기가 쉽지 않다.

청소년 아르바이트 조건이 공평하게도 모두 형편없기 때문에, 청소년들은 배달대행 일이 유달리 나쁜 조건이라 느끼지 못한다는 데 문제가 있다. 종일 햄버거 기름에 찌들어 고작 3만 원 손에 쥐느니(청소년 근로 가중시간 7시간×최저시급 4,860원) 위험을 감수하고 달리겠다는 것이다.

이 계산법이 오류구나를 깨달아도, 그때는 늦었다. 자신이 직접 고용되어 일했던 가게들은 더 이상 아르바이트를 고용하지 않는다. 배달대행업체를 이용한다. 다른 동네로 일자리를 찾아 이동하기도 쉽지 않다. 골목골목의 지리를 알아야 하는 배달 일은 적응하는 데 꽤 오랜 시간이 걸리기에, 배달 노동자들은 다른 곳으로 일자리를 이동하는 것을 꺼려한다. 한 번 들어온 이상 참고 일한다.

뭘 좀 아는 청소년들은 "짤배요? 짤배는 잘못하다가 죽는 거예요"라고 한다. '짤배(짧게 이곳저곳 다니며 배달을 한다는 의미로, 배달대행업을 가리키는 은어)', 배달 일을 하다가 죽거나 크게 다친 친구 하나쯤은 다들 있다. 다만 산업재해라 인식하지 못할 뿐이다.

분간 못하는 것은 청소년들만이 아니다. 어른들이라 불리는 사람들도 휙 눈앞에서 스쳐 지나는 배달 오토바이를 보며 '저러다 사고 나지' 한마디 하고 만다. 사회는 이들이 배달을 하다 죽은 것인지, 폭주를 하다 죽은 것인지 분간을 하지 않는다. 배달 업무를 하던 중 사망을 한 것이라면 분명 중대재해인데, 신경 쓰지 않는다. 오토바이를 타는 청년이라 하면, 원래 폭주와 같이 위험한 곡예와 속도를 내며 타는 것이라는 부정적 인식이 강한 탓일 게다. 배달을 하다 죽어도, 신호를 안 지켜 그런 거겠지 한다.

몇 해 전 피자 체인점 업체에서 내건 30분 배달제에 대한 중단운동이 벌어졌다. 이는 한 배달 노동자의 죽음 때문이었다. 사고 당사자가 대학생이라는 점, 등록금을 벌기 위해 한 아르바이트라는 점, 거기에 더해 피자 체인점이 기업 산하의 대형 업체였던 까닭에 사람들에게 널리 알려졌다. 이런 조건에 부합하지 않는 청소년들의 노동은 그저 폭주로 매도되기 십상이다. 그러나 분명한 것은 착하고 성실한 대학생이건 노란머리의 날라리 청소년이건 그들이 일하다 세상을 떠났다는 사실이다. 일터에서 일하다 죽는 것은 분명 이유가 있다.

배달대행 노동자가 속도를 내야 하는 이유를 어린 치기라고만 생각하면 오산이다.

"폭풍 부는 날에 배달을 갔어요. 00동은요, 비가 오면 (지대가) 낮아서 길에 물이 차요. 거기를 오토바이 타고 달리는 거예요. 물에 가려서 차선도 안 보여요. 그냥 마주 오는 차 보고는 아, 이게 반대 차선인가보다 하고 달리는 거예요. 안 간다고 했죠. 저보고 상품 비용을 물어내라는 거예요. 한 건당 2,000원 버는데, 물건 값 2만 원을 물 수는 없잖아요. 갔다 왔죠."

그러다 사고가 나서 사장에게 병원비를 요구하면, 이들이 고용되었다는 증거가 없다.

"우리한테는 증거가 없는 거예요. 저희는 업주가 적어주는 주문서 한 장 봤는데, 그거는 그날 우리한테 보여주고 바로 찢어버리거든요. 사장이 찢어버린 걸 우리가 들고 올 수는 없잖아요. 우리는 그렇게 일을 했는데 증거가 없는 거예요. 애들이요? 증언 안 하죠. 그거 밝혀지면 여기서 알바 못해요. 저 그거 하고 나서는, 어떤 업체에서도 안 받아준다고 했어요."

블랙리스트까지. 골고루 한다. 나쁜 것은 빨리 닮는다는 옛말이 맞다. 청소년들의 배달 아르바이트는 안전교육의 부재와 30분 배달제 등으로 원래 산재가 잦은 분야다. 거기에 더해 특수고용직 퀵서비스와 유사한 형태의 배달대행업 아르바이트까지 등장했다. 특수고용직이라는 한층 위험한 요소를 받아들인 것이다.

배달 건당 수수료를 지급하면서 일이 없는 시간에도 업주들은 직원들을 붙잡아둔다. 하루 10시간을 붙잡혀 있다. 대기를 한다고 돈을 더 주는 것도 아니다. 오직 수수료다. 또래 친구들과 함께 일을 하는 청소년들의 특성을 이용해 연좌제를 걸어두기도 한다. 한 명이 일을 견디다 못해 도망치듯 그만두면, 그 책임은 같이 일한 친구들에게 전가된다. 도망친 아이에게 부여된 벌금(지각비 등)과 손해배상을 그 친구들에게 무는 것이다. 청소년이라는 나이의 위계가 열악한 노동조건과 만나니, 가관이다.

그리하여 여기가 제일 나쁘다 결론을 맺으려 했으나, 청소년들은 눈을 동그랗게 뜨고 말한다.

"내가 저 나이에도 오토바이를 몰고 산다면, 차라리 차에 받혀서 죽어버릴 거예요."

퀵서비스 노동자를 두고 하는 말이다. 저 일이 가장 막장이라 한다. 퀵서비스 노동자에게 다시 가니, 택배 노동자를 두고 말한다. "저거 3일 해봤는데, 나는 못하겠다 그랬죠." 돌고 돈다. 쥐 부부가 결국은 옆집의 쥐돌이에게 힘센 사위 타이틀을 안겨주듯, 배달 노동자들은 열악한 지위라는 타이틀을 서로에게 떠넘긴다. 돌고 돈다. 겸손해서가 아니다. 하나같이 노동조건이 위태롭기 때문이다.

달리다 쓰러져도

배달 노동자는 달린다. 더 많이 더 빠르게 배송해야 한다. 달려야 한 푼이라도 더 번다. 뜀박질은 숨 가쁘다. 가쁜 숨은 그들의 목을 조인다. 촉박한 시간 앞에서 가슴에 금이 간다. 그 틈새로 새어나오는 것은 수명이나 건강만이 아닐 것이다. 그들 자신을 존중할 수 있게 하는 중요한 무언가일지도 모른다.

그들이 정규 월급을 받는 사람들이었다면? 그들이 노동자로 떳떳이 인정받는 사람들이었다면? 인터뷰를 마치고 돌아오는 길, '만약'을 더 듦어본다.

택배가 며칠 늦었는지, 택배 기사의 목소리가 퉁명스러웠는지, 집 앞에 두고 간 택배 상자가 구겨졌는지는 기억했지만, 늦은 저녁 시간 물품을 건네고 돌아서는 허기진 택배 기사의 등은 기억한 적 없다. 택배가 얼마나 빨리 오는지 어느 택배사 수수료가 싼지에 관심은 있었지만 택배 기사의 고용조건을 알고자 한 적은 없다. 우리가 택배 물품에 눈이 멀어서는 아니다. 무심한 인간이라서가 아니다.

우리는 서로의 노동과 고용의 지위에 무심하도록 길러져왔다. 노동3권(단결권·단체교섭권·단체행동권) 한 번 제대로 교육받아본 적 없고, '자아실현'이라는 추상적인 네 글자를 제외하고 노동이 갖는 가치를 소리 내어 말해본 적 없다. 타인의 노동은 물론 내 노동에조차 무심할 수밖에 없었다. 그런 우리와, 수수료 하나에 사람을 좌지우지하게 하는 기업과, 그리고 이 모두를 키워온 사회가 배달 노동자의 목을 옥지른다.

시간을 도둑맞은 노동자들

"세상에서 가장 길면서도 가장 짧은 것, 가장 빠르면서도 가장 느린 것, 가장 작게 나눌 수 있으면서도 가장 길게 늘일 수 있는 것, 가장 하찮은 것 같으면서도 가장 회환을 많이 남기는 것이 무엇일까요? 그것이 없으면 아무것도 할 수 없고, 사소한 것은 모두 집어삼키고 위대한 것에는 생명과 영혼을 불어넣는 것은 무엇이겠습니까?"

《시계 밖의 시간》 저자 제이 그리피스는 묻는다. 책 이름이 힌트를 주고 있듯, 답은 '시간'이다. 수수께끼보다, 더 미묘한 것이 시간이다. 그리피스는 말한다. 시간을 시간이라 말하는 것은 정치적인 표현이라고.

"어떤 하나의 시간이 바로 시간이라고 말하는 것은 비진리이며 고도로 정치적이다."

우리가 현재 묘사하는 시간은 산업사회의 이데올로기와 맞물리는 하나의 방식일 뿐이라고 했다.

서양 근대 초입을 기록한 글을 보면, 당시 노동자들은 성 월요일 풍습에 따라 월요일에 쉬었다. 휴일 느낌이 만연한 화요일도 평소보다 짧게 일했다. 그 나머지 날에는 밀린 일을 하기 위해 예외적으로 긴 시간 일을 해야 했다. 당시의 고용주와 목사, 중상주의자들은 이러한 노동자들의 불규칙한 노동시간을 견딜 수 없었다. 노동자들이 일하지 않는 시간에는 이윤이 만들어지지 않았다. 그래서 고용주들이 가장 경계한 것은 노동시간을 압축하여 쓰지 않는 것이었다. 이들은 끊임없이 시간의 중요성을 말했다.

"시간이 돈이다"

1분 1초를 가장 소중한 물건처럼 써라. 시간이 물질, 즉 돈으로 계산됐다. 시간을, 정확히는 노동시간을 알차게 쓰도록 하는 여러 방법이 생겨났다.

고용주들은 월요일과 화요일에 농땡이 치는 노동자들에게 법적인 고소를 통해 벌금을 부과하거나 투옥했다. 휴식 시간을 줄였다. 감독관들에게 매일 노동자들의 시간표를 작성하도록 지시했다. 노동자들이 퇴근시간과 휴식 시간을 알 수 없게, 일터에서 모든 시계를 빼앗았다. 그리고 가장 유용한 방법이었을, 시간당 임금을 낮추었다. 노동자들이 더 많은 시간을 일할 수밖에 없도록.

때로는 시간 자체가 아니라, 시간에 들어가는 노동량을 증대시키려 애썼다. 그들은 과업노동(성과급 노동)을 싫어했다. 노동자들이 몰아서 일을 마치고 빈둥거리며 보내는 것이 거북했기 때문이다. 그래서 과업노동을 할 때, 자신의 소속 일꾼들과 함께 내보내는(감시자를 붙여놓는) 등의 방식을 꽤 했다.[4]

이러한 '엄격한 노동규율'이 나오기까지 격렬한 싸움이 있었던 것은 분명하다. 하지만 '시간이 돈이다'가 승리했고, 경쟁하고 빠르게 움직이고, 주어진 시간 안에 더 많이 생산하고 더 많이 판매해야 하는 산업사회는 시간을 가만두지 않았다. "우리가 너무나도 당연하다고 여기는 근대사회의 여러 가지 특징들, 노동과 여가생활의 철저한 분리, 노동에 대한 감독과 규율, 정확하게 시간을 준수하는 것 따위가 산업자본주의 과정에서 제도화되었다."[5]

---

[4] 시간에 대해 교육받은 노동자들은 이후 10시간 노동 쟁취 운동을 펼치면서 노동시간 단축을 주장하고, 이후 시간외 노동수당을 위해 파업한다.

[5] 에드워드 파머 톰슨, 〈시간, 노동규율, 그리고 산업자본주의(Time, Work-discipline and Industrial capitalism)〉, 1967.

우리는 시간을 아끼고 아낀다. 의문이 들 정도로 오랜 시간 일한다. "과거에 인간의 손으로 처리하는 데 24시간이나 걸리던 일을 기계가 한 시간 만에 해치우고 있는데도"[6] 노동시간은 줄어들지 않는다. 노동자들은 시간을 아끼다 못해, 자신의 시간마저 도둑맞았다.

'시간 도둑질'은 앞서 언급된, 다국적기업 월마트에서 나온 말이다. 노동자가 근무시간에 해당 일 이외의 다른 일을 조금이라도 하는 것을 의미하는 말이 '시간 도둑질'이며, 월마트는 노동자들이 시간 도둑질을 조금도 하지 않도록 늘 강조(강요)한다. 그러나 그 반대의 경우, 노동자의 시간이 도둑을 맞는 일은 문제가 되지 않는다.

일하는 이들은 '시간이 없다'고 한다. 일할 시간조차 부족하다 한다. 특정한 분야의 노동자들은 쉬지 않고 일한다. 그런데도 시간이 없다. 일을 다 마칠 수 없다. 근로기준법에 따르면 노동자가 4시간 근로를 한 경우에는 30분의 휴게 시간을 갖도록 되어 있지만, 그것은 말 그대로 법일 뿐이다. 일이 밀렸다는 이유로 출근시간도 되기 전에 회사에 가고, 초를 세며 종종걸음을 친다. 쉬지 못하고 먹지 못하고 일을 한다. 일을 하면서도, 일할 시간이 없어 바쁘다 한다. 시간 절약을 넘어 우리의 시간이 사라지고 있다.

노동자는 도둑맞은 시간에 쫓긴다. 시간을 잃은 노동자들은 시간에 쫓겨 더 많이 일한다. 기업에 더 많은 돈을 벌어준다. 이 효율적인 방법이 문제가 되는 것은 시간을 도둑맞은 노동자들이 지쳐 쓰러진 후다.

6 폴 라파르그, 《게으를 수 있는 권리》, 조형준 옮김, 새물결, 2005.

4부

우리는 왜 오래 일하는가

"근로자와 장인들은 자기가 가진 시간의 가치를 알고
제 가격을 받지 않으면 그것을 내놓지 않는다."

– 클래런던 백작(Lord Clarendon/에드워드 하이드)

1 열심히 일한 노동자, 열심히 죽다
— 장시간 근무 노동자들

기아차 공장 실습 나간 고3, 뇌출혈로 의식 불명

기아자동차 광주공장에 현장실습을 나간 실업고 3학년 김모⑲ 학생이 지난 17일 밤 토요일 공장 특근을 마치고 기숙사 앞에서 쓰러져 18일 뇌출혈 수술을 했으나 아직 의식 불명인 것으로 드러났다.

지난 9월부터 기아자동차 광주공장에서 현장실습에 파견된 김모 학생은 평일 근무는 물론 주말 특근과 2교대 야간 근무 등에 투입돼 주당 최대 58시간 정도의 근무를 하다가 높은 노동 강도를 이기지 못하고 쓰러진 것으로 보인다.

프레시안, 2011.12.21.

우스개 이야기로 시작하자면, 한 외국인이 서울의 야경을 보고 감탄하며 물었다.

"야경이 이렇게 아름다운 이유가 무엇인가요?"

동행한 한국인이 대답한다.

"야근입니다."

다닥다닥 불 켜진 고층건물들, 형광 불빛 아래서 밤늦도록 일하는 이들이 도시 야경의 비결이다.

사람들 참 열심히 일한다. 대학병원 간호사인 친구에게 3교대 근무를 어떻게 하느냐 물으니 '들어가 3년은 기억도 안 난다'고 했다. 그만큼 정신이 없었다. 아는 출판 편집자는 유산을 두 번 했는데, 한 번은 임신 초기에 또 한 번은 거의 막달이 다 되어 일을 겪었다. 직전까지 그녀는 책상에 앉아 교정지를 보고 있었다. 대학을 갓 졸업한 디자이너들은 닭장마냥 다닥다닥 놓인 컴퓨터 책상을 앞에 두고 12시간 가까이 일한다. 시급으로 따지면 최저임금이나 될까 하는 이름 좋은 '연봉 협상'으로 인해 연장근무 수당 하나 받지 못하고 말이다.

한국은 '월화수목금금금'이라는 말이 존재하는 사회다. 삼성의 장시간 노동을 비아냥거릴 때 쓰는 말이지만, 솔직히 거기만 그런 것이 아님을 안다. 열심히 일하는 데는 기업의 규모와 직위, 나이와 성별을 가리지 않는다.

한 회사에서는 18개월 동안 15명이 쓰러졌다. 이 중 10명이 돌연사다. 노동자들은 과로사라고 주장했고, 회사는 아니라고 했다. 근무시간표를 보니 한 달에 고작 4일을 쉬었다. 야간조 작업자들은 새벽에 일을 끝낸 후 그 자리에서 잠깐 쉬다 바로 오전 근무에 들어가는 군더더기 없는 근무 체계를 갖추고 있었다. 이름 없는 영세사업체가 아니다. 30대 재벌기업에 들어가는 한국타이어 이야기다.

기아자동차 공장에서는 18세 실습생이 뇌출혈로 쓰러졌다. 고3이었던 아이는 현장실습 기간 3개월 동안 최대 주 70시간 일했다. 7일을 꼬박 10시간씩 일을 해야 나올 수 있는 근무시간이다. 2년 가까이 아이는 혼수상태다. '빡세기'로 유명한 삼성전자에서는 22년간 일한 부장급 직원이 위암으로 사망했다. 가족들은 과로사라 주장하며 그의 평균 퇴근시간을 밝혔는데, 새벽 1시였다.

창의적인 게이머들로 가득할 것만 같은 IT계열의 노동시간도 연간 3,000시간에 다다른다. 주 5일 같은 것은 기대하지 않으니 주 7일, 365일 출근을 한다 해도 하루 8시간 이상씩 근무를 했다는 계산이 나온다. 안 봐도 뻔하게 잦은 밤샘이 있었을 것이다.

엘리트 직종이라는 의사도 장시간 노동에 시달리기는 마찬가지다. 2012년 대한의사협회는 '주 40시간 준법 파업'에 돌입했다. 이에 감화받은 전공의들은 '주 80시간 근무제 도입'을 위해 싸워야 한다고 목소리를 냈다. 이들의 실제 근무가 120여 시간이라 했다. 일주일이 총 168시간이다. 나머지 48시간은 수면 시간이라 해두자.

야간 노동을 거부하는 노동자들의 반대편에 선 이들도 쪽잠 자며 일한다. 2011년 유성기업 노동자들이 '밤에는 자고 싶다'며 야간 노동을 거부하는 파업에 들어가자, 회사 측에 선 노동자들이 구사대로 나섰다. 그들은 파업의 빈자리를 메우라는 회사의 명에 자지도 먹지도 못하고 일했다. 이들의 최대 노동시간을 조사해보니 하루 15시간이었다.

오래 일하는 사람을 찾는 것은 일도 아니다. 오히려 법정 근로시간(하루 8시간)만을 일하는 이를 찾기 힘들 지경이었다. 직장인의 70퍼센트 이상이 퇴근시간이 대중없다고 조사되는 나라이다. 야근을 거의 안 한다고 답할 수 있는 회사원이 10명 중 1명인 나라.[1] OECD 국가 중 노동자가 가장 오래 일하는 나라. 한국의 연평균 노동은 2,092시간이다. OECD의 다른 국가들(평균 노동시간 1,696시간)보다 400시간 더 일한다.

참 열심히도 일한다. 그렇다고 자부심이 넘치는 것도 아니다. 공장 지게차를 모는 한 노동자는 물량이 많을 때는 14시간을 일한다고 했다. 물량이 많을 때가 2~3일이 아니다. 길면 4~5개월 그렇게 일한다. 그리고 어떻게 사느냐 했더니, 그는 말했다.

"먹고살려면 해야지."

내한민국은 먹고살기 위해 오래 일해야 하는 사회이다.

22시간 운행, 몸은 알고 있다

야근을 밥 먹듯 하는 사람들 천지이지만 그래도 '장시간 노동'이라 부를 때 고개를 끄덕일 수 있는 직종을 찾아 나섰다. 머릿속에 맴돌던 직업 하나가 있었으니, 버스 운전기사였다.

어느 날 도심에서 겪은 광경 때문이었다. 도로를 달리던 버스가 갑

---

1 2013년 잡코리아 좋은일 연구소에서 직장인 1,900여 명을 대상으로 한 '직장인 야근 실태조사'.

자기 갓길에 멈춰섰다. 기사는 쑥스러운 듯 "죄송합니다. 급해서요"라고 웅얼거리며 버스에서 내렸다. 버스기사가 다시 돌아온 짧은 시간 동안 버스 안은 그저 정적만 감돌았다. 투덜거리는 소리는커녕, 과장하자면 숨소리 하나 더 크게 들리지 않았다. 그럴 수도 있는 일에 긴장을 한 것은 나뿐인 듯했다. 혹여 버스기사가 찰나라도 느꼈을 감정이 수치는 아닐까 해서였다. 승객들은 하차 벨을 누르고 내리면 그만인 버스를 저 사람은 홀로 책임지느라 얼마나 오랫동안 한자리에 머물렀을까. 버스 운전기사 류상선 씨는 22시간이라고, 자신의 노동시간을 말했다.

"사번이 낮은 사람들, 그러니까 신입사원한테 힘든 일이 몰리는데 그때 가장 오래 근무를 한 것이 22시간 30분이었어요. 그것도 출퇴근 시간 빼고 차 준비하는 시간도 빼고 말예요. 지금은 없어진 노선이지만 인천터미널에서 종로를 갔다 오는 2004번 버스가 있었어요. 한 번 오가는 데 3시간 반에서 4시간. 5시에 첫차가 출발하고 막차는 광화문 종점에서 새벽 1시에 출발해요. 인천터미널에 도착하면 새벽 2시 반이에요."

나는 그를 본 기억이 있었다. 운전석에 앉은 그는 빨간색 노동조합 조끼를 입고 있었다. 그의 회사인 삼화고속은 인천에서 서울을 오가는 광역버스를 운영했다. 회사가 인천 광역노선을 독점하다시피 한 덕으로 2011년 가을 노동조합이 파업했을 때는 파장이 꽤 컸다.

242대 버스가 37일간 멈췄다. 인천으로 연결된 7호선 노선이 개통되기 전이었으니 서울로 출퇴근하는 시민들의 불편이 알 만했다. 그럼에도 삼화고속 버스기사들의 파업에 시민들은 어느 사안보다 우호적이었다. 파업을 통해 처음으로 버스기사들의 근무조건이 드러났기 때문이다. 운수회사에서 근무하는 운전기사의 임금은 10년째 제자리였다. 격일제 근무를 하는데 야간수당을 쳐도 통상임금은 240만 원에 못 미쳤다. 평균 연령 45세인 그들의 노동시간에 따른 임금을 시급으로 계산해보니 4,727원이 나왔다.

인천과 서울을 이어주는 지상 교통편은 삼화고속이 거의 유일했다. 출퇴근 시간과 밤 시간에는 승객들이 서서 가는 것을 당연시 여겼다. 장사가 잘되는지, 아니면 텅텅 비어 파리를 날리는지, 시민들도 보는 눈이 있었다. 딱 봐도 삼화고속의 경영상태가 어떤지 판단할 수 있다. 그런 버스회사의 임금이 몇 년째 동결이라는 것을 승객들도 납득할 수 없었다.

37일간의 파업 끝난 후, 단협은 새로 체결되었지만 여전히 이행이 되지 않고 있다. 이에 삼화고속 노동조합은 2013년에 입석을 거부하는 준법투쟁을 진행했다. 내가 류상선 씨를 기억하는 이유는, 버스를 타려다 '입석 금지' 원칙에 따라 승차를 거부당했기 때문이다. 그는 노동조합 조끼를 입고 있었다. 도로교통법 39조는 광역버스를 비롯한 좌석버스의 승차 인원이 정원의 110퍼센트를 넘지 못하도록 법으로 규정해두었다. 시민의 안전과 편의를 위한 규정이고 광역시에서는 이를 위해 운수회사가 버스 운행 횟수(회차)를 늘리도록 유류비를 지원한다. 물론 운수회사 입장에서는 유류지원 절차가 까다롭고 지원금이 부족하여 입석 운행이 불가피하다는 주장이지만, 버스기사들의 말은 달랐다.

"비가 오면 상식적으로 차가 막히고 배차 시간이 길어지니 차량 수를 더 늘릴 거 같죠? 아니에요. 사무실에서 차를 더 줄여요. 타는 사람이 없으니까. 모든 게 자본주의 경제논리 그대로예요. 공공성을 철저하게 배제하죠. 일반 공장처럼. 1400번 같은 경우에는 23대를 운행해야 하는데 10대를 줄였어요. 손님이 없으니까."

노동조합이 입석 금지를 엄격히 지키는 이유는 회사가 운행 회차를

참 열심히도 일한다. 그렇다고 자부심이 넘치는 것도 아니다. 공장 지게차를 모는 한 노동자는 물량이 많을 때는 14시간을 일한다고 했다. 물량이 많을 때가 2~3일이 아니다. 길면 4~5개월 그렇게 일한다. 그리고 어떻게 사느냐 했더니, 그는 말했다.

"먹고살려면 해야지."

대한민국은 먹고살기 위해 오래 일해야 하는 사회일 뿐이다.

줄이는 것을 막기 위해서이다.

감차 행위는 불법이다. 유류비를 지원받는 운수회사가 시에 적어 낸 것과 다른 차 대수를 운행한다면, 감차한 버스 한 대당 100만 원꼴의 과태료가 부가되는 것이 법이다. 그렇다면 삼화고속은 특정한 노선에서만 1,000만 원의 과징금을 물어야 할 텐데, 회사는 한 번도 과징금을 낸 적이 없다고 한다. 인천시의 관리 소홀인지 어떤 연유인지는 몰라도, 이를 결정하는 공무원들이 서울을 오가며 버스로 출퇴근할 것 같지는 않다. 감차에 죽어나는 것은 시민과 노동자들이다.

"밥 먹는 시간이 18분쯤 되나? 차가 들어오면 도착한 시간을 적고, 주차를 시켜요. 그런 다음 내리죠. 배차판 받아요. 식당으로 가요. 밥을 먹고 차까지 다시 가야 해요. 오면 항상 출발 시간이 지나 있는 거예요. 실질적으로 밥 먹는 시간은 5, 6분. 밥 먹는 시간 끝나면 배차판 갖다주고, 화장실 갔다 오면 또 출발 시간이 지나 있고. 결국은 23대가 뛸 시간을 13대가 뛰니까 기사들 대기 시간, 식사 시간 이런 깃들이 점점 줄어들죠."

그가 22시간의 노동을 한 것도, 밥을 5분 만에 마시듯 먹어치워야 하는 것도, 실은 빠듯한 버스 운행 수에서 비롯된다. 나는 바보 같은 질문을 했다.

"회사는 왜 그러는 거예요?"

"회사 입장에서는 30대를 돌려 115회를 맞추는 것보다 20대를 돌려 같은 횟수를 맞추면 임금, 수리비용 등이 절약이 될 거잖아요."

차 10대를 내보내지 않으면 회사는 10명의 버스기사 임금과 10대의 유지비를 아끼게 된다. 버스 대수를 줄인 회사는 이제 회차 수에 집착한다.

"회차 수가 많이 나와야지 그만큼 돈이 벌린다 생각하는 거예요. 버스는 굴러야 한다. 운송사업자들은 옛날 방식이에요. 배차 간격은 신경 안 쓰죠. 손님은 콩나물시루가 돼서 오든, 시루떡이 돼서 오든."

그 과정에서 버스 노동자들의 생체리듬은 망가진다. 휴식이 균일하게 주어지지 않기 때문이다.

"5, 10분 그러고 쉬다가 마지막 쉬는 시간에는 시간이 좀 남아요. 마지막으로 출발하기 전에요. 운행 대수가 모자라면 위에서 깨지니까 낮에 최대한 빨리 다녀요. 본사에 보고하잖아요. 20대를 돌려야 하는데 오늘 차가 밀려서 한 대가 못 돌았어. 그럼 본사에서 깨지는 거예요. 왜 차를 안 내보냈냐. 그러니까 낮에 최대한 돌리는 거예요. 근데 하루 종일 도느라 녹초가 됐으니까 마지막에 한 시간 여유 있게 쉬는 게 의미가 없는 거예요. 차라리 빨리 집에 가고 싶지."

한 명의 인건비를 아끼는 과정은 다른 노동자들의 업무량을 늘게 한다. 쉬는 시간이 줄어들고 운행 시간이 늘어난다. 그것으로 끝이 아니다. 일하는 이들은 정신적 피로에 대해 이야기한다.

"승객이 앉아서 가는 거랑 서 있는 거랑은 운전사의 피로도가 정말 다르죠. 머리가 쭈뼛쭈뼛 서요. 한번은 이런 적이 있어요. 앞에까지 사람들이 찼어요. 술이 잔뜩 취한 사람이 '아저씨 운전대 만져봐도 돼요?' 그래요. 순간 머리가 곤두서요. 고속도로 열심히 달리고 있는데. 술 먹으라고 술 따라주는 사람도 있었어요."

오지 않는 버스를 기다리다 사람 부대끼는 버스에 올라타 술 취한 몸으로 기사 코앞까지 와 서서 가는 승객은 또 얼마나 피곤할까. 피로함은 운전기사와 승객들 간에만 주고받는 것이 아니다.

"사람 가득 타면 기사가 피곤하잖아요. 그러니까 사람 조금 태우려고 앞차에 붙어가는 거예요. 그러면 뒤차는 간격이 벌어지니까 사람 더 태워야 하고. 손님들이 타면서 항의하겠죠. 그걸 뒤차 기사는 오면서 다 들었을 거 아니에요. 홍대를 지나잖아요. 우리가 젊은 친구들이 주로 있는 노선을 지나니까. 젊은 애가 '에잇, 시팔' 하면서 타봐요. 그럼 손님에 치인 기사가 회사에 들어와서 앞차 기사와 싸우는 거예요. 시팔 저팔 하면서."

회사는 노동자들끼리 욕설을 뱉고 멱살잡이를 하며 싸우는 것을 내버려둔다. 급한 볼일을 담벼락에 몰래 치르고, 일 끝나면 소주나 들이켤 줄 아는 버스 노동자는 원래 거칠고 무식하다며 대수롭지 않게 여긴다. 관리직 사무실에는 갖추어놓은 화장실을 버스 차고지에 만들어두지 않아도 죄책감이 없고, 거의 하루를 근무했다 할 수 있는 버스 기사들이 밤늦게 터덜거리며 집으로 돌아갈 때 사들고 가는 소주병이 그네들의 낙이자 수면제라는 것을 상기할 필요도 없이, 무식하다~ 눈살 찌푸리고 끝이다. 회사는 버스가 앞차와 붙어 오든 겹쳐 오든 빨리만 들어온다면 좋은 일이다.

한때 고속버스 노동자들의 과로한 업무를 알게 된 후, 고속버스를 탈 때마다 혹여 저 버스 노동자가 조는 것은 아닐까 불안할 때가 있다. 정신 멀쩡한 사람도 눈앞에 같은 풍경으로 펼쳐진 일직선 길을 달리면 지루할진대, 장거리 야간 운행을 하는 이는 오죽할까 싶어서다. 기사가 눈을 감으면 안 되는데 하는 생각에 내가 눈을 못 감았다.

"오후쯤 되면 정신이 몽롱한 거죠. 가면서 조는 거예요."

그래서인지, 이 부분에서 나는 "존다고요!"라고 되물었다. 목소리가 좀 높아졌다. 그는 덤덤히 말했다.

"졸음이 와요. 오는 걸 어떻게 해요. 멍한 상태로 가다가 사고가 나는 거예요."

그래, 졸음이 오는 것을 어찌하나. 세상에서 가장 무거운 것이 눈꺼풀이라 했다. 새벽 1~2시까지 일을 하고 퇴근을 하면 2~3시. 그때부터 잠을 잔다 해도 해가 밝아오면 뒤척거리고 깨기를 반복한다. 저녁이 되면 집으로 돌아온 가족들과 밥상 앞에라도 같이 앉아야지. 그러다보면 9시 뉴스도 하기 전에 꾸벅꾸벅 졸고, 다음 날 새벽 다시 출근이다. 피로하다. 그래도 그의 등 뒤에 매달린 수십 명의 사람들 때문에 차마 두 눈을 다 감을 수는 없다.

"한 기사가 예전에 보행자를 쳤어요. 신호 위반을 하고 가다가. 그 사람이 식물인간이 됐어요. 피해 금액이 5억 9,000만 원이 나왔어요. 잘렸는데, 2년 뒤에 복직했어요. 복직을 한 이유가 뭐냐면, 그 사람이 부당해고 재판을 했는데, 재판관 판결이 '고의로 낸 사고가 아니고, 빡센 일정과 노동 피로도를 감안한다면 해고는 가혹하다'였어요. 재판부가 인정할 정도로 근로조건이 열악했던 거죠."

사람을 쳐도 그것이 온전히 개인의 잘못이 아닐 만큼의 노동 강도. 그런 노동을 하는 이들에게 목숨을 내맡기고 있는 것이 우리이다.

"그때는 격일제였어요. 한 달에 15일을 일해야 했죠. 하루 일을 하면 다음 날은 그냥 자는 거예요."

37일간의 파업 이후, 삼화고속은 노동조합의 요구에 의해 격일제에서 교대제로 전환했다. 하루 기본 8시간 근무로 새벽과 오후로 나눠 출근하는 근무 형태다.

이제는 행복하나? 그렇지 않다고 했다. 집에서는 매일 일을 나가는데 왜 벌이가 그때보다 못하냐고 한다. 삼화고속은 교대제 전환 당시 일정 정도의 임금 보전을 약속했으나, 장시간 근무가 사라진 까닭에 실

월급액이 줄었다. 예전 월급을 생각하며 당사자들도 쓴 입맛을 다신다고 한다. 한평생 제대로 쉬어본 적 없는 노동자들은 쉴 줄을 모른다. 그러나 그네들의 몸은 쉴 줄 안다. 교대제 전환 이후 크게 줄어든 사고율을 보면 알 수 있다. 피로가 전보다 덜한 몸은 이전보다 더 민첩하게 반응한다. 덕분에 버스 노동자 등 뒤에 매달린 우리의 목숨도 전보다 더 안전하다.

10년을 채우기 힘든 일, 간호 업무

장시간 근무만큼 문제로 여겨지는 것이 야간 교대근무(사실 장시간 노동은 야간 노동과 교대근무를 동반할 수밖에 없는데, 사람이 가진 하루가 겨우 24시간이기 때문이다). 밤낮이 바뀌는 생활 패턴이 생겨난 것은 전기가 발명되고 공장이 돌아간 근 100년. 500만 년의 시간에 길들여진 인간의 몸이 불협화음을 일으키지 않을 리 없다. 이를 생체 일주기 리듬(circadian rhythm)에 장애가 생겼다고 한다. 복잡하게 말해 비정상적 호르몬 분비와 일주기 시계 유전자의 교란으로 면역계 기능에 장애가 일어난다는 건데, 그냥 며칠 제대로 자지 못했을 때 내가 얼마나 날카롭고 밥조차 안 넘어가는지 떠올리면 된다. 주야간 노동의 일상이 그렇다.[2]

이미 2007년 세계보건기구(WHO) 산하 국제암연구소는 교대근무

---

2 교대제 야간 노동은 2급 발암물질로 여성 노동자에게는 유방암 발병 비율을 높인다는 연구 결과가 있다. 독일에서는 20년간 야간 노동을 한 병원 노동자의 유방암이 산재로 인정받은 판례가 있다. 한국에서도 2012년 삼성반도체에서 일하던 여성 노동자의 유방암이 산재 승인을 받았다. 교대제 근무와 방사선 취급, 화학물질 취급의 3가지 요인이 중첩되어 업무 관련성이 있다고 판정받았다.

를 2급 발암 요인으로 규정했다. 교대근무와 나란히 2급 발암 요인으로 뽑힌 것은 납, 용접 흄, 포름알데히드, 환경호르몬으로 널리 알려진 DEHP(디에틸헥실프탈레이트) 등이다. 발암물질이 들었다는 라면수프나, 납을 넣은 꽃게만 걱정할 일이 아니다. '이러다 과로사 하겠네'는 허튼 말이 아니었다. 집계한 바로, 일하는 이 중 15퍼센트가 '교대근무'라는 발암 요인을 안고 산다.

교대근무 하면 떠오르는 직종이 몇 개 있었지만, '데이, 이브닝, 나이트, 오프'가 산란하게 적혀 있던 시간표를 본 적이 있던 터라 간호사를 만나기로 했다. 부천의 한 중소병원에서 만난 이는 10년차 내과 병동 간호사라고 했다.

"10년이라, 꽤 오래 일하셨네요."

그녀는 별다른 말 없이 웃었다. 인터뷰가 시작되고, 간호 업무에 대해 묻자 그녀는 방금 내가 보인 놀라움을 언급했다.

"아까 이야기하신 것처럼 10년이 넘어갔다 하면, 어머 10년이나 했어? 이렇잖아요. 그런데 일반 직장인은 10년이 넘어가면 지금 서른 중반밖에 안 돼요. 그럼 가장 활발하게 일할 때죠. 그런데 간호사가 10년 넘게 일했다고 하면 다들 놀라잖아요. 간호사는 5년에서 7년, 이때가 피크인 거예요."

5년 일하고 '넉다운'된다. 그럴 만한 노동이다.

"일주일에 서너 번은 밥 먹을 시간, 쉴 시간도 없이 일해요. 보통 일을 하면 8시간 내내 일을 하는 게 아니라 짬짬이 쉬는 시간도 있잖아요. 근데 저희는 쉬는 시간 없이 계속 8시간 내내 일해요. 뭔가 계속 일이 있는 그런 날도 있고."

앉을 새 없이 일한다. 그만큼 바쁘다고 한다. 하지만 내 쪽에서는 감이 잘 잡히지 않는다. 재차 묻는다.

"간호사가 생각보다 일을 너무 빨리 해야 돼요. 주사 같은 것도 빨리 놔야 하고, 바이탈(호흡 맥박을 재는 일)도 빨리 해야 하고요. 수술 전에나 검사 전, 시간 안에 끝내야 할 일이 너무 많기 때문에 이렇게 우아하게 환자랑 얘기하면서 주사를 천천히 놓을 수 있는 상황이 아니에요. 검사나 기타 등등 일이 너무 많으니까요. 다 빨리빨리 해야 해요. 빨리해야 한다는 게 굉장한 스트레스였어요."

나는 이번에도 그녀의 말을 한 번에 알아듣지 못한다. 내가 환자였을 때, 병원은 늘 기다림의 연속이었다. 검사 하나마다 붙는 오랜 기다림. 무엇 하나 물을 틈도 주지 않고 나를 스쳐 지나가는 간호사들. 그들이 환자인 내 곁에 너무 짧게 머물다 가기에 기다림의 시간이 더 길게 느껴졌다. 그러고 보니 간호사들의 발걸음은 늘 분주했다. 그녀는 말했다.

"인력 문제가 제일 크죠."

사람이 모자란단다. 그래서 환자와 눈 마주칠 시간조차 없다. 한국의 내과 간호사 1명이 돌보는 환자는 25명꼴. 조건이 좀 나은 편이라는 국립대 병원이 1명당 15명의 환자를 담당한다. 독일 등 유럽은 간호사 1명이 4명의 환자를 맡는다. 막연히 계산을 해봐도 한국 간호사가 서너 배는 바쁘다.

그녀가 일하는 병원도 다른 처지는 아니다. 실습 겸 보조를 하는 간호학원 학생 1명이 오전 근무를 한다고 한다. 오후가 되면 잡일이라도 거들 손을 기대할 수 없다. 그녀의 직장은 지역에서 30년간 이어온, 나름 입지가 확고한 종합병원이다. 병상 수도 300여 개로 규모가 작지 않다. 노동조합도 있다. 그런 병원마저 인력이 이렇다.

그녀는 말하는 내내 "사람이 안 구해진다"는 것을 강조했다. 사람이 안 구해지는 것은 사실이다. 많은 중소병원이 간호사 수를 채우지 못해 병원 운영을 할 수 없을 지경이다. 그래서 편법이 만연하다. 대표적인 것이 간호조무사에게 간호 업무를 맡기는 것. 간호조무사 업무는 일반인에게 맡기기도 한다.

한국 사회에서 2, 3차 중소병원이 살아남는 일은 녹록치 않다. 병원 도산율이 10퍼센트를 넘어간다. 병원 10개가 세워지면 1개는 반드시 망한다. 대기업까지 의료시장에 들어오니, 경쟁은 치열하다. 자금 규모가 다르다. 사람들 발길이 대형병원으로 쏠리고, 지역의 중소병원은 도태된다. 병원만 차리면 돈이 굴러 들어오는 시절은 예전에 지나갔다.

이런 위기를 중소병원은 경쟁적인 확장으로 벗어나보려 한다. 첨단 의료상비를 들이고, 건물을 신축한다. 그런데 이게 다 빚이다. 빚을 메우기 위해, 치과나 물리치료실 같은 특정 진료과를 외부에 임대를 준다. 정원을 줄이고, 정규 노동자 대신 실습생과 인턴직을 뽑는다. 월급은 동결시킨다. 시간외수당 지급 부담을 줄이기 위해 연봉제로 임금 지급 방식을 바꾼다. 10년 넘게 일한 직원은 부담스럽다. 그 호봉을 줄 돈이면 신입 두 명을 쓸 수 있다.

이런 상황에서 사람이 들어오지 않는 것은 '배가 불러서'가 아니다. 인력은 부족하고, 일은 많다. 이직률은 높다. 휴(休)면허가 많다. 10년 일하면 오래했다 소리 듣는 것이 간호사라는 직업이다. 병원은 제 비용을 다 들여 사람을 뽑을 생각이 없다. 그것이 의료시장 경쟁에서 살아남는 길이라 믿는다. 직원들에게 너희가 양보하라고, 죽는 소리 않는 소리 한다.

정작 죽어나는 것은 병원 노동자들이다. 더 많은 일을 하고 더 많은 것을 희생하길 요구당한다. 종일 발 동동 구르며 뛰는 간호사들에게 병

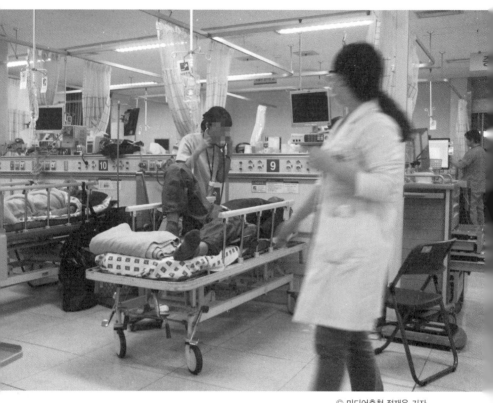

"일주일에 서너 번은 밥 먹을 시간, 쉴 시간도 없이 일해요. 보통 일을 하면 8시간 내내 일을 하는 게 아니라 짬짬이 쉬는 시간도 있잖아요. 근데 저희는 쉬는 시간 없이 계속 8시간 내내 일해요. 뭔가 계속 일이 있는 그런 날도 있고."

원은 의료서비스라며 웃으라 한다. 친절할 수 있다. 문제는 업무에 허덕이는데도 매번 웃음을 요구하는 데 있다.

"주사도 예전에는 간호사실에서 재서 가도 됐거든요. 요즘은 그걸 바로 환자 앞에서 재야 한대요. 환자한테 신뢰를 준다고. 요즘 시스템이 그렇게 변했대요. 그렇게 하기 때문에 환자 한 명당 주사를 놓는 데 시간이 더 오래 걸리는 거죠."

모든 업무가 병원 노동자들에게는 시간으로 계산될 수밖에 없다. 다양한 업무를 하루라는 시간에 쪼개 하려면 어쩔 수가 없다. 간호사의 업무는 간병인부터 레지던트(레지던트가 없는 중소병원에서는 부서 과장과 환자들 사이를 매개하는 레지던트 역할을 간호사가 해야 한다)까지 모든 분야를 망라한다.

"솔직히 아픈 사람이 완전히 누워 지내지 않는 한은 간병인을 잘 안 써요. 수술하고 힘든 거는 보통 하루 이틀이니까. 그거 잠깐 때문에 간병인을 쓸 수는 없잖아요. 그럴 때 저 물 좀 떠주세요, 그러면 떠서 먹여드려야 하고. 옷 갈아입혀주세요, 하면 옷 갈아입혀드려야 하고요."

물을 떠다주고, 옷도 갈아입힌다. 토한 것을 치우고, 화장실 수발을 든다. 일이 버겁다고 한다. 그런 그녀에게 내과를 지원한 이유를 물으니, 환자 같은 사람들이 내과에 더 많아서란다.

"아픈 사람들을 돌본다는 느낌이 내과가 더 커요."

'일복은 타고난다'는 옛말을 떠올리는데, 그녀가 다른 이야기를 한다.

"환자분들 중에 간호사가 자신을 돌봐준다고 생각하는 분들은 한 분도 없어요."

한 분도. 그녀가 강조한다.

"환자분들은 자기는 돈을 지불하고 입원을 했기 때문에 그거에 대한 정당한 대우를 받는 거라고 생각해요."

병원이 조장한 '의료서비스'라는 말에 환자, 아니 고객들은 길들여졌다. 낸 돈만큼 대우받길 원한다. 특진 등 다양한 이름이 붙어 부가되는 비용에 걸맞은 대우는 대부분 간호사와 같은 병원 노동자들에게 요구된다. 자신의 병을 좌지우지한다고 여기는 의사에게, 실체 없는 병원에게 환자들은 대우받기를 요구하지 않는다. 간호사들은 '만만한 게 우리'라는 생각으로 의료서비스를 한다.

돌봄노동에 감정노동까지 더해진 하루 끝에 따라오는 것은 위장병과 두통. 버티지 못한 몸이 고장을 알려온다. 병 고친다는 병원에서 병원 노동자들은 온갖 병을 안고 산다.

더불어 생체리듬을 깨트리는 3교대 근무를 하니, 불면증까지 안고 산다. 주야간 교대근무자들처럼 일주일이나 이주 간격으로 낮밤이 바뀌는 것이 아니다. 데이, 이브닝, 나이트로 불리는 3교대는 하루 단위로 달라지기도 한다. 어제까지 나이트 근무를 하고, 오늘은 데이 근무를 배정받는 식이다. 데이 근무가 보통 7시부터 3시까지. 나이트 근무가 10시부터 7시까지다.[3] 낮밤이 며칠 단위로 뒤바뀌니, 편히 자기는 글렀다. 한 조사 결과, 야간 근무를 하는 간호사 중 깊은 잠을 잔다고 응답한 이가 6.3퍼센트에 불과했다. 주야간을 반복하는 간호사 중 깊은 잠을 잔다고 응답한 수는 극히 미비해 0퍼센트에 가까웠다. 자고 있어야 할 시간에 깨어 있기를 강요받으니, 몸이 낮 시간의 잠을 온전히 허락할 리 없다.

3 노동조합이 없는 중소병원일 경우,
이것이 평간호사들의 의사라기보다는
수간호사의 판단에 의해 결정되는
경우가 많다. 장기 오프를 받는 등
스케줄이 잘 나오면 간호사들 사이에서는
'수총(수간호사의 은총)'을 받았다고 한다.

교대근무로 유발되는 질환들은 다음과 같다. 수면 장애, 식욕 부진, 소화 불량, 복부 통증, 배변 습관의 변화(변비 혹은 설사), 속 쓰림, 복부 팽만감, 체중 변화, 위궤양 등의 위장관 질환, 졸림증, 피로로 인한 면역력 저하, 두통, 더 나아가 당뇨, 간질, 갑상선 기능 악화, 뇌졸중, 심근경색증 같은 심혈관 질환, 유방암, 전립선암, 대장암 등 각종 암, 자연유산, 조산, 저체중아 출산과 같은 생식보건 장애.

낮이 없는 사람들

저녁 없는 삶을 말하기도 뭣한, 낮 시간이 아예 없는 이들도 있다. 야간 노동만 하는 사람들. 이들의 노동도 교대근무만큼 발암성이 클 테지만, 관련 검진이나 연구는 거의 이루어진 적 없다. 노동 자체가 보이지 않기에, 관심도 주목도 받지 못한다. 아침이 오면 그들의 일은 끝난다. 그들은 보이지 않는 노동을 한다.

내가 사는 동네는 화, 목, 일요일에 쓰레기를 수거해간다. 쓰레기차가 오는 것은 새벽 3시. 그 시간이 되면 차 엔진 소리가 들린다. 차가 멈추는 소리, 쓰레기봉투를 탁탁 던지는 소리, 연이어 무언가 눌려 깨지는 소리, 그리고 손바닥으로 차체를 두어 번 두드리는 소리. 그 소리들이 끝나면 차가 다시 떠난다. 창문을 열면, 어느새 저만치 멀어진 수거차 뒤에 사람 하나가 매달려 간다.

거리를 비질하는 청소 노동자들과 똑같은 형광색 옷을 입고 있기에, 나는 수거 노동자들이 서울시에 고용된 이들인 줄 알았다. 정작 쓰레기 수거 노동자들은 작업복을 아까워서 못 입는다고 했다.

"쓰레기를 많이 잡으면 무거우니까 안아야 해요. 그러면 금방 더러워지잖아요. 그래서 저거 안 입어요. 바지는 일반 옷, 윗도리는 헌 걸로. 작업복 지급되기 전까지만 해도 아파트에 버리는 옷 있잖아요, 그 통에 손 집어넣어서 맞는 거 있으면 주워 입고 그랬어요. 더러워지면 버리고."

서울시 직고용 청소 노동자들과 비슷한 작업복을 얻은 지도 고작 3년이다. 아까워 입지도 못하는 작업복은 노동조합을 만들어 이룬 결과이다. 이들은 위탁 노동자다. 각 구청은 청소 수거일을 민간업체와 위탁을 맺었다.

인력도 부족하고 환경도 열악하고 바꿔야 할 것이 수십 가지다. 그럼에도 쓰레기 수거 노동자들은 말한다.

"회사가 뭐가 있어야 바꿔주지."

민간위탁 회사는 쓰레기봉투 판매비용(서울시 쓰레기봉투 가격이 20리터 기준 370원이다)을 받는 조건으로 구와 계약을 맺는다. 몇 백 원을 모아 얼마의 이윤을 내는지 모르지만, 쓰레기 수거 노동자들은 회사에 기대하는 게 없다. 사장과 사장 아들까지 합쳐 달랑 10명 있는 업체에 말해봤자 얻을 수 있는 것이 없어 보인다. 빠듯한 인력도, 복지도, 업체가 해결해주길 기대하지 않는다는 것이 고용된 이들의 말이다. 100여 개가 넘는 민간 위탁업체를 둔 서울시와 각 구가 해결해야 한다는 것이 이들의 주장이다. 이런 주장은 받아들여지지 않는다. 시는 구 소속의 문제라고 하고, 구청은 예산 부족을 말한다.

쓰레기 수거 노동자들은 왜 자신들의 처우 개선을 들어주는 곳조차 없어졌는지 납득할 수 없다. 같은 쓰레기 처리 업무인데 누구는 직고용이고 누구는 위탁이라는 것도 이해가 가지 않는다. 그래서 일을 하다가 아무 죄도 없는 구청 직고용 직원을 보고 짜증을 내는 사람들이 되어간다.

그럼 쓰레기봉투 몇 백 원을 받는 영세업체를 거쳐 접대비, 운영비 기타 등등 비용이 빠지고 난 후 수거 노동자들에게 주어지는 것은 무엇인지를 보자. 이들의 노동환경을 여실히 드러내주는 것은 손 씻을 곳도 없는 작업장이다. 여름이면 썩은 물이 줄줄 흐르는 음식물 쓰레기가 온몸에 묻는데, 세면 시설이 없어 식당에서 물 한 바가지 얻어와 손만 닦고 집으로 돌아갔다. 아니면 제 돈으로 생수 한 병을 사서 씻었다. 노동조합이 생긴 지금도 샤워장은 업체 하나당 하나씩 요구할 수가 없어, 공동 샤워실을 쓴다.

주절주절 이야기해보자면, 무거운 것을 드니 어깨와 허리가 아프고, 쓰레기를 압축하는 과정에서 유리가 튄다. 심지어 쓰레기봉지에 든 염산이 쏟아져 화상을 입는 이도 있다. 쓰레기를 끼고 사니 피부병이 돋고, 하도 먼지를 맡아 코가 헌다. 이 위험들을 나열해준 것은 노동조합 영등포지회 오덕주 지회장과 사무국장이다.

"여기 오래 하면 10년 이상 근무하신 분들도 있거든요. 여름에 냄새도 많이 나고 세균 득실거리는 쓰레기도 만지는데 거기에 대한 구체적인 조사나 이런 거는 없어요. 급여명세서에 위생수당이라고 20만 원인가 30만 원인가 적혀 있는데 그거 말고는 아무것도 없어요."

그들의 설명은 노동시간으로 이어진다.

"저희는 야간작업을 해야 하니까 평균 한 10시에 나가서 보통 5~6시에 작업이 끝나요. 그런데 이게 교대근무도 아니어서 내내 야간 근무만 한다고요. 거의 대부분이 수면 장애가 있어요. 술 먹고 지쳐서 잠들거나, 대충 뒤척거리다 자거나 하죠. 나도 얼마 전에 약국에 갔다가 수면제 하나 사서 들어갔어요. 답답하니까 못 자겠더라고요."

보통 밤 9시가 지나야 쓰레기 수거일을 시작한다. 차가 막히는 저녁 시간에 수거차를 끌고 나갈 수 없으니 아예 일을 늦게 시작한단다. 도로 사정이 중요한 이유는 아니다. 쓰레기같이 더러운 물건을 치우는 작업은 어둠을 틈타 해야 한다. 아니 그렇게 하기를 바란다. 그들에게 일을 맡긴 구와 시가 원하는 청결함이다.

수거 노동자들은 자신들의 노동시간을 계산하지 못했다. 일하는 시간만 봐서는 8시간 근무다. 이사철이나 명절 때는 쓰레기양이 급증해 12시간도 근무한다. 하지만 이것만으로 이들의 노동시간을 설명할 수 없다. 쓰레기 수거 노동자들의 노동 방식은 '야리끼리'이다. '야리끼리'란 작업 현장에서 쓰이는 은어로, 시간에 무관하게 자기 할당량이 끝나면 그날 하루 업무가 끝나는 방식을 말한다. 보통 두어 동네를 한 사람이 맡는다. 일을 빨리 끝내려고 들고 뛴다. 따로 휴식 시간이 있는 것도 아니니 쉬지 않고 일한다. 그렇게 일을 마치니 8시간이다.

그들은 쓰레기 수거차에 오르고 내리는 시간마저 아끼며 일한다. 조수석에 타지 않고, 차 뒤에 매달려 간다. 좁은 발판에 두 발을 딛고 차체를 잡으면 음식물 수거함이 코앞에 있다. 냄새가 코를 찌르다 못해 역하다. 손잡이를 잡으면 정체를 알 수 없는 검은 찌꺼기가 묻어나온다. 보는 것보다 달리는 속도가 빠르다. 코너를 돌거나 급정거를 하는 바람에 매달린 사람이 차에서 굴러 떨어지기도 한다. 그럼에도 그들은 차 뒤에 매달린다.

하루에 치워야 할 음식물 쓰레기양은 2톤. 음식물 수거통 하나가 보통 100리터짜리다. 이 수거통을 100개 넘게 옮겨야 하루 일이 끝난다. 수거통은 동네 구석구석마다 있다. 이때마다 차에서 오르고 내리는 작업도 같이 이루어진다. 100미터 간격으로 차가 멈추고 조수석에서 내려 쓰레기를 옮긴다. 하루 200번 넘게 오르고 내린다. 누군가 내게 높다란 차에서 오르고 내리기만 밤새 시킨다면, 나는 다칠 위험을 각오하고 차 뒤에 매달려 가는 것을 택하겠다. 다들 그런 심정으로 차 뒤에 오른다. 차라리 사고를 선택할 만큼, 그들은 피곤하다.

그들을 괴롭히는 것은 피로만이 아니다.

"여기 일하는 사람들은 사회 생활하는 데 문제가 있어요. 형제들 생일잔치라든지 잔치집 방문이라든지 모든 걸 다 할 수 없어요. 그러니까 다들 친구가 없어요. 회사 안에 있는 친구는 있지만 밖에 있는 친구는 사귈 수가 없어요. 시간을 못 내니까. 심지어 나 같은 경우도 우리 아이들 한 달에 두세 번 얼굴을 봐요. 그게 현실이에요. 우리 봉급이 얼마 안 돼요. 사실은요, 정규직에 비해 절반뿐이 안 되거든요. 혼자 벌어서는 먹고살기 힘드니까 맞벌이하다보면 집사람은 아침에 출근하고 나는 아침에 퇴근하고 그래요. 아내 얼굴에 뽀뽀 한 번 할 시간이 없어요. 정말로 대화가 단절되고, 적절한 표현인지 모르겠지만 심리학적인 그런 조사도 한 번 해봐야 해요"

쓰레기 수거 노동자 중 5, 6년 동안 여름휴가 한 번 가지 못했다는 사람이 수두룩하다. 휴가는커녕, 업무가 구역으로 나뉘어 있으니 다쳐도 쉬지를 못한다. OO씨 또한 쓰레기에서 새어나온 물에 미끄러져 손목이 삐었지만, 고작 3일 쉬었다. 구석구석 어느 길에 쓰레기가 놓이는지 자신만 안다. 자기가 없으면 일이 이뤄지지 않는다. 빡빡하게 구역을 나눠놓은지라, 동료가 대신 해줄 여력도 없다. 쉬면 오히려 일이 쌓인다. 마음 불편해 출근을 했단다.

이런 상황에서 병가는 꿈도 못 꾼다. 산재, 그것은 말도 안 되는 이야기다. 참고 일하다 더는 못 참겠으면 조용히 나가는 거다. 이들은 대부분 50대. 자식은 아직 크고 있는데 자신에게 주어지는 일자리는 점점 줄어든다. 이 나이대 어느 노동자이건 관심사는 하나다. 어떻게 하면 지금 하는 일을 더 오래할 수 있는가. 정규직 노동자들은 지금 자리에서 내몰리면, 자신을 기다리는 것이 비정규직 일자리밖에 없다는 것을 안다. 그들은 하청 노동자, 계약직 노동자의 처지가 어떤지 너무나 잘 보았다. 자신들이 그들을 어떻게 대했는지도. 비정규직 노동자들 역시 자신이 여기서 나가봤자 더 나은 일자리가 기다리고 있지 않음을 안다. 이 사회가 얼마나 사람을 값싸게 부리는지 몸소 겪어 안다.

오래 일하기 위해 버틴다. 일은 넘치게 주어진다. 공공기관과 대기업이 앞장서 도급을 두고, 위탁을 맡기고, 하청 노동자들을 만든다. 그럴수록 노동자는 열심히 일한다. 더 빨리 몸을 망가트린다.

24시간 카페, 24시간 일

어느 노동자의 건강검진에 함께할 기회가 있었다. 의사는 물었다.

"하루에 몇 시간 주무시나요?"

밤 11시부터 아침 7시까지 야간 근무를 하는 노동자였다.

"5시간쯤 자는 거 같아요."

검진이 끝나고 나는 그녀에게 물었다. 개인적인 궁금증이었다.

"밤에 일을 하시면, 애들 자는 얼굴은 거의 못 보시겠어요. 가족들하고 자는 시간도 다르겠고요."

그녀는 말했다.

보통 밤 9시가 지나야 쓰레기 수거일을 시작한다. 차가 막히는 저녁 시간에 수거차를 끌고 나갈 수 없으니 아예 일을 늦게 시작한단다. 도로 사정이 중요한 이유는 아니다. 쓰레기같이 더러운 물건을 치우는 작업은 어둠을 틈타 해야 한다. 아니 그렇게 하기를 바란다. 그들에게 일을 맡긴 구와 시가 원하는 청결함이다.

"어떻게 세상 사는 데 원하는 것을 다하고 살겠어요."

종종걸음으로 앞서 계단으로 올라가는 그녀의 뒷모습을 보며 '세상 사는 데 포기해야 할 것'이 잠든 아이들 얼굴 보는 것, 부부가 함께 잠 드는 것일까. 그런 삶이란 무엇일까, 생각했다.

"결혼을 하고 다시 사회에 나와 일을 하는 거잖아요. 처녀 때 다니 던 직장을 생각하며 왔는데 전혀 아닌 거예요."

결혼 후 값싼 노동력으로 변모해, '아줌마'로서 일해야 하는 그녀는 동료로 여겨지길 바라지만 순간순간 방심을 하면 관리자와 다른 남성 노동자들에게 꼬드겨볼 만한 '여자'로 보여진다. 그런 현장에서 그녀는 무성적 존재와 성적 존재 사이에서 줄타기를 한다. 결혼과 동시에 형편 없이 낮아진 자신의 노동값을 그나마 높일 방편으로 야간 노동을 한다.

아이들 잠자리를 봐주고 일을 나와, 아이들 등교 시간에 맞춰 퇴근 을 한다. 남편과 아이들이 집을 떠난 낮 시간에 선잠을 잔다. 닫힌 창문 이 건어물 파는 트럭장수의 목소리를 막아주기를, 누군가 대문을 두드 리지 않기를, 전화벨이 울리지 않기를 바라면서. 그나마 평온하게 잠잘 수 있기를 바라면서.

취재를 마치고 24시간 문을 여는 카페를 찾았다. 피로해 보이는 아 르바이트 노동자에게 주문을 하고 자리에 앉아 주변 지인들에게 문자 를 보냈다.

"밤늦게 일하고 있으면 무슨 생각이 들어?"

답이 왔다.

"눕고 싶어. 요새 집에 오면 바로 자. 잘 일어나지도 못해. 나 자야 해. 더 물을 것 없으면 나 잔다."

이어 다른 메시지가 왔다. 이전보다 성실한 답변이었다.

"정신이 멍해져. 그러다가 내가 뭘 하는 건지 회의가 들기 시작하지. 그러다 그런 생각도 없어지고 멍해. 인간다운 삶은 아닌 듯. 슬프다."

비슷한 메시지가 몇 개 더 오고, 마지막으로 짧은 문자가 도착했다.

"알코올 한 모금과 종일 잠."

그 시간 퇴근을 한다고 했다. 밤 12시였다.

사람들은 밤늦도록 집에 돌아갈 줄 모른다. 늦은 시간임에도 카페는 복작거렸다. 사람들은 책을 펴고 노트북을 앞에 두고 귀에 이어폰을 꽂고, 밤늦도록 집중을 한다. 이 사람들의 수면 시간을 생각했다. 아르바이트 노동자는 카운터 뒤편에서 꾸벅꾸벅 졸았다. 내가 읽고 있던 글은 마침, 이것이었다.

"지구 역사상 악명 높은 사고들, 보팔 참사, 쓰리마일 섬 사고, 체르노빌 사고, 라인 화학물질 누출 사고, 엑손 발데즈 호 기름 유출 사고 등이 모두 밤에 발생하였다는 점으로 안전성 측면이 야간작업의 문제점 중의 하나로 제기되어왔다."[4]

진정한 발암물질은 이 사회 자체가 아닐까, 그런 생각이 드는 새벽이었다.

---

4 단국대학교 산학협력단, 〈연장 야간 휴일 근로 등 과중업무 수행 근로자 관리 방안〉, 2011.9.30. (고용노동부 용역보고서)

회장님 눈을 똑바로 보고 말할 수 있는 권리

중소업체 취재를 갔을 때다. 그들은 한참을 한탄하다 물었다.

"우리 회사 회장은 왜 또라이일까요?"

나는 글쎄요, 라고 말을 흐렸다. 별종이긴 했다. 직원들에게 특정 종교를 강요하고, 사내 행사에서 찬송가 합창을 넣는 등 개인 취향을 강요했다. 공장 건물 위에 솟은 십자가로 인해 종종 오해하고 오는 신도들도 있다고 했다. 회장님이 참 신실하고 개인 취향이 분명하신 분이다.

문제는 그 취향이 자신이 소유한 업체에도 고스란히 반영된다는 것이다. 아마 자신의 소유라는 생각이 강해서일 테다. 내가 피땀 흘려 만든 회사인데, 누가 감히. 자신의 취향을 고용인들에게 강요하고도 무엇이 잘못되었는지 모른다. 말리는 사람도 없다. 다달이 월급 주고 심지어 그만둘 때 퇴직금까지 주는 회장님 앞에서 고용인들은 억지 미소를 띨 수밖에 없다. 이들의 생계가 이곳에 매달려 있다.

그런데 회장님의 취향이란, 생산량 그러니까 고용인들의 노동과 맞물릴 때가 많다. 내가 아는 출판사 회장은 굉장한 일벌레이다. 성실함은 그에게 최고의 가치였다. 그가 지금의 출판업체를 세우기까지 흘렸을 땀에 경의를 표한다. 아들을 결혼식 전날까지 야근시킨 것은 눈살이 좀 찌푸려지지만 독특한 집안 내력인가보다 한다. 그러나 성실한 회장님이 직원들에게 자신 같은 성실함을 강요한다면 문제는 다르다.

개인이 별종인 것은 존중해야 할 취향이지만, 근무시간을 연장하거나 노동 강도를 강요한다면, 그것은 법적이고 사회적인 문제이다. 주 40시간 법정 근로시간은 괜히 만들어둔 것이 아니다. '모든 사람은 휴식을 취할 권리가 있다'는 내용이 포함된 세계인권선언의 내용은 50여 개국이 친목 삼아 만든 것이 아니다. 노동시간은 인권의 문제이다.

그러나 회사 안에서 회장은 왕이다. 안타깝지만, 임노동 사회에서 계급 피라미드는 회장을 꼭대기에 두고 형성되어 있다.

왕을 누가 말릴 수 있을 것인가. 회사 안에서 힘들면 회사 밖에서라도 회장님들의 취향을 저지할 수단이 필요하다. 그것이 법이 해야 할 일이다. 법은 그토록 성실하다가는 노동자들 등골 빠진다고 회장님에게 경고를 해야 한다. 그러나 들어올 때는 출근카드를 찍어도, 나갈 때는 퇴근카드를 찍을 수 없다는 슬픈 직장인의 괴담이 만연한 것이 현실이다. 주 52시간을 초과할 경우 연장근무 시간 제한(근로기준법) 규정 위반으로 1,000만 원 이하 벌금, 2년 이하 징역이라는 법 규정이 있다. 그런데 52시간 이상 일을 하는 노동자는 주변에서 쉽게 볼 수 있어도, 처벌을 받았다는 고용주는 본 적이 없다.[5]

그나마 다행인 것은 2013년 산업재해보상보험법의 과로질환 내용이 개정되었다는 사실인데, 12주 동안 업무시간이 1주 평균 60시간을 초과할 경우 만성과로로 판단한다는 것이다. 최근 들어서야 산업재해의 원인으로 장시간 근무가 인정되고 있다. 과로하여 쓰러졌을 때, 내 업무시간이 질환과 연관되었다는 것을 인정해줄 근거가 만들어졌다. (그러나 이 또한 3개월 동안

---

5 그 이유 중 하나가 노동부의 입장인데, 노동부는 주말 휴일 근로는 연장근무에 포함시키지 않는다(법원 판결은 휴일 근로가 연장근무에 해당한다고 본다). 노동부의 입장에서 주 52시간을 따진다면, 휴일 근무를 제외한 평일 5일을 꼬박 하루 10.4시간 이상 근무했을 때에만 처벌 대상이 된다. 회장님이 노동자 개개인이 성실해야 한다고 그 가치를 당당하게 요구할 수 있는 것은 법이 미비하고 노동인권이 바닥을 밑돌기 때문이다.

의 평균적인 근무시간을 통해 과로를 판정한다는 점에서 비판받는다. 그사이 명절 및 여름휴가가 존재할 가능성이 크고, 휴가로 인해 빠진 근무시간이 실질적인 과노동에 대한 판단을 흐리기 때문이다.) 물론 쓰러지기 전까지는 회장님의 취향에 따라야 한다.

따르지 않기 위해서는 회장님이 왕은 아니라는 사실을 주지시켜야 하는데, 그것은 공정한 테이블에 마주 앉는 충격요법으로 가능하겠다. 노동조합이 있는 사업장이 안전보건교육, 일반건강진단, 안전관리자 선임 등 대다수의 안전 시스템에서 앞선다는 연구 결과도 있다.[6] 더 오래 살고 싶다면, 회장님 눈을 똑바로 보고 말할 수 있는 권리를 키워나가야 한다. 우리의 건강을 지키는 것은 결국 우리일 수밖에 없다. "내 눈에 흙이 들어오기 전에 노동조합은 안 된다"는 하늘같은 회장님 말을 어긴 이들이 누구인지, 이들이 어떤 인생을 살게 되었는지 우리는 이미 알고 있다.

6   박종식, 〈노동조합 유무에 따른 산업안전보건활동 및 재해율의 차이〉, 전국금속노동조합 정책연구소 연구보고서, 2009.

그들의 오래되고 긴 노동
― 전자·자동차산업 노동자들

대기업 하청근로자 과로사 대책 촉구

삼성전자에 스마트폰 칩을 납품하는 하청업체에서 일하던 30대 노동자가 장시간 노동으로 숨졌다. '인천 지역 노동자권리찾기 사업단'은 남동공단에 있는 아모텍 본사 앞에서 기자회견을 통해 "31살 임모씨가 한 주에 84시간 일을 하다가 숨졌다"며 과로사 재발 방지 대책 마련을 촉구했다. 이들은 중부지방고용노동청을 찾아가 이 회사에 대한 고발장을 제출하고 특별근로감독과 근로조건개선 등을 요구했다.

OBS, 2013.6.26.

시급 '4,000원 인생' 취재를 위해 부품 공장에 취업한 기자[1]는 오전 근무 내내 단 한 가지 소원을 빌었다.

"단전돼라. 단전돼라. 신이시여 단전되게 하옵소서."

신은 그의 기도를 들어주지 않았다. 퇴근 1시간을 남기고, 작업장의 또 다른 신이라는 반장이 말씀하셨다.

"잔업 9시."

오전 9시부터 일을 했으니, 12시간 근무였다. 녹초가 되었을 그는 집에 가는 길에 무슨 소원을 빌었을까. 내일 당장 시급이 오를 일도 작업환경이 바뀔 리도 없으니, 그가 빌어야 할 소원은 여전히 '단전'일 것이다. 소원 하나를 더 추가한다면, '잔업이 없기를' 정도가 아니었을까.

산업혁명 후 랭커셔 노팅엄 등지를 중심으로 진행된 야간 교대노동의 시초(한 그룹의 노동자가 지쳐 나가떨어지면 다른 그룹의 노동자가 그 자리를 채우던 방식으로 시작되었다)를 토대로 자본주의의 '쌩얼'을 설명할 수도 있고, 아직도 그것이 잔혹하게도 현재진행형으로 잔존하고 있음을 이야기할 수도 있겠지만, 그보다는 개인적인 의문부터 풀어보려 한다.

그는 왜 쉬지 못하는가? 노동자는 왜 그토록, 심지어 밤낮으로 일하는가?

<hr />

1 임인택, 〈4천원 인생/ '9번 기계' 노동일기〉, 한겨레21. 임인택 기자는 안산 반월공단에 취업해 몸소 체험한 현장 이야기를 기사에 담았다.

주 80시간 노동의 위력

인천 남동공단에서 일한 임씨 성을 가진 노동자도 앞서의 기자와 같은 소원을 빌었다. 소원은 이뤄지지 않았다. 그의 소원을 들어주는 것은 신이 아니다. 작업장의 신, 반장도 아니다. 심지어 그의 회사 과장도, 이사도, 사장도 아니었다.

어찌되었건 그의 소원은 이뤄지지 않았고, 그 결과는 죽음이었다. 조회시간에 갑자기 구토를 했다. 회사는 남자를 집으로 돌려보냈다. 부모도 일을 간 빈집에서 그는 홀로 아팠다. 같은 회사에서 근무하는 애인이 전화를 걸어보았지만, 수화기 저편의 그의 말은 알아듣지 못할 정도로 어눌했다. 병원으로 급히 옮겼으나, 보름을 앓다 죽었다. 뇌출혈이었다. 그의 나이 31세였다.

남자가 아직은 병원에서 목숨을 부지하고 있던 때, 같은 회사에서 근무하던 35세 과장은 아내에게 젊은 직원 하나가 쓰러져 의식불명임을 전했다. 그러면서 덧붙였다.

"나도 겁이 나."

그는 돈을 모으고 있으니, 올해는 꼭 종합건강검진을 같이 받자고 아내에게 말했다.

권 과장이라는 남자는 6년 연애 끝에 결혼을 하고, 두 아이의 아빠가 되었다. 아내와 맞벌이를 했다. 부부가 퇴근 후 처가에 맡긴 아이들을 데리고 오면 9시, 10시였다. 잠든 아이 얼굴을 한 번 보고 자신도 잠드는 것이 전부였지만, 불만은 없었다. 아이들이 원하는 건 무엇이든 물질적으로 부족하지 않게 해주고 싶었다. 생산직 노동자 임모 직원이 세상을 떠난 지 열흘 후, 권 과장은 출근을 할 수 없었다. 자리에서 일어나지 못했다. 그걸로 끝이었다. 그의 사망 원인은 급성심장마비였다.

직원 둘을 잇달아 떠나보낸 회사는 인천 남동공단에 있는 중소업체이다. 삼성, 폭스콘, 애플 등의 대기업에 전자부품을 납품하는 아모텍이라는 회사. 그곳은 그 지역에서 '일 많기로' 유명한 곳이었다. 몸을 혹사시켜 짧은 시간에 돈을 모으려는 사람들이 가는 곳이라 했다. 대체 월급이 얼마기에? 시급 4,860원이라고 했다. 최저임금이었다.[2] 정규직은 200원쯤 더 받았다. 그런데도 목돈을 만질 가능성이 생기는 것은 장시간 근무 덕이었다.

31세 청년은 일주일에 80시간 근무를 했다. 한국의 법정 근로시간이 주 40시간이다. 그 두 배 분량의 작업시간이 어떻게 해야 나오는 것인지 납득이 되지 않았지만, 이를 설명할 수 있는 단어가 있다. 12시간 맞교대 근무. 두 배의 일은 두 배의 월급을 가져왔다. 그가 법정 근로시간에 따랐다면 받았을 80여만 원의 두 배였다, 무려.

관리직인 권 과장은 그보다 나아 주 60시간 일을 했다. 주 5일 근무라고 이름 붙여놓고 실제 6일 근무가 이뤄진 것은 당연했다. 그의 업무는 개발된 기술을 상용화할 수 있게 공정을 구축하고 불량률을 낮추는 일이었다. 후에 말할 테지만, 꽤나 긴장감이 높고 스트레스가 많은 업무였다.

한국 전자산업의 노동자들

'물량이 몰릴 때는 9시 퇴근도 감사한 일' '새벽 2, 3시에 끝나는 일

2 최저임금 4,860원은 2013년 기준이다.
2014년부터는 최저임금이 5,210원이다.

도 빈번'하다. '전날 아침에 들어와 24시간 꼬박 일을 하는 철야' '그래도 철야가 차라리 낫다. 철야라도 해야지 다음 날 오후 1시쯤에 출근할 수 있지. 어설프게 새벽에 퇴근하면 다음 날 8시 반에 어김없이 출근'해야 한다. 신제품이 나오거나 물량이 급증할 때는 라인도 두 배 속도로 돈다. '그렇게 보름쯤 뛰면 애들이 라인에 뻗어 있다' '며칠 밤샘으로 하혈이 흐르고 자리에서 일어나면 머리가 핑 돌고 입안은 헐어 2,000~3,000원짜리 공장 밥은 넘어가지도 않아' 쉬는 시간 10분 동안 언제 다시 돌지 모르는 라인에 엎드려 쪽잠을 잔다. 이런 생활은 신제품 출시를 앞두거나 인기 상품이 생기면 두세 달 동안 계속된다.

하필 핸드폰은 잘 팔린다. 이 모든 땀방울의 꼭대기에는 전자산업의 유구한 발전이 있다. 전자산업의 양대 산맥 삼성전자와 LG전자는 조 단위의 수익을 올리고 있다. 삼성전자의 10조 순이익(매출 200조 원)은 이미 몇 해 전 이야기이고, LG 또한 세계 100대 기업에 안착했다. 전자산업 생산의 85퍼센트 이상이 두 기업의 계열사와 하청업체에서 만들어진다. 몇몇 중소기업을 제외하고는 산업 전체가 삼성전자와 LG전자 계열로 유지되고 있다 해도 과언이 아니다.

산업역군들의 땀방울이 모여 선진 국가를 이룩했구나, 라는 사회순응적인 결론으로 갔으면 좋겠지만 애초 목적은 왜 이들은 이토록 오래 일하는가였다. 얼마나 어떻게 일하는지부터 보기로 했다. 핸드폰 케이스에 열압착하는 이들을 만났다. 열압착은 핸드폰 앞뒷면에 열을 가해 기업 로고를 찍는 작업이다.

"1명이 물량을 몇 개 정도 빼나요?"

나는 물량을 뺀다는 현장 용어(?)를 사용해 제법 능숙한 척 물었다.

"바쁠 때 능숙한 사람은 한 시간에 230개까지?"

그렇지만 230개라는 물량의 개수가 어느 정도의 노동을 의미하는지 감이 오지 않았다.

"아까 바쁠 때는 230개 정도 작업한다 했는데, 요즘은 바쁠 때가 아니라 덜하시겠어요."

"아니요. 평소에도 똑같아요."

무슨 소리지?

"주문 수량이 적어졌는데, 왜 똑같아요?"

"하루 주어지는 수량이 있잖아요. 주문이 1만 2,000개가 들어왔다 그러면 6명이 들어가 찍어야 하고. 오늘은 8,000개 수량만 주문 들어왔다 그러면 4명이 들어가 찍어도 되잖아요."

"6명이 하던 일을 4명이 한다? 압착을 하는 고정 멤버가 있는 게 아니네요?"

"물량이 줄면 사람을 빼죠. 하는 사람은 계속 꾸준히 그 물량만큼을 하는 거예요."

'늘 높은 수준'의 노동 강도를 어떻게 버티는지, 이해가 되지 않았다. 계산을 해보자. 한 시간에 230개를 압착한다고 할 때, 물량 하나당 25초 정도의 시간이 소요되어야 한다. 설명에 의하면 열압착에는 가접과 본접이 있는데, 첫 번째 가접 기계가 소요하는 시간이 3초, 본접 기계가 소요하는 시간이 6초이다. 기계가 오르고 내리는 시간을 0.5초라 계산한다면 왕복 2번에 2초가 소비. 기계가 움직이는 데만 11초가 지난다. 나머지 14초 동안 사출을 빼서 기계에 놓고 짝을 맞추고(글자 사이의 간격과 평행을 맞추는 작업) 보호비닐을 떼는 작업을 해야 한다. 작업 사이 쉬는 시간은 전혀 고려하지 않는 계산이다. 실제 사람이 바닥에 떨어진 핸드폰 케이스를 줍거나 기지개를 켜거나 굳은 손을 주무르거나 하품을 하거나 이런 시간까지 더해진다면, 25초보다 더 적은 시간에 작업을 완료해야 한다. 그러니 편법이 생긴다.

"기계 버튼이 2개예요. 하나만 누르면 절대 안 올라와요. 두 손을 써야 하는데 우리가 편법으로 버튼 하나에 휴지나 뭐 이런 걸 껴놓고서는 한쪽만 누르는 거예요. 빨리 하려고 하다보면 한 손이 기계 안에 들어가 있는 상태에서 이렇게 잘못 누를 수도 있어요. 그럼 손이 눌려버리는 거예요."

열압착 기계라 꽤 뜨겁다.

"200도가 넘어요. 그래서 손이 뭉그러지는데…… 그렇게 하지 말아야 하는데 수량을 뽑다보면 그렇게 할 수도 있죠. 불법적으로. 하지 말라고 하는데도."

버티다 사고가 난다. 기계처럼 일한다고 하지만, 기계는 고통을 못 느끼기라도 하지. 위험한 걸 알면서도 왜 그런 편법을 쓰는 거야? 이런 물음이 생긴다면, 세상 물정 모르는 사람 취급당한다. 상사의 굳은 표정 하나 때문에 걷지도 말고 서서 가라는 에스컬레이터에서 계단을 두 칸씩이나 딛고 뛰어오르는 것이 직장인이다.

대기업 전자회사 정규직 엔지니어와 오퍼레이터, 대기업 내로 파견 나온 엔지니어, 기계 관리자, 외부에 있는 부품회사의 정규직, 파견 직원 등 전자산업 내의 다양한 직종의 사람들을 만났다. 같은 전자산업 분야라 말하기 애매할 정도로, 그들은 업무가 서로 판이하고(같은 협력업체라 하더라도 핵심 부품 생산과 휴대폰 외장조립은 그 집약도와 전문성에 큰 차이를 보인다), 월급 차이가 크고(대기업 직속 엔지니어의 월급이 평균 350만 원, 공단 내 부품 업체 노동자의 월급이 평균 150만 원이다), 그에 따른 생활 형편과 전망 등이 다른데도 모두 '장시간 근무'를 하고 있다. 이것이 국내 전자산업 분야를 아우르는 특징이다.

삼성이 성공한 까닭

대다수의 전문가들은 전자산업의 대표 주자인 삼성의 성공 요인을 '제조 경쟁력과 철저한 모방'[3]으로 뽑는다. '제조 경쟁력'은 "개발 속도를 높이고, 개발과 생산과정을 통합해 빨리 상품화하려 노력"한 결과라 한다. '철저한 모방'은 선진 기업의 제품과 기술을 연구해 빠르고 완벽하게 흡수하여 이를 토대로 독창적인 상품이나 기술을 개발하려는 노력을 말한다. 우아하게 표현한다면, "신제품 개발이 경쟁 업체보다 늦었더라도 상용제품은 먼저 내놓을 수 있는" 속도감이다.[4]

개발이 경쟁 업체보다 늦는데, 상품은 먼저 내놓을 수 있는 속도감? 단번에 이해하기가 쉽지 않은 이 속도감을 전문가들은 '뛰어난 대량생산체제 구축 능력'이라 부른다. 단숨에 공정 구축이 가능한, 그래서 개발된 샘플이 실제 상품으로 출시되는 기간을 단축시켜 누구보다 빠르게 시장에 내놓을 수 있는 능력이다. 그리고 이 능력을 발휘하는 데는 '하청'의 희생이 요구된다.

"삼성 쪽에서 제일 많이 요청하는 게, 소형화, 저가 생산, 그리고 불량 대응이 빨라야 하는 거, 이 세 가지예요. 이걸 다 맞추려면 사람이 하루 종일 쫓아다녀도 힘들죠."

삼성 등 대기업의 요구에 맞추어 최대한의 속력을 독려하는 것, 아모텍에서 일한 권 과장의 업무였다.

---

3 김영욱, "삼성전자의 미래, 상반된 두 가지 전망", 중앙일보, 2013.12.13.

'저렴'하게 만들면서도 '작고 기술 있게' 만들어야 하고, '불량'도 잘 나지 않아야 한다는 원청의 '임파서블'한 미션을 해결해야 한다.

"일본 쪽에서 먼저 어떤 기술 개발을 해요. 저희 쪽에서는 그걸 따라가기 바쁘고. 똑같이 만들어서 업체의 승인을 받아야 하거든요. 대기업 프로젝트를 맡게 되면 거기에 들어갈 칩을 원청에서 비교해서 고르게 되어 있어요. 어떻게 어떻게 해서 샘플을 만들어서 내요. 그래서 승인을 받아요. 샘플이라는 게 저희가 처음 만든 거고, 그리고 대량으로 작업한 게 아니니까. 저희가 직접 보면서 굉장히 조심스럽게 만들거든요. 이걸 바로 공정에 적용을 시키면 불량이 많이 나올 수밖에 없어요. 작업자 분들이 완전히 숙지가 안 되어 있고, 공정 조건이나 변경 조건도 제대로 확립되어 있지 않은 상태니까요. 똑같이 작업해도 불량이 나지 않는 게 50개밖에 안 나오니까 100개를 나오게 하려면 두 배로 일을 해야 되죠."

'시장에 내놓는 것은 우리가 먼저다'라는 마음으로 원청은 '빠른 대응'을 외친다. 전자산업의 '속도 경영'은 일반인들도 고개 끄덕일 만큼 당연한 이야기다. 메모리 집적도가 1년에 두 배씩 증가한다는 황의 법칙도 이미 옛말일 정도다. 발 빠름에 맞추어야 하는 것은 협력업체. 임씨 성을 가진 청년의 소원을 들어줄 자는 신도, 반장도, 자신의 회사도

4 "선발주자는 다른 기업들보다 먼저 기술 개발에 나서기 때문에 항상 시행착오의 가능성을 최소화하는 방안을 궁리해야 한다. 삼성전자는 낸드플래시 개발 경쟁에서 시제품 출시는 도시바가 삼성전자를 앞섰지만 상용제품은 삼성이 먼저 내놓았다. 동기식 D램의 개념도 일본에서 처음 나왔지만 신제품을 먼저 만들어낸 곳은 삼성전자였다. 이렇게 경쟁 업체들보다 기술 선택을 한 박자 늦추면서 신중을 기할 수 있었던 것은 삼성전자가 경쟁 업체들보다 뛰어난 대량생산체제 구축 능력을 갖췄기 때문에 가능했던 일이다. D램이나 플래시메모리의 신제품 개발에서 종종 경쟁 업체들에게 뒤졌지만 신속한 대량생산체제 구축 능력이라는 혁신방안으로 상용제품을 더 빨리 내놓으면서 경쟁에서 앞서 나갈 수 있었다." 신장섭 외, 《삼성 반도체 일등 비결의 해부》, 삼성경제연구소, 2006.

아니었다. 원청 갑님의 명에 따라 움직이는 게다. 뱁새가 황새를 쫓아가면 가랑이가 찢어진다는데, 이건 쫓아가는 정도가 아니라 앞서 뛰어야 하니, 가랑이가 아니라 목이 날아가는 게 맞다.

기업도 '룰루랄라'만은 아니다. 그 속내를 들여다보면, 좀 골치가 아프다. 국내 전자산업의 핵심 부품과 기술은 대부분 일본과 미국, 독일 등지에서 수입한다. 휴대폰의 경우 디스플레이와 메모리를 제외하고는 사실상 핵심 부품은 미국(퀠컴 등), 일본(닛토엔코 등)의 제품이다. 독보적인 기술을 가지고 있다고 자랑하는 반도체 또한 소재 장비 설비의 경우 80퍼센트 이상을 수입에 의존하고 있다. 그 일례로 삼성반도체에 들어가는 장비기계 관리 회사의 대부분은 일본에 원청을 두고 있다. 고비용이 들어가는 전문기술이 국외 것이니 국내 대기업은 그 손해를 국내 조립 및 부품 모듈업체들에게서 상쇄한다. 저가 납품을 강요하는 것이다. (한국만의 특성이 아닌 것이 애플도 일본, 독일, 한국에 지불하는 비용을 중국에서 저가 조립 생산을 통해 보완하고 있다.)[5]

골치 아픈 것은 이뿐이 아니다. 출시 경쟁이 치열한 요즘, IT제품 광고에서 경계해야 할 단어는 '최상'이라 한다. 당장 내일이라도 더 가볍고 더 얇고 성능 좋은 제품이 나올 수 있기 때문에 '가장'이라는 표현을 넣지 않는다. 신제품 수명은 고작 석 달이다. 출품되고 계절이 바뀌기도 전에 구식이 되어버리는 제품. 끊임없이 새로운 것을 내놓지 않으면 살아남을 수 없다. 판매량을 예측하기 힘든 신제품을 짧은 주기로 시장

5 한지원, 〈한국의 전자산업과 노동운동의 대응〉, '삼성전자 연쇄 투신사망 사건을 통해 본 전자산업 노동실태와 개선방안' 토론회 발제문, 2011.3.10.
〈삼성전자 사례로 본 전자산업 하청 노동권 실태〉 토론회 발제문, 2013.8.7.
(노동자운동연구소, 국제민주연대, 반올림 공동주최)

에 내놓아야 한다. 부담이고 실은 위기이다. 스스로 자초한 위기 속으로 전자산업 기업들은 빨려들어가고 있다.

이 위기를 타개해줄 것도 원하청 다단계 구조다. 여럿 쓸모가 있다. 제품이 실패할 경우, 유휴설비의 비용은 설비를 소유한 협력업체의 몫이다. 제품이 팔리지 않는다면 하청에게 주는 부품 수주를 끊으면 되는 문제다.

'갑/을'은 명확하고 '을'끼리 경쟁은 치열하다. 원청이 '까라면 까는' 거다. 원청은 1차 하청에, 1차 하청은 2차 하청에 줄줄이 복종을 요구한다. 그렇게 내려가다보면, 5, 6차 하청까지 볼 수 있다.

전자산업의 경쟁력은 대기업 엔지니어들이 눈이 핏발이 서도록 현미경을 들여다본 대가이며, 동시에 '생산 공정을 빠르게 구축하라'는 원청의 명이 떨어지면 공장은 24시간이건 48시간이건 돌아간다.

그럼에도 하청업체는 무너지지 않는다. 노동자 두 명이 열흘 간격을 두고 과로사로 사망했다는 소식을 듣고 남동공단을 찾았다. 분한 마음을 품고 갔으나, 양 갈래로 늘어진 건물들을 보고 있자니 불쑥 걱정이 치솟았다. 자그마했다. 휘황찬란한 건물 하나 없다. 네모반듯한 작은 건물 두어 개가 끝인 공장들뿐이다. 우리 산업의 근간이 되는 중소산업이 이렇게 초라한 모습이라니, 국가 경제가 걱정되는 순간이었다.

그러나 걱정은 곧 사라졌는데, 중소산업이 굳건히 설 수 있는 이유들을 본 것이다. 그러기 위해서는 공단으로 들어가는 마을버스 이야기부터 해야겠다.

마을버스 안은 출근시간인지라 사람들이 바글바글했다. '잠시만요'를 외쳐도 안쪽으로 더 들어갈 틈이 없었다. 손잡이를 잡지 않아도 서로가 버팀목이 되어주는 버스 안 풍경은 사람이 사람에게 기대는 형상을 본떠 사람 인(人) 자가 만들어졌다는 깨달음은 무슨, 짜증만 치솟게 했다. 뒷사람의 등짝이 내 등에 닿았을 때, 그 뭉클하고 뜨뜻한 한여름의 불쾌감이란. 다행히 공단 내 정거장마다 사람들이 우르르 쏟아져 내리고, 나 또한 아모텍 건물에 가 섰다.

8시를 전후로 하여 사람들이 정문으로 하나둘 들어갔다. 다소 무표정한, 어느 출근 풍경과 다를 것 없는 모습이었다. 그런데 8시 30분이 되어가자, 사람들이 뛴다. 등교시간이 지나면 매몰차게 교문을 닫아버리는 학생주임이라도 본 얼굴들이다. 8시 29분에 출근카드를 찍은 직원이 낮게 환호한다. 무슨 일인지 몰라도 참 기뻐 보인다. 후에 들으니, 8시 30분이 지나면 30분의 시급이 지각비로 깎인단다. 시급이 깎이지 않아 노동자는 환호한다.

이 중 대다수가 4,860원을 받으니, 30분 시급은 2,430원이다. 이 돈이 사라지지 않아 기뻐한다. 그런데 이들 중 많은 수는 자기 월급의 10퍼센트가 넘는 금액을 파견업체에 떼이고 있다. 눈에 보이는 돈이 아니니, 저리 환호하거나 슬퍼하지 않나 보다. 근속수당이라고—이 또한 정규직만 해당되는 이야기다—100원 더 붙어 나올까. 어떤 노동자는 "한 시간 일하는 게 밥 한 끼 값 되는 것이 소원"이라고 했다. 소박하다. 손가락이 빠지도록 핸드폰 케이스를 끼워 넣으면서도 2,500원을 아꼈다고 환호를 지르는 사람들. 그들이 바라는 건 밥 한 끼 값의 시급뿐이다. 저 소박함이 중소기업을 지탱해주는 비결일까. 중소기업 진흥에 대한 내 걱정은 기우에 불과했다. 아모텍의 2012년 연간 수익은 한 해 동안 7배가 늘어나 2,200억 원을 넘는다 했다.

늘 사라져야 하는 사람들

기업이 천억 단위의 매출을 올려도 노동자에게는 몇 십만 원 떨어지는 성과급들은 논외로 두자. 노동자들이 믿을 것은 야간 노동이고 주말 특근이다. 몸을 혹사시켜야 돈이 된다.

그나마 수당이라는 것도 1, 2차 하청업체에서 일하는 '특권층' 노동자들에게나 해당하는 것이다. 5, 6차 하청까지 내려오는 업체 직원들은 일명 '물량 떼기'로 월급을 가져간다. 만든 만큼 돈을 가져간다. 수량이 곧 돈이다. 위에서부터 야금야금 납품단가를 떼인 하청업체는 마찬가지로 '적당한' 단가를 노동자들에게 내놓지 않는다. 그래도 인형 눈알 붙이는 것보다는 많이 준다. 그러니 직원들 손은 쉬지 않는다. "정신을 차리면 어느새 내 몸이 라인을 따라 180도 허리가 휘어" 있다.

그러다 물량이 끊기면, 급할 때는 24시간(철야) 붙잡고 일을 시키던 이들을 내보낸다. 더는 필요가 없다. 정규직원은 좀 문제가 되니 파견업체 직원부터 자른다. 해고 절차는 간단하다. 아웃소싱 업체에 누구누구와 계약을 해지하겠다고 통보한다. 잔업까지 마치고 집으로 돌아가는 버스에서 파견 노동자는 아웃소싱 업체가 보낸 문자를 보게 된다.

"내일부터 출근하지 마세요."

당일 해고에 문자 통보. 사람 참 초라하겠지만 그것도 잠시, 12시간 근무로 멍한 머리를 버스 유리창에 부딪히며 존다. 내일 다시 아웃소싱 업체에 가서 새 일을 찾아야 한다. 또다시 어떤 업체로 가게 될지 모르니, '갑' 란은 비워둔 계약서를 쓰고.

"내 옆에 사람이 하루 만에 사라지는 거예요. 처음에는 놀랐죠. 그런데 이게 일상이 되니까. 핸드폰이라는 게 팔리는 주기가 빠르니까, 언제 물량이 넘칠지도 빠질지도 몰라요. 물량이 넘치면 얼굴 모르는 사람이 옆에서 일하고 있는 거고, 물량이 빠지면 어느새 사람들이 하루에 열 몇 명씩 사라지는 거고."

제조업에 들어오는 파견업체 직원들은 3개월짜리 인생이다. 파견노동의 무분별한 확산을 막는다며, 법은 제조업체가 파견직을 쓰는 것을 금지하고 있다. 다만 '일시적이고 간헐적인 인력 수요'에 의한 단기 파견직은 허용하고 있다. 급박하게 일손이 필요한 상황에서는 단기적으로 파견 노동자 사용이 가능하다는 것이다. 그럼에도 이들은 1년 내내 단기 파견직으로 전자부품 공장으로 들어간다. 일시적이고 간헐적으로 늘 바쁜 하청업체이다. 노동부는 그런 1년 내내의 간헐성을 법으로 제재할 생각이 없다.

파견직은 최저임금인 4,860원을 받고 일한다. 3개월 지나면 정규직 시켜준다는 소리가 함께 따라온다. 그러니 잔업을 빠질 수 없다. 3개월이 지나면, 파견 연장이 이루어진다. 법은 노동자의 동의를 얻으면 3개월까지 연장근무를 할 수 있도록 하고 있다. 더 일한다. 일한 지 6개월이 되는 계약 마지막 날, 아웃소싱 업체에서 찾아온다. 사직서를 쓴다. 그 자리에서 새로운 계약서를 쓴다. 정규직 근로계약이 아니다. 다른 아웃소싱 업체의 계약서다. 앉은자리에서 업체만 바뀐다. 다시 3개월짜리 파견직으로 새 출발이다.

자 이제 정직원들은 어쩌나. 이 또한 해결이 의외로 간단하다. 잔업을 시키지 않으면, 밤에 공장을 돌리지 않으면 사람들은 알아서 나간다. 5,000원도 안 되는 시급으로 주 5일, 8시간 근무를 해봤자 월 80만 원도 되지 않는다. 생활이 되지 않는다.

그래도 안 나간다 싶으면, 휴업을 한다. 판매 부진, 생산량 감축 등 사용자의 귀책으로 인해 휴업을 하는 경우에 평균 임금의 70퍼센트를 노동자에게 지급해야 하는 법이 있지만, 지킬 리 없다. 돈 아끼려고 하는 휴업이다. 노동자들에게 휴가를 쓰라 한다. 그동안 못 쓴 연차휴가를 사용하라 한다. 노동자들은 원치도 않는 휴가를 선물받는다. 할 일도 없고, 그렇다고 다른 일을 구하기에는 애매한 시간을 휴가랍시고 머리에 이고, 노동자는 고민한다. 그만두어야 하나. 아니면 경기가 살아나길 기다려야 하나.

장시간 노동과 불안정한 고용, 이 두 개가 만나서 5년을 버텨내는 사람이 없다. 전자산업의 평균 근속 연수가 5년이 되지 않는다.

우리는 전자산업의 LTE급 속도에 대한 환희를 같이 나누어왔다. 외국에서 6개월 만에 완료한다는 기계장비 설치를 1개월 만에 끝내는 것을 선진 기술이라 믿어왔다. "당시 선진국들도 공장을 짓는 데 18개월이 소요되었지만 이병철 회장의 말 한마디에 6개월 만에 공장을 완성시켰다"는 성공 신화를 칭송했다. 우리는 '빠르게'에 환호했다. 그 빠르게가 돈을 벌어들인다는 것을 알고 있었다. 그러나 그 자랑스러운 속도가 저임금에 묶인 노동자들의 삶을 담보로 하고 있다는 것은 알려 하지 않았다.

아모텍 업체는 두 직원의 과로사가 세간에 알려지고 지역의 노동·인권 사회단체들이 나서 노동부에서 근로감독을 할 위기에 처하자, 일요일 근무를 중지한다. 회사는 근로복지공단에서 과로질환으로 판정하는 기준인 주 60시간 근무를 하지 않겠다고 했다. 그러자 노동자들이 술렁거렸다. 혜택에 감동한 이들은 별로 없었다. 고인을 원망하는 이들이 생겨났다.

"주야 맞교대를 12시간씩 하는 사람들 정도면 생활이 그렇게 윤택

하진 않잖아요. 원래 한 달에 한 번 쉬던 사람들이니까. 이제 세 번을 더 쉬는 거잖아요. 그럼 월급이 거의 30만 원 차이가 나요. 그게 굉장한 돈이거든요. 큰 차이가 나니까 다들 뒤숭숭하죠. 걱정인 거죠. 이대로 계속 시간이 줄어든 상태에서 일을 할까봐요."

쉬어본 경험이 없다. 놀아본 경험도 없다. 할 수 있는 것이 없다. 움직이면 그게 다 돈이다. 쉬는 주말 내내 머릿속에는 통장 잔고가 떠나지 않는다. 아모텍 같은 경우는 장시간 노동으로 유명한 곳이라, 상대적으로 (노동시간으로 만들어지는) 높은 임금을 기대하고 들어오는 이가 대부분이다.

돈을 모아 결혼하겠다고 입사한 연인들도, 빚을 갚기 위해 몇 년 죽었다 생각하자 하고 들어온 누군가의 얼굴도 흙빛이다. 겨우 주 6일을 일하면 회사가 망하는 것은 아닐까 걱정까지 든다. 다른 곳에 가봤자 최저임금 받고 일하는 처지가 고만고만하다. 그러니 '나도 그렇게 일하고 안 죽었는데, 왜 회사 탓이냐' 하는 말이 나온다. 야박해진다. 이게 현실이다.

장시간 노동에 길들여진 노동자들

저임금에 묶여 장시간 노동을 한다. 그런데 제조업 중 꽤 높은 잔업시간을 기록하는 곳은 언론에 '귀족'이라 뭇매를 맞는 현대자동차이다. 상대적으로 고임금을 받는 이들도 그토록 오래 일한다.

정규직, 비정규직 사이의 간극이 크다 하지만 공장으로 들어가면 한 라인에 정규직, 비정규직 노동자가 함께 매달려 일한다. 하청과 감

히 비교할 수도 없는 잔업이 1년에 1,000시간 가까이 된다. 1,000시간
은 철야, 아침에 작업라인에 들어가 다음 날 아침에 나오는 24시간 근
무로 인해 나올 수 있는 숫자이다(연월차가 자유롭지 않은 하청 노동자의 잔업시간
은 이보다 더할 것이다).

자동차 생산공장 귀족들(?)은 왜 그리 오래 일할까?

"집에 가서 잠을 자려고 하면 못 자요. 회사에서 쓰는 귀마개를 가
져가서 막아요. 커튼 치고 창문 다 막아요. 그래도 잠이 안 와요. 소주를
글라스 잔에 따르면 반병이에요. 그 반병을 '원샷' 해버려요. 그러고 누
워 있으면 술이 올라오면서 잠들어요. 맨날 그렇게 먹었어요."

한국지엠(대우자동차)에 다니는 이가 해준 이야기다.[6] 그의 직장 동료
가 2012년 봄, 조립하던 차 위에 쓰러져 죽었다. 마흔여덟 살, 도어장착
일을 하던 박한수 씨였다. 외인사. 원인을 알 수 없는 죽음이란다. 회사
는 그 원인을 술이라 했다. 과로사가 아니라는 것이다. 그러나 고인이
술을 많이 마신 이도 아니었을뿐더러, 술은 그냥 술이 아니었다.

한 연구 결과에 따르면, 교대근무자 중 84퍼센트가 수면장애를 겪
고 있다고 한다. 회사에서 집으로 돌아온다고 해서 교대근무의 영향력
에서 벗어나는 것은 아니다. 그때부터 진짜 시작이다. 반복 작업으로
근육은 뭉치고 결리지, 해는 중천에 떠 있지, 잠이 안 온다. 자려고 입에
털어넣은 술은 몸을 해친다. 술로 예민해진 신경에 작은 일도 거슬린
다. 짜증은 가족들에게 돌아간다. 다 스트레스다. 그러니까 수명이 단축
될 뿐이다.

죽은 이 또한 소주 반병을 저리 털어넣었을까? 회사가 부정한 과로
사는 그럼에도 노동조합의 반발로 인해 산재에 준하는 보상으로 마무

6   한국지엠노동조합 이양림 노안부장.

리됐다. 한수 씨에 관한 모든 산재 자료는 회사가 관리하고 있다. 그가 왜 자신이 만들던 차 위에 꼬꾸라져 죽었는지, 그 진실은 밝혀질 리 없다. 사건은 종료되었다. 다만 한국지엠의 사망자 통계를 보면 2006년 3월부터 5년간 한국지엠 부평공장에서만 33명이 사망했다는 기록이 있을 뿐이다. 이 중 과로와 연관성이 있는 뇌심혈과 간질환으로 사망한 이가 7명, 암질환으로 사망한 이가 12명이다.

기계 위에서 동료가 꼬꾸라져 죽었으나 누구도 잔업을 멈추지 않았다. 그해 유독 한국지엠의 차가 많이 팔렸다. 특정 공정은 주 7일 근무가 일상이었다. 그해, 내가 기억하기로 자동차 노동자들은 잔업을 거부하기는커녕, 노동조합 행사인 체육대회를 굳이 일요일로 잡았다. 토요일 특근 잔업에 더 많은 수당이 붙는다는 이유였다.

그들은 피로하지 않은 것인가?

자동차 공장을 방문했을 때, 사람들은 자동차 밑면 전기선을 잇고 시트를 깔고 유리창에 고무파킹을 대고 있었다. 컨베이어 벨트가 돌고 있으니 사람들은 몇 발자국 움직일 필요가 없었다. 주로 팔과 어깨를 사용하여 작업을 했다. 나는 그들의 피로함을 느낄 수 없었다. 눈치를 챘는지, 동행한 노동조합 사람이 말했다.

"이렇게 보면 모르죠. 일이 힘든지 어떤지. 한 번 물어보세요."

그들은 '죽겠다' 했다. 젊은 직원들도 보였다. 그중 한 명이 말했다.

"이게 힘이 장난 아니게 들어가요."

그는 창문틀에 고무를 대고 있었다. 어깨부터 힘을 주어 누르고 또 눌렀다. 1~2분에 한 대꼴로 컨베이어벨트를 타고 새로운 차가 왔다. 특정 근육에 힘이 집중적으로 들어가는 작업이기에 2시간에 한 번씩 다른 공정의 노동자와 교대해야 한다고 했다. 옆을 보니 자동차 밑바닥을 들여다보는 노동자들이 줄지어 있었다. 차체 하부 작업을 하는 중이었다. 차는 공중에 들려 있었고, 사람들은 그 차체를 보느라 서서 고개를 위로 쳐들거나 모로 돌렸다. 계속 보고 있자니, 내 목까지 뻣뻣해지는 기분이었다.

차체 내부 작업을 하고 있던 이는 차 안으로 들어가 몸을 모로 비튼 채 일했다. 카펫이 깔려 있을 리 없는 차 밑바닥은 그냥 쇠였다. 그가 말했다.

"의자가 있어야 해요."

옆에서 거든다.

"이왕 있을 거면 안마의자로."

"그건 우리 나갈 때까지 안 돼."

그들은 내내 고개를 쳐들고 팔과 같은 특정 부위에 힘을 주어 일을 했다(유럽의 자동차 공장에서는 신체에 무리가 가지 않도록 자동차를 눕히거나 뒤집어 이동토록 한다. 그네들은 몸을 굽히거나 고개를 옆으로 비틀 필요가 없다. 그들 몸에 맞춰 움직이는 것은 자동차다). 이것은 근골격계에 해당하는 문제겠지만, 그들이 이렇게 8시간 10시간 일을 하고 주말특근을 하고 교대근무를 한다고 생각하면, 단지 골격 이야기로 한정시킬 수는 없을 것이다. 이 일을 10년 20년 한다고 생각하면, 더욱 피로하다.

피로하기만 한 것이 아니다. 자동차 공장의 시간당 생산 대수가 보통 60대이다. 1분에 하나씩 자동차가 만들어진다는 이야기. 이것으로 모자라 매년 생산량 15퍼센트 증가가 목표로 잡힌다.

"자연 감소나 여러 형태로 축소되는 인원들이 충원이 안 되는데, 생산량은 그대로 있거나 더 많아지는 거예요. 1년마다 한 번씩 생산성 향상 목표를 제기해서 그 목표에 맞게 인원을 빼는 거죠. 그러니까 부하

한 연구 결과에 따르면, 교대근무자 중 84퍼센트가 수면장애를 겪고 있다고 한다. 회사에서 집으로 돌아온다고 해서 교대근무의 영향력에서 벗어나는 것은 아니다. 그때부터 진짜 시작이다. 반복 작업으로 근육은 뭉치고 걸리지, 해는 중천에 떠 있지, 잠이 안 온다. 자려고 입에 털어넣은 술은 몸을 해친다. 술로 예민해진 신경에 작은 일도 거슬린다. 짜증은 가족들에게 돌아간다. 다 스트레스다. 그러니까 수명이 단축될 뿐이다.

율(하나의 작업을 수행하는 데 설계된 시간에 비해 실제 노동자가 작업하는 시간)을 협의
해서 77퍼센트로 맞춰놓으면 한 10개월 정도 노동자는 숙련되고 설비
가 개선되니 부하율이 75퍼센트로 줄 거 아니에요? 똑같은 인원인데
그렇게 돼요. 그러면 이것을 가지고 다음 해 또 77퍼센트로 부하율을
올리라고 지침이 내려와요."

작업 하나에 투여되는 시간이 야금야금 줄어든다. 작업하는 이들은
주어진 시간에 더 많은 생산을 한다.

잔업을 마치고 집에 돌아오면, 이미 늦은 저녁. 밥상을 받고 졸다가
티비를 보다가 하면 하루가 간다. "개인 시간도 없이 하루하루를 보내
고 낮밤이 바뀌는 1주일, 2주일을 보내면 월급날은 생각보다 빨리 오고.
흰머리와 주름살은 LTE급으로 늘어나고. 50대쯤 돼서 애들 다 키워놓
고 이제야 일요일에 산에도 다니고 할 여유가 생기면 병원에 돈 바칠
일이 부지기수고." 그러다 정년이다. 자동차 노동자가 SNS에 올린 글
이다. 이 사람들도 행복하지는 않은 거 같지만 그래도 정규직이다.

나는 그들 옆에서 그들과 같은 작업복을 입고 있지만 가슴 부근에
달린 명찰의 가치는 전혀 다른 이들을 안다. 그리고 이들은 2시간마다
일의 방향(오른쪽 바퀴를 달았다면 2시간 뒤에는 왼쪽 바퀴를 다는 작업으로 바꾸는 것)
을 바꾸는 일이 없다. 하루 종일 같은 근육만 사용한다. 계약직인 이들
의 노동조합은 존재하지 않거나 무용지물에 가깝다. 이들의 근육을 염
려해줄 주체가 없다.

계약직들의 일이 정규직보다 부담이 크다는 것은 알려진 사실. 계
약직에게는 공정 배치에 권한이 없다. 하청업체 계약직들이 들어가 일
하는 공정은 자동차 회사의 입장에서는 상관할 바 없는 공간이다. 그러
므로 공정 배치 결정과 같은 생산과정에 참여할 수 없다. 계약직에게

주어지는 공정은 더 복잡하고 힘들다. 자동차 전기 배선 일을 한다고 치면, 업체 계약직이 손댈 수 있는 자리는 오직 오른쪽이다. 핸들이 있는 오른쪽 좌석에는 더 많은 전기선이 놓여 있다.

구나 하청업체에서 불량이 생겨 라인이 멈출 시 1분당 40여만 원의 손해배상금을 지급하도록 하고 있다. 하청업체의 직원 기본급이 90여만 원(2차 하청 기준)이다. 한 사람 인건비를 몇 분 만에 날릴 수 있다. 실수에 엄격해야 한다. 그런 엄격함을 충분히 잠을 자지 못한 채 야간 노동을 나온 노동자들에게 요구한다.

정규직 노동자도 피곤하고, 그 아래 깔린 하청 노동자는 더 피곤해 보인다. 자동차 부품회사인 두원공정에서 시행한 건강 조사를 보면[7] 근골격계 질환 의심 대상자는 72퍼센트, 수면장애 증상이 있는 사람은 67퍼센트였다. 두원공정은 관련한 조사 이후 주간연속 2교대(야간 노동이 배제된 교대근무)를 시행할 정도로 노동조합이 굳건하고 노동자들의 권리가 나름 잘 지켜지고 있는 곳이다. 영세하거나 노동조합이 없는 다른 부품 업체 노동자의 건강 문제는 더 심각할 것이다.

그럼에도 피곤하다고 일을 줄이거나 잔업을 거부하는 일은 벌어지지 않는다. 오히려 하청업체 직원들의 사정이 이해가 간다. 그네들의 고용은 불안하다. 3년에 한 번꼴로 등장하는 신차로 인해 기존 공정이 폐기될 때 그들도 함께 사라진다. 벌 수 있을 때 벌어두어야 한다.

그렇다면 억 단위 연봉을 받는다는 정규직 노동자들은 왜 일을 멈추지 않는 것일까. 비슷한 의문을 품은 연구자들이 국내 완성차 중 가장 큰 규모인 현대자동차 노동자들을 대상으로 한 연구[8]가 있다. "사람

---

7 두원공정노동조합, 〈근무형태 개선을 위한 조사 연구 보고서〉.

8 박태주, 〈장시간 노동이 일과 삶의 갈등에 미치는 효과〉, 《산업노동연구》 17권, 2011.

들이 더 오래, 또 더 열심히 일해야 한다는 생각을 가지게 되는 것은 경제적 힘이 아니라 문화적 힘의 작용일 수도 있"다는 해밀턴의 지적을 따르며 연구원은 현대자동차 노동자들의 '생활'에 집중한다.

논문은 현대자동차 노동자들의 연월차 휴가 사용 비율이 4분의 1 수준이며 심지어 이것이 "상당 부분 자발적으로 이루어진다"고 말하고 있다. 연봉 5,000만 원에서 8,000만 원인 노동자들이 자발적으로 장시간 노동을 수용한다는 사실에 의문을 제기하지만 이것은 노동자들의 입을 통해 곧 밝혀진다.

"특근을 하지 않으면 임금의 30퍼센트가 줄고, 정취 근무만 하면 40퍼센트가 넘게 줄어든다. 애들 학원이라도 보내고 하자면 잔업 특근을 해야 월급과 맞아떨어진다."

"특근 물량이 아예 없어서 안 하면 모르지만 당장 눈앞에 보이는 돈이 있는데 이걸 포기하는 사람은 거의 없다."

"오후 5시까지 집에 가도 할 일이 없지만, 정년까지 얼마 안 남았다고 생각하면 못 견디겠다. 사실 노후에 대한 계획은 전혀 없다. 재취업도 불가능할 테고……"

이렇게 말한 노동자들은 자신들의 삶이 '한마디로 회사인생'임을 알고 있었다. 그러나 이런 인식이 이미 굳어버린—아이들 교육비와 보험비 등으로 대부분 나가는—소비 양상과 교대근무의 특성상 외벌이가 될 수밖에 없는[9] 소득구조를 떨쳐내지는 않는다. 자전거는 멈추면 쓰러진다. 멈출 수 없는 몸은 낡아지고, 이것을 '가족을 위한 희생'으로 인식한 늙은 노동자는 늦은 밤 술을 마시고 와 다 커버린 자식들 앞에

9 주야간 노동이 가족생활의 중심이 되어버리면 배우자인 여성은 이 평범하지 않은 생활 주기를 맞추는 데 온 힘을 써야 하는 구조가 된다. 이것은 홀로 양육을 책임지고, 밤낮으로 집을 지키는 역할로 여성을 국한시킨다.

서 한탄을 하다가, 너는 나처럼 살지 말고 펜대 굴리며 살아야 한다고 당부하게 된다. 결국 자식들 교육비로 들어가는 돈만 더 커진다.

심지어 닳아가는 몸을 인지한 노동자들은 위협을 느끼는데 그것은 더 이상 노동할 수 없다는, 자신의 육체라는 노동력을 팔 수 없게 된다는 두려움과 맞닿는다. 그들에게 건강은 곧 '노동으로 벌이를 할 수 있음'을 의미한다.

현대차 노동자들이 주간연속 2교대를 10년 전부터 주장해온 까닭은, 솔직히 말하자면 올빼미 노동을 거부하여 행복하고 여유로운 삶을 꿈꿔서가 아니다. 노동력이 훼손되어가는 몸을 알고 있기에, 심야 노동에 소모되는 체력을 아껴 더 오래 회사에서 버틸 수 있길 바라기 때문이다. 자신의 수명 단축은 그다음 문제이다.

정부와 기업이 주간연속 2교대에 동조한 까닭은, 근로시간 단축을 통해 일자리 창출이라는 과시적 성과를 내고 동시에 노동시장 자체를 유연화할 수 있는 또 한 번의 계기로 삼자는 것이다. 그런데 이러한 의도보다 자신의 몸을 오래 팔아 지금의 삶을 유지하고자 하는 노동자들의 의도가 어떤 의미로는 더 잔혹하다.

이 모든 것의 근원에는 일한 시간만큼 그것이 돈으로 환산되어 나오는 시급제가 있다. 자동차 공장 노동자들의 임금은 '월급제'가 아니다. 앞선 노동자의 증언대로, 주말 근무인 특근을 하지 않으면 기존 월급의 4분의 1이 줄어드는 임금 체계이다. 기본급으로는 아이 분유값부터 대학 등록금까지 감당할 수 없다. 대기업 자동차 생산직 연봉이 높다 해도 5~10년차 기본급 200만 원 남짓이다. 2013년 4인 가족 평균 생계비가 한국노총 집계 결과 527만 원이고, 이보다 까다로운 잣대를 들이댄 삼성경제연구소조차 월 평균 300만 원으로 계산했다. 2012년 최저생계비가 224만 원이다. 기본급 자체가 현실적이지 않다. 낮은 기본급과 시급제가 노동자의 시간외근무를 부추긴다. 하루 꼬박 8시간, 10시간씩 10년, 20년, 30년을 근무한 노동자의 임금이 시급으로 계산된다. 이 또한 잔혹하다.[10]

그들이 잃어버린 것은 잔업을 거부할 권리, 내 몸을 올곧이 내 것으로 만들 권리, 그리고 행복할 권리이다.

늙고 배부른 자동차의 노동자도 행복한 꿈을 꿀 줄은 안다. 두원공정이 실시한 조사에서 노동자들은 근무시간이 조정되면 가장 하고 싶은 여가활동으로 골프와 여행을 꼽았다. 등산과 배낭여행이 그 뒤를 이었다. 그러나 현재 가장 많이 하고 있는 여가활동은 텔레비전 시청과 음주였다. 노동자들의 꿈과 현실, 그 간격 사이에 겨우 시급으로 계산되는 그들의 오래되고 긴 노동이 있다.

2013년 현대자동차에서 주간연속 2교대제가 시행됐다. 한국지엠은 그보다 1년 뒤늦게 도입됐다. 완성차로서는 가장 늦은 순번이다. 숱한 혼란 속에서 정규직들의 아우성도 들리지만, 더 귀를 때리는 것은 줄어든 시간만큼 깎일 임금을 걱정하는 하청업체 노동자들의 소리 없는 비명이다. 지엠 외곽에서 일하는 하청 노동자들이 다른 직장을 알아봐야하는지 눈치를 보고 있다. (비록 생산량을 늘리고 노동 강도를 강화시키는 방법으로 보존하긴 했으나) 그나마 기존 월급액을 지킬 수 있는 정규직이 아니다. 힘

---

10 현대자동차의 2011년 매출액은 77.8조 원. 이 중 순이익이 8조 원이다. 매출액 165조인 GM(지엠)의 순이익이 10조임을 감안할 때, 현대자동차의 이윤이 얼마나 큰지 알 수 있다. 월급제를 시행할 충분한 경제적 여건이 된다. 하지 않을 뿐이다. 이는 노동조합에도 동일하게 적용할 수 있는 평가가 되겠다.

도 없고, 기댈 데도 없고, 노동조합도 유명무실한 하청 노동자이다. 그들은 지금 자신들이 일하는 곳보다 더 사정이 열악한 그러나 예전의 월급만큼을 받을 수 있는 업체를 찾아 돌아다녀야 할지 모른다. 개개인의 노동량이 증대됨은 말할 것도 없다.

아모텍은 고용노동부에 재발 방지 약속을 했다. 그 약속에 이르기까지 인천 지역의 많은 사회단체의 노력이 있었다. 약속한 내용은 다음과 같다.

매주 일요일은 휴무한다.

매주 수요일은 잔업을 하지 않는다.

불가피하게 토/일 근무하게 될 경우, 잔업을 하지 않는다.

임금 손해(현행 12시간 맞교대 근무와 비교해서 약 50만 원 차액 발생)에 관련해 기본급을 인상하여 임금 손해 부분을 충당한다.

기타수당(인센티브) 등 임금체계를 변경하고 수당을 신설하여 임금 손해 부분을 충당한다.

이런 약속은 고무적이긴 하지만, 동시에 법이 개선되고 사회적 시스템이 갖추어지지 않는 한 업체의 작은 약속에 기대할 것이 없다는 것을 우리는 알고 있다.

최저임금으로 살아보기, 이것이 지옥일까?

아이들과 소득 양극화에 관한 수업을 한 적이 있다. 아이들에게 "너희 집 소득은 어떤 것 같니?"라고 물으니, 중산층 정도인 것 같다 했다. 사실이었다. 제2의 8학군이 되고 싶어 안달인 지역이었다. 아이들에게 가계부처럼 칸이 나뉜 종이를 한 장씩 나눴다. 우리나라 소득의 하위 20퍼센트는 80만 원의 임금을 받는다는 기사도 함께 주었다. 30분 동안 하위 20퍼센트의 소득자가 되어 가계부를 써보기로 한다.

월급 80만 원을 만들기는 어렵지 않았다. 2013년 최저임금이 4,860원이었다. 하루 몇 시간, 주 며칠로 일하고 싶은지 물으니, 대다수 8시간을 말했다. 계산이 빠른 아이들은 10시간을 외친다. 4,860원이라는 돈이 그다지 큰돈이 아님을 눈치 챈 것이다. 법정 근로시간을 알려주니, 다수의 아이들은 8시간씩 주 5일을 일하겠다고 한다. 176시간이 나온다. 거기에 4,860원을 곱하니 855,360원이다. 적어 보였나 보다. 한 소리씩 한다. 제 돈으로 생활 한 번 안 해본 아이들이 이거 가지고 어떻게 사냐며 짐짓 어른스럽게 말한다.

이제부터 서울 평균 물가로 살아본다. 원래 소형주택 월세가 40만 원(2013년 국토교통부에서 발표한 주택 월세 실거래 자료 기준) 정도 하지만, 나름 저렴한 월세방을 찾았다고 가정하고 30만 원만 지출하자고 한다. 별로 반가워하지 않는다. 다른 생활비를 보자.

출근을 해야 하니, 교통비가 나간다. 왕복으로 평일 교통비를 먼저 계산한다. 1,100원×2(왕복)×23(일)을 계산하고 나니, 아이들이 주말에는 나가지 않겠다고 다짐을 한다. 한 명은 회사에 걸어가겠다고 한다. 차로 30분 거리의 회사면? 이렇게 묻자, 아이는 되묻는다. 무슨 아르바이트를 그렇게 멀리까지 가서 해요? 너희가 하는 일은 아르바이트가 아니야. 너희는 지금 25살이고, 이 일로 생계를 책임져야 해. 구체적인 가정을 덧붙인다. 겨우 이 돈을 받고 하는 일이 직업이라고요? 아이가 항의한다. 누군가는, 아니 많은 사람들이 이 정도의 시급을 받는다고 말한다.[11]

식비를 보자. 하루에 한 끼는 회사에서 지급된다고 치고(이 또한 식대가 지급 안 되는 곳도 많다는 말을 덧붙인다) 평일에는 하루 1끼, 주말에는 하루 3끼를 먹기로 한다. 한 달 동안 약 45끼를 먹어야 한다. 처음에는 식당에서 파는 가격으로 7,000원, 8,000원을 가계부에 적던 아이들이 자기 월급에서 반이 나가는 것을 보고 금액을 지우기 시작한다. 한 달을 라면으로 때우겠다며 한 끼 식사에 1,000원을 쓰는 아이가 있다. 그냥 내버려둔다. 다만 한 달 뒤에 너는 비타민 부족으로 괴질병에 걸릴 거라고 경고한다. 그 뒤를 이어, 통신비, 의류비, 각종 세금, 휴지, 샴푸, 칫솔 등 생활필수품 등이 줄줄이 따라온다. 아이들이 공중화장실에서 휴지를 들고 올 생각을 한다. 범죄야. 아차, 물값을 깜박했구나 하니, 수돗물을 마시겠다고 결의한다. 한 아이가 끓여 마실 거야, 하니 옆에서 도시가스비는 어쩌려고? 묻는다. 이제는 자동이다. 누군가 회사 정수기에서 물을 받아오면 안 되겠냐고 묻는다. 걸렸을 경우 사장한테 욕 들을 각오는 해두라고 했다. 잘하면 6개월이나 1년 뒤 재계약을 체결하지 못하게 될지도.

세금을 내야 한다며 수도비, 전기비 도시가스비, 의료보험비 등등을 뺀

---

11 2009년 최저임금 미만의 금액을 받는 노동자의 수는 210만 4,000명이었다. (출처: 최저임금위원회, 2010)

다. 사기업 보험은 어떻게 할 거냐고 물으니, 아이들이 저지한다. 보험 계약을 안 하겠다고 한다. 너희의 노후는 어떻게 하려고? 일단 버틴단다. 이빨이 뭉텅뭉텅 빠질 때 치아보험이 간절할 것이라 설득했으나 실패했다. 병원비를 넣으려고 하다, 이번에도 저지당한다. 안 아프겠단다. 아픈 건 개인 의지가 아니라고 말해도 소용이 없다. 건강검진은? 한 아이가 말한다. 그건 공짜예요. 슬프게도 아니라고 말해준다. 지금 공짜로 건강검진을 받는 것은 일하는 부모님을 둔 덕이라고. 아이답지 않은 한숨들이 터져 나온다.

연애를 하면 데이트 비용도 들 텐데…… 데이트 비용을 가계부에 넣는 아이가 없다. 연애를 포기하겠단다. 평등한 세상을 위해 애인이 더치페이로 계산할 것이라 꼬셔도 혼자 지낼 것이라 한다. 결혼은 어찌 하려고 물으니, 지금 결혼이 문제냐고 짜증을 낸다. 20분이 경과했을 뿐인데 소득 하위 20퍼센트 생활에 각박해졌다.

이미 소득에 비해 지출이 넘쳐, 마이너스가 된 아이들이 속출한다. 아직 끝나지 않았다. 너희 부모님이 아프시면? 친구가 결혼이라도 하면? 면접을 봐야 하는데 정장 한 벌 없다면? 인터넷은 피시방 가서만 할 거니? 핸드폰도 쓰고 있잖아? 아이들이 헉헉거린다. 가장 절약 정신이 투철한 한 아이는 삼각김밥만 먹겠다면서 한 끼 식비 800원을 써냈다. 그 덕에 한 달에 9만 원을 남겼다. 축하한다고 했다. 이제 남은 돈으로 저축을 하자. 아이는 빠르게 계산한다. 1년 열심히 모으면 108만 원이다. 표정이 기쁘지 않다. 아이들이 쥐고 있는 핸드폰 가격이 그 돈이겠다.

이제 소득과 지출에서 늘리거나 줄이고 싶은 부분을 수정해보라고 한다. 핸드폰을 부모님과 함께 쓰겠다는 아이가 있어, 일단 말린다. 면접 결과 통보 연락은 어떻게 받으려고 하냐고. 아이들은 의류비나 식비를 줄인다. 독립이 소원이었던 아이들이 주거비를 아끼기 위해서 부모님에게 얹혀살면 안 되냐고 막무가내다. 소득의 가벼움 앞에서 의식주 따위는 필수요소가 되지 못한다.

생활비가 바닥난 아이들은 지출 목록을 다시 살핀다. 비용을 줄일 것이 없나 보는 게다. 만만한 것은 식비. 아이들은 인스턴트를 먹거나 빵으로 식사를 때운다. 당장은 젊은 몸에 무리가 없을 것이다. 사 먹는 음식은 오래 보관이 가능하면서도 저렴해야 하기에, 방부제나 화학조미료를 포함할 가능성이 크다. "인간의 식욕 본능을 바로바로 충족시키는 것을 목표로 만들어"져 "칼로리는 지나치게 높고, 소금과 나쁜 지방, 방부제 같은 식품 첨가제는 너무 많"은 음식들을 "몇 년 이상 지속한다면 몸에서 이상한 증상들이 나타나기 시작"[12]한다. 위가 상하고 몸이 붓고, 두드러기나 알레르기 증세가 날 수 있으며 때로 우리가 당장 알 수 없는 이상을 초래할지 모른다.

사적 보험에만 노후를 의지하는 사회에서 아이들은 훗날의 걱정을 미루고, 보험 하나 들지 않았다. 눈앞의 현실이 걱정이기에 노후의 불안을 염려할 틈이 없다. 이들도 몇 년만 지나면 '종합병원'이라는 별명이 붙을지 모른다.

그래도 생활은 나아질지 모른다. 여전히 친구의 결혼 소식이 들려올까 무섭다. 아이들은 하나둘 노동시간을 늘린다. 법정 근로 일일 8시간 따위는 가상의 가계부 앞에서도 무너진다. 누군가 12시간씩 주 7일을 일하겠다며 큰소리를 치다가 너 그렇게 일하다가 죽는다는 주변의 만류에 부딪힌다. 실제로 그렇게 일하는 노동자들이 있다. 그들이 일을 하는 이유는, 이 아이들과 같을 것이다.

시급을 높이는 방법을 제안했더니, 화색이 돈다. 월급 많이 주는 회사로 가야겠다는 포부를 말한다. 어떻게 갈 건데? 공부를 하고 능력을 키운단

---

12 권태식, 〈가난한 이들에게 채소와 과일을〉, 《삶이 보이는 창》.

다. 다음 시간부터 참고서를 두 권씩 더 들고 올 기세다.

다른 전제를 내건다. 지금까지 너희가 적어놓은 소득과 지출이 실은 너희의 것이 아니라 너희 부모님의 것이라면?

아이들이 헉, 입소리를 낸다. 빠른 순간, 아이들은 자신들에게 닥칠 현실을 알아버렸다. 연애는 물론 결혼까지 포기했던 생활에 아이가 태어난다, 그 아이가 자신이다. 맞벌이를 외치는 아이들이 있었지만, 육아 기간 동안 일터에서의 노동력을 상실한다는 사실과 여성 하위 20퍼센트의 임금(남성의 60퍼센트 수준이다)을 알려준다.

이 집의 아이로 태어난 너희는 무엇을 할 수 있을 것 같니? 이제 아이들은 별소리 안 한다. 인생이 도돌이표라는 것을 알아버렸다.

아이들은 수업 30분 동안 지옥을 경험한 표정이다. 아이들의 선택지는 다시 장시간 노동이다. 그런 아이들을 멈춰 세우고, 복지에 대해서 이야기한다. 이들이 죽도록 일만 하다 인생을 마치는 것을 차마 볼 수가 없다. 사회 구성원의 출발 간격을 최소한이라도 좁히는 복지 정책. 더불어 최저임금과 기본소득에 대해 이야기한다. OECD의 최저임금 권고는 평균 임금의 50퍼센트라는 것(우리는 34퍼센트 수준이다), 적어도 한 시간 노동을 했으면 그날의 끼니를 고르는 데 망설임은 없어야 한다고. 지금의 4,860원으로는 김치찌개 하나 못 사 먹는, 먹어봤자 그 유명한 빅맥지수에 맞추어 햄버거나(그것도 세트가 아닌 단품으로) 하나 사 먹을까 하는 현실에 대해 이야기한다. 지금과 다른 임금을 받는다면 너희는 하루 12시간 일하겠다는 의지를 보일 필요가 없다고. 지옥문 앞까지 갔다 온 아이들이라, 고개를 끄덕인다.

부모가 의사이고 피디이고, 교수인 아이들이다. 그 아이들에게 나중에 커서 복지 정책이라 하면 무조건 쌍심지 들고 반대하지 말고, 재산 은닉 말고 세금 꼬박꼬박 잘 내라고 이야기해둔다. 그리고 누군가 장시간 노동으로 숨졌다는 이야기가 들려온다면, 불쌍한 사람 취급 말고 추모를 아끼지 말자고. 그렇게 수업은 끝이 났다.

5부

우리 안의 발암물질

"위험은 자신이 무엇을 하는지 모르는 데서 온다."

– 워런 버핏

일하다 병들지 않을 권리
─공장 안 유해물질에 노출된 노동자들

삼성전자 반도체 화성공장 불산 누출… 5명 사상

삼성전자 반도체 화성사업장(화성시 반월동) 생산라인에서 불산(불화수소희석액) 배관교체 작업 중 불산가스가 누출돼 작업자 1명이 숨지고 4명이 다치는 사고가 발생했다.

삼성반도체는 2차 피해가 우려되는 환경사고임에도 불구, 이 같은 상황을 인지한 경찰과 소방당국이 확인 요청을 하자 사고 발생 26시간 만에 공개해 사고를 은폐하려 했다는 비난을 면키 어렵게 됐다.

28일 경찰과 소방당국, 삼성전자 등에 따르면 지난 27일 오후 1시 30분께 화성사업장 생산 11라인 불산 저장탱크(500ℓ) 밸브관 가스캣 노후화 등으로 인해 불산의 누출이 감지됐다.

경인일보, 2013.1.29.

재난재해 같은 위기상황에서 취해야 하는 대처법을 알려주는 방송 프로그램이 있다. 엇비슷한 프로그램을 본다 치고, 물음에 적절한 답을 골라보자.

유해물질이 누출되었을 경우 정부와 기업이 취해야 할 올바른 대처법은?

1) 불산이 누출되는 사고가 일어난 지 4시간 후에 공단 노동자들에게 대피 명령을 내린다.

2) 유해물질 누출 현장에 있던 작업자들을 응급처지만 간단히 한 후 회사로 다시 불러와 상황 보고를 하게 한다.

3) 유해물질로 부상을 입은 작업자들에게 병원에 기자들이 있으니 모텔에서 쉬다가 병원은 다음 날 가라고 한다.

4) 사고가 발생한 후 25시간이 지나도록 노동부에 신고하지 않는다.

누구나 알듯 정답은 보기 안에 없다. 그럼에도 현실에서는 위의 대처법들이 정답처럼 사용된다. 2013년 한 해 사이 연속적으로 언론에 보도된 누출 사고를 보면, 보기들의 행태가 쉽게 확인된다. 사고의 규모도 나날이 커져 걱정이지만, 그때마다 기업과 정부의 오답투성이 대처법을 봐야 한다는 게 안타까울 뿐이다.

얻은 건 비용 절감, 잃은 건 다섯 목숨

보기 1)번의 실례는 휴브글로벌이라는 업체가 보여주었다. 구미에 있는 LCD 세척제 제조공장인 휴브글로벌 직원 5명은 불산[1]을 이동식 탱크로리에서 저장탱크로 옮기는 작업을 하고 있었다. 평소처럼 안전장비는 착용하지 않았고, 작업복만 입은 채 탱크 입구에 쪼그려 앉아 일했다. 그러다 폭발이 있었다. 아래쪽에 있던 사람들은 흰 연기가 솟아오르는 걸 보았다. 불산 가스였다. 2012년 9월 27일 3시 34분경이었다.

불산 가스는 빠르게 확산되어 인근 지역 주민 1만 명을 대피시켰다. 이 중 18명이 병원으로 후송되었고, 1,359명은 건강장애를 호소했다. 불산은 공기 중에서 다른 물질과 빠르게 합쳐진다는, 또 다른 특징이 있었다. 동식물 안에 침투한 불산은 191.2헥타르의 농작물과 1,313두의 가축에 피해를 입혔다. 더불어 인근 40여 개 생산업체는 58억 원의 손해를 입었다.

그 무엇보다 사람이 죽었다. 불산은 신체와 만나면 수분과 수소 결합을 하여 뼛속까지 침투하는 유독한 물질이다. 작업자 3명이 즉사했다. 2명은 병원에 후송되었으나 사망했다. 탱크 위에서 작업을 하다 폭발에 그대로 노출된 두 노동자의 나이는 고작 스물넷, 스물여섯이었다.

심각한 사고였다. 그러나 주민들을 안심시키려는 배려였을까, 정부의 대응을 본다면 심각한 기미를 찾아볼 수 없었다. 노동부 장관은 사고가 발생한 지 일주일이 다 되어가도록 어떤 지침도 하달하지 않았다.

1 수소와 불소(F)가 합쳐진 불화수소(HF) 액체. 무색의 자극적 냄새가 나는 휘발성 액체다. 염산보다 부식성이 크며 다른 산과 달리 피부를 뚫고 조직 속으로 쉽게 침투해 강력한 독성을 일으킨다.

2주가 지난 후 역학조사를 실시했으나, 결과는 '이상 없음'이었다. 노동부는 10월 12일, 사고 14일 뒤에 142개 사업장의 옥내 공기에서 불소 농도를 측정했으나, 불산이 검출되지 않았다고 밝혔다. 마을 주민들조차 급성 중독 증상을 호소하고 있는데, 노동부는 문제될 것이 없다고 했다. 노동부가 거짓말을 하거나 주민들이 꾀병을 부리거나 둘 중 하나였다. 그러니 "노동부 산업안전공단의 조사는 노동자의 건강 보호를 위한 것이 아니라 조업을 계속하는 사업주에게 면죄부를 주기 위한 조사가 아닌가"[2] 하는 말들이 나왔다.

실제 노동부의 농도 측정에는 문제가 있었는데, 불소의 특징을 고려하지 않은 게였다. 불소는 앞서 밝혔듯 공기 중에서 다른 물질 성분과 빠르게 합쳐지거나, 동식물의 체내에 흡수되는 성향이 있다. 사고가 발생한 지 2주일이나 지나 공기 중의 불소를 찾겠다는 것은 무의미한 일, 눈 가리고 아웅하는 격이다.

노동부보다 닷새 앞서 10월 6일 노동환경건강연구소는 피해 지역의 식물 내 불소농도를 측정했다. 식물 내 불소농도를 통해 사고 당시 공기 중 불화수소 농도를 추정 계산하기 위함이다. 측정 결과, 사고 근처에 있던 은행나무가 4,288(단위 mg/kg), 사고 지점 근처의 논에 벼들이 적게는 1,300부터 9,500까지, 1킬로미터 떨어진 곳의 대추나무가 135 수준이었다.

이를 추측으로 당시 공기 중 불화수소 농도를 추정하면, 사고 현장 근처에서 높게는 15ppm의 불산이 잔류했다고 볼 수 있다. 심지어 이 측정은 사고 발생 이후 9일 만에 진행되었기 때문에, 실은 사고 당시 더

---

2 2012년 10월 22일 구미 불산 노동자 사망 및 집단 산재 노동부 장관 고발 기자회견.

높은 농도의 불산 누출이 있었다고 추측할 수 있다.

15ppm이란 불화수소 IDLH 값 30ppm의 절반 수준이다. IDLH는 미국 산업안전보건연구원에서 정의 내린 수치로, 이것은 노출된 피해자가 정신을 잃거나 순간적인 장애로 그 환경을 벗어나지 못하게 될 정도의 고농도 유출을 의미한다. 고로 IDLH 기준의 절반인 15ppm은 쉽게 볼 문제가 아니다.[3] 적어도 고용노동부가 불산이 누출되지 않았다고 발표할 정도는 아니라는 이야기다.

그럼에도 사고 현장을 정리하는 노동자들이 아무런 보호장구 없이 일을 진행했다는 증언이 들려오고, 사고 발생 탱크로리 밸브는 열려진 채 있다가 8시간 뒤에야 잠겼다.

구미시는 사고가 발생한 지 1시간 25분이 지난 5시경에 대피 문자를 인근 업체들에 보냈다. 심지어 4시간이 지나고서야 대피를 통보받은 업체도 있었다. 사고 현장 500미터 이내 주민들이 대피를 하고 있을 때 공단 내 노동자들은 기계를 돌렸다. 노동부는 공단 내 업체들에게 작업 중지를 명하지 않았다. 작업 여부는 자율에 맡겨졌고, 일부 업체는 다음 날 바로 공장을 돌렸다. 불산이 유출된 사고지와 담을 하나 두고 일을 하는 상황까지 벌어졌다(실제 사고 현장과 담장 하나를 사이에 둔 '아○○ 글○○'라는 회사는 다음 날부터 조업을 했다).[4] 기계는 계속 돌았다. 노동자들은 불안했다. 하지만 불안하다는 이유만으로 일터를 이탈할 수 있는 사람은 없었다.

---

3 고용노동부의 불화수소 노출 기간 8시간 가중 평균이 0.5ppm이라고 할 때, 이것과 비교해도 80퍼센트 넘게 초과하였다.

4 현행 산업안전법 26조 1항에 사업주는 산재 발생 위험이 있는 경우 작업을 중지하고, 근로자를 대피시켜야 하며, 안전보건 조치 후 작업을 재개하여야 한다고 나와 있다. 위반 시에는 5년 이하의 징역 또는 5,000만 원 이하의 벌금을 내야 한다.

사건은 잊혀갔다. 관련한 정부와 업체 담당자는 사건이 잊히기만을 기다렸는지도 모른다. 하지만 오히려 감춰진 사건이 드러나게 됐다. 2009년에 비슷한 사고가 한 차례가 있었다. 휴브글로벌 업체에서 (상대적으로) 소량의 불산이 유출된 것이다. 그럼에도 노동부는 관리 감독은 커녕 휴브글로벌을 불산 취급 사업장 리스트에도 포함시키지 않았다.

의아한 것은 이뿐 아니다. 누출 사고로 사망한 이만 5명임에도, 휴브글로벌 종업원 수는 서류상에는 4명뿐이다. 연간 1만 2,000톤을 사용하는 불산 양도 그 3분의 1 수준인 4,800톤으로 속여 신고했다. 서류 조작의 이유는 단순했다. 종업원 수가 기준(5명) 미만이어야 공정안전보고서 제출 대상에서 빠질 수 있다. 사용하는 유해물질의 양이 5,000톤 미만이어야 유해화학물질관리법 대상에서 제외될 수 있다. 그러한 연유로 업체는 관리 감독을 받은 적 없었다. 연 2회 의무인 작업환경 측정 보고서도 제출하지 않았으나 노동부는 어떤 조치도 취하지 않았다.

아무래도 배려인 것 같다. 영세한 사업체를 운영하는 것도 힘들 텐데 번거로운 일이라도 줄여주자 하는 노동부의 중소기업 진흥 방안일지도 모른다. 곧이곧대로 보고해 감독 다 받고, 세금 다 내면 어떻게 사업을 하냐는 게다. 그 마음에 동참한 정부도 화학물질 관리 대상을 좀처럼 확대할 줄 몰랐다.

인체에 흡입될 경우 폐를 망가트리고 심장을 멈추게 할 수도 있는[5] 4등급 관리 화학 물질 불산은 종업원 수가 적다는 이유로 관리 대상에서 제외되었다. 아무도 감독하러 오지 않는 사업장에서 노동자들은 달랑 마스크 하나 쓰고 일했다. 이로써 업체가 얻은 것은 편의와 비용 절

---

5 불산이 흡입되면 수분에 녹은 불소이온이 혈액 내 칼슘과 결합하여 칼슘 농도가 낮아지게 된다.

감이었다. 그리고 잃은 것은 다섯 목숨이다.

삼성, 비닐봉지로 불산을 막다

잊힐 수 있었다. 많은 사고들이 그랬다. 그러나 잊을 만하던 때, 또 죽었다. 이번에도 불산 누출이었고 이번에는 대기업에서였다. 글로벌 그룹 삼성에서 일어난 사고였다. 삼성은 유해물질로 인한 직업병(반도체 노동자 직업성 암) 논란으로 세간의 관심을 받고 있던 참이었다. 그 부담이 컸는지 삼성반도체는 화학물질 누출에 어떤 대응을 하는지를 대기업다운 스케일로 보여주었다.

구미 불산 누출 사건 4개월 후인 2013년 1월이었다. 삼성반도체 공장에서 불산이 누출되었고, 사고는 만 하루가 지나서야 신고가 되었다. 그것도 사고를 당한 직원이 사망하여 병원이 경찰에 보고를 한 게였다. 사건이 언론에 알려지는 것을 꺼려했던 삼성은 그 전날 불산에 노출된 노동자들에게 "기자들이 있을지 모르니 모텔에서 하룻밤 보내고, 다음 날 다른 병원으로 가라"고 했다.

당시 노동자들 몸에 난 빨간 반점은 모기 물린 자국이 아니었다. 불산 기체가 닿은 몸에 반점이 생겼다. 화상을 입은 이도 있었다. 불산은 부식성이 큰 산이기에, 노출되면 극심한 통증을 동반함은 물론 전신성 독성이 나타난다. 그러하기에 불산 흡입이 의심되는 경우 즉시 병원으로 후송하여 흉부X선 검사와 동맥혈 가스 검사를 실시해야 한다[6]고 전

---

6 이지은, 〈반도체 공장에서 발생한 불산에 의한 화학화상〉, 2008.

문가들은 밝히지만, 기업 입장에서 지금 급한 것은 그게 아니었다. 언론에 소식이 새어나가서는 안 된다. 다른 건 나중 문제였다. 노동자들을 무턱대고 모텔에서 재우려 했다. 그럼에도 재수가 없었는지 사건은 알려졌다. 사망자가 생겼고 숨기기에는 일이 컸다.

사망한 노동자는 이미 한 차례 불산이 누출된 밸브를 교체하였고 퇴근 후 다시 불려왔다. 불산이 계속 새고 있었다. 불산은 첨단시설을 갖춘 글로벌 기업 산업체답게, 검은 봉지에 묶여 미봉됐다. 이미 불산이 누출된 지 15시간이 넘었고, 그는 급작스럽게 투입된 까닭에 작업복도 제대로 갖추지 못했다. 두 시간 넘게 작업을 했고, 일이 마무리된 후 보호복을 벗으니 반점이 있었다. 인근 병원으로 후송되었으나 병원에 도착하기도 전에 심장 쇼크가 왔다.

사고를 보면 모든 것이 급작스러웠다. 국내는 물론 국제 시장에서도 다섯 손가락에 꼽히는 반도체 기업에서 보인 대응이라고는 믿기 어려울 지경이었다. 협력업체가 밸브 장애를 보고한 지 9시간 만에 교체가 지시되었다.[7] 강산(强酸)인 불산이 새는데 임시로 막는다고 비닐봉지를 씌워놓았다. 그들은 가스가 제거되지 않았는데도 수리 작업에 들어가야 했다.[8] 불산 누출 사고 17시간 만에 삼성 관리자는 사고 현장을 방문했다. 모든 것이 뒤늦었다. 미온적 대처라는 꼬리표를 떼려야 뗄 여지가 없었다.

누출 사건은 삼성으로 끝이 아니었다. 두 달 뒤인 2013년 3월, 또다시 구미에서 염소가스가 누출됐다. 작업자들이 병원에 실려 갔다. 구미

---

7 이를 두고 "기계 안 불산을 다 사용한 후 교체를 하려던 것이 아니냐"는 의견이 있다.

8 산업안전보건 기준에 관한 규칙 제92조를 보면, 유해 가스가 누출돼서 노동자가 위험해질 우려가 있을 때 사업자는 기계 가동을 멈추고 유해 가스를 모두 제거한 다음 기계를 정비해야 한다.

케미칼에서 일어난 이 사고는 송풍장치 고장으로 인한 것이었다. 한 날은 세 건의 사고가 터지기도 했다. 오전에는 SK하이닉스 청주공장에서 염소가스가 누출되어 구토 증세를 호소한 120명이 병원을 찾았다. 그날 밤에는 경북 구미의 LG실트론 공장에서 불산이 유출됐다.

요사이 왜 이리 누출 사고가 잦은지 시민들은 불안해했다. 그러나 사정을 아는 사람들은 달리 말했다. 원래 누출 사고는 잦았다. 다만 숨겨진 게였다. 기업의 은폐는 그 이유가 분명하고, 관제기관 또한 책임을 면하기 위해 사고를 숨겼다. 주민들은 모르거나, 알아도 땅값 걱정을 하며 쉬쉬했다. 그러다 구미 불산 누출 사건이 일어나고 더는 숨길 수 없게 된 것이다. 물론 관심이 잠잠해지면, 다음 사고들은 숨겨질 게다.

> 2012년 1월 15일 케미컬 운반선 두라3호 폭발 사고로 11명이 사망 또는 실종.
>
> 2012년 3월 10일 대구 북구 노원동 2명 유독가스에 질식 사망.
>
> 2012년 4월 5일 영주, 질소가스 생산업체 가스 폭발 1명 사망, 4명 부상.
>
> 2012년 4월 6일 울산 태광산업 폭발 사고, 1명 중상 9명 경상.
>
> 2012년 6월 7일 여수 산단 독성가스 누출 40여 명 중독.
>
> 2012년 6월 18일 화성시 팔탄면 접착제 공장 폭발사고 사망 4명, 중경상 8명.
>
> 2012년 7월 10일 충북 음성 탱크로리 폭발 화재 1명 사망, 2명 부상.
>
> 2012년 7월 18일 경기도 광주시 냉동 창고 폭발 2명 사망, 10명 부상.
>
> 2012년 8월 23일 LG화학 청주공장 폭발 8명 사망, 3명 부상.
>
> 2012년 9월 27일 구미 화학공장 5명 사망, 18명 부상.
>
> ─2012년에 일어난 폭발, 화학물질 관련 중대사고

우리 곁의 발암물질

다시 구미로 돌아가보자. 주민 3,000여 명이 대피를 했다. 밭에서 키운 배추로 김장을 해 자식들에게 올려보내는데 이를 어쩌냐고 늙은 노모가 카메라를 붙잡고 울먹였다. 유해물질은 공장 담벼락 안에만 머물지 않는다.

그런데 유해물질에 관한 정보는 (공장 담벼락 안도 다를 것은 없지만) 담벼락 밖으로 전해지질 않는다. 한 마을에 불산, 염소 등의 화학물질을 생산하고 제공하는 업체를 두고도 주민들은 아는 것이 없었다.

특별관리가 필요한 물질을 생산하는 사업장이 들어와도 지역 주민들은 그 사실을 알지 못한다. 정부기관에서 공지받은 적이 없다. 위험 발생 시 조기경보라 하여 주민 대피를 마을 이장의 판단하에서 이루어지도록 하는데, 이장도 유해물질에 대해 들은 바가 없다. 사고가 났다고 해도, 김매러 가고 고추 따러 갔다가 뒤늦게 소식을 듣는다.

그럼에도 기업이 가장 눈치를 보는 것은 지역 주민이다. 삼성전자가 공식적으로 고개를 숙이게 된 계기는 늑장 대응이나 산안법 위반에 있지 않았다. 공개된 CCTV 영상 때문이었다. CCTV 영상에는 송풍기를 이용해 불산을 외부로 배출시키는 모습이 담겨 있었다. 반도체 공장 내 누출된 독성물질을 송풍기를 이용해 지역으로 내보낸 것이다. 안 그래도 불안에 떨던 지역주민들이 발칵 뒤집어졌다. 결국 삼성전자 최초로 부회장이 사과문을 내게 된다. 56명의 반도체 직업병 의심자가 사망을 하고도 나오지 않던 사과문이었다.

부회장이 고개 숙이는 그깟 사과가 중요한 것이 아니라, 우리 모두가 유해물질에 무방비 상태로 노출되어 있다는 게 여기서 얻어야 할 교훈이다. 아무리 작은 영세사업장이라도, 커다란 아파트식 공장일지라도, 나노캠퍼스라고 멋들어진 이름을 붙일지라도, 유해물질에 관해서는 비슷한 수준이다. 그런데 땅, 물, 공기가 모두 유해물질의 이동통로가 된다. 우리가 안전치 않은 것이다.

그럼에도 화성, 구미 등의 공단은 내가 사는 지역과는 꽤 멀다. 거리가 머니 와닿지 않는다. 그해 가을 머나먼 구미 지역이 불산으로 몸살을 앓을 때, 나는 다른 문제로 불안에 떨고 있었다. 섬유유연제 몇 장 때문이었다.

섬유유연제 다우니가 천식과 같은 호흡기 질환을 유발하는 발암소독제로 만들어졌다는 사실이 보도되었다. 소식을 듣고 집 곳곳을 뒤졌다. 다우니가 향이 좋아 방향제 대신 집 안 곳곳에 두는 사람들이 제법 있었고, 그 사람들 중 하나가 나였다. 옷장 안, 책장 위, 신발장 아래, 놓아둔 다우니를 찾느라 법석을 떨었다.

그나마 천식인 것을 다행으로 여겨야지, 특정 가습기 살균제를 사용한 18명은 목숨을 잃지 않았던가. 대부분의 피해자들이 산모와 영아였다. 무려 401명으로 추정된다. 문제가 된 가습기 살균제는 폐질환 발병을 일으킬 확률이 47.3배 높다는 실험 결과가 나와 판매 중단이 된 상태다(그럼에도 민주당 장하나 의원의 발표에 따르면, 국내에서 401명의 피해자를 낸 가습기 살균제의 유해 성분이 물티슈나 세제, 세정액 등으로 여전히 유통되고 있다고 한다).

누가 생각이나 했을까, 가습기 살균제 속 발암물질이 폐를 망가트려 사람을 죽일 수도 있다고. 생각하지 못한 발암물질 제품은 넘쳤다. 일회용 젓가락, 모기살충제, 아웃도어 등산복, 캐릭터 껌, 아이들 장난감, 면장갑, 전자담배, PVC 바닥재, 콜라의 발암색소까지 유해물질 함유가 의심되는 제품들이 우리 곁에 있다.

2012년 한 조사[9]에 따르면, 국내에 유통되는 물질 중 30.1퍼센트가 국제 기준상 발암물질(또는 발암 가능 물질)이라 한다. 종류만 351종, 유통량은 1억 5,637만 톤이다. 대형 선박이 끽해야 2,000톤이다. 대형 선박 일고여덟 개의 양이 국내에 들어오는 게다. 암을 일으키는 성분을 가지고. 더구나 암을 일으킬 가능성이 높은 1A등급 물질은 이에 5분의 1 수준인 2,286톤이다. 대형 선박 하나 크기. 수톤의 유해물질을 우리는 알지도 못한 채 만지고 마시고 먹고 있다.

매일 발암물질을 먹는 노동자

여기 알고도 먹고 마시는 사람들이 있다. 공장 안 발암물질 수준은 누군가의 표현대로라면 '매일 먹는 밥에 아주 조금씩 발암물질을 섞어주는 것'과 같다고 했다.

"그런 식당이 있다고 하면 사람들은 안 갈 거예요. 그런데 공장에서는 그게 당연한 것으로 여겨져요. 어쩔 수 없는 거라 여기죠."

스무 해를 지역에서 산업재해 문제를 해결해온 이[10]가 말한다.

4년 전 26개 사업장의 발암물질을 조사하는 작업이 이뤄졌다. 조사에 참여한 김신범 노동건강환경연구소 산업위생실장은 결과를 보고 망설였다. 이걸 발표해야 하나? 그가 망설인 이유는, 예상보다 너무 많은 발암물질이 검출되어서다. 발암물질 실태를 확인하고, 이를 줄여가자는 경각심을 만들어내기 위한 조사인데, 예상을 뛰어넘은 결과에 사람

---

9 2011년 9월, 심상정 의원이 환경부에서 제출받은 자료를 분석하여 발표하였다.

10 마창산재추방운동연합 활동가.

들이 지레 포기하고 마는 것은 아닐까 하는 우려가 들었단다.

그를 놀라게 한 결과는 다음과 같다. 조사 대상인 26개 작업장에서 쓰인 물질 2,600여 개 중 발암물질이 포함된 제품은 600여 개. 이 중 1A등급 발암물질 제품이 114개였다. 공장에 쓰이는 물질 중 4분의 1가량이 암을 일으킬 가능성이 있다고 보면 되겠다.[11] 공장에서 일을 하는 것을 세 끼 식사에 발암물질을 섞어 먹는 것에 비유하는 까닭을 알 만하다.

발암물질이 만연함에 비해 환기장치나 밀폐설비는 부실하기 짝이 없었다. 위의 조사에 따르면 발암물질의 유독성을 차단해줄 밀폐설비가 없는 곳은 61.4퍼센트, 환기장치가 부족한 곳은 43.4퍼센트였다. 발암물질과 접촉함에도 마스크 등 보호장구를 착용하지 않은 노동자도 30퍼센트가 넘었다. 이들에게 자신이 발암물질을 사용한다면 마스크와 보호장구를 착용하겠냐고 물었더니 절대 다수가 그러겠고 답했다. 대부분의 비착용자들이 자신이 사용하는 물질의 유해성을 모른다는 말이었다.

화학물질 사용량이 여타 산업에 비해 월등히 높은 화섬산업에서 오랫동안 노동조합 활동을 해온 임영국 사무국장은 이런 말을 했다.

"사업주도 자기 사업장에서 쓰는 물질을 제대로 모르고 있을 걸요."

그는 양산 지역에서 '유해물질 정보제공 사업' 즉 공단 내 업체가 어떤 성분의 물질을 사용하는지를 노동자와 지역 주민들에게 알리는 운동을 벌여왔다.

공단 내 발암물질을 찾기 위해 노동자들에게 시료를 모아달라 부

11 다음 해 금속노조가 64개 사업장을 대상으로 한 조사에서는 9,000여 물질 중 870여 개에서 발암물질이 확인됐다.

탁했다. 어떤 성분의 물질이 공단 내에서 사용되는지 누구도 알지 못했다. 약품회사 업자가 팔면 그중 싼 것을 사는 게였다. 삼성과 같은 대기업조차 라인에서 사용하는 99종의 물질 중 58종은 사용 시작 연도조차 몰랐고 10종은 성분 자료조차 확인되지 않았다. 대부분의 성분을 검토한 주체는 삼성이 아니라, 화학물질을 제공한 협력업체였다.[12] 대기업마저 이런 상황이니 중소영세업체에게 많은 기대를 할 수 없는 법이다. 사장이 직원과 함께 일하는 '마찌고바' 식의 영세사업체에서는 무슨 약품을 쓰는지가 중요한 것이 아니다. 업자가 싼 것을 팔면 그걸 쓰는 게다. 개별 경쟁에서 살아남기 위해 고군분투하는 기업들은 모든 것을 비용 문제로 계산한다. 심지어 발암물질을 찾아내도 업체에 연락을 할 길조차 없었다고 한다.

이런 상황에서 발암물질을 찾는 과정도 힘들지만 찾았다 해도 업체에 그 소식을 전할 길이 막막하다.

"노동자들이 직접 세척제 시료를 모아준 것이 30개인데, 이 중 25개를 분석했습니다. 12개에서 발암물질과 독성물질이 함유된 것으로 나왔지요. 분석한 것 중 하나가 일급 발암물질, 그것도 기준치를 훨씬 넘기는 물질이 함유된 신나였습니다. 사업주를 포함하여 2, 3명 일할까 하는 사업장인데, 거기 여성 노동자가 채취해온 거예요. 심각한 결과가 나왔지요. 알려주어야겠다 해서 연락을 했는데 그 여성 노동자가 회사를 그만둔 겁니다. 그러면 그 회사는 유해물질에 무방비 상태인 거지요."

---

12 2009년 서울대 산학협력단이 삼성반도체 기흥공장를 대상으로 조사한 결과가 충격을 준 일이 있었다. 국내 1등 기업이라는 삼성반도체마저도 화학물질 관리에 문제가 있었다. 한 라인에서 사용되고 있는 99종의 화학물질 중 59종은 언제부터 사용했는지도 몰랐고, 10종은 '영업 비밀'이라는 이유로 성분 자료조차 확인되지 않았다.

개별 회사가 무방비니, 노동부나 환경부가 파악하기를 기대하는 것은 꿈같은 소리이다. 정부는 우리가 생각하는 것보다 훨씬 긍정적 마인드를 가지고 있다. 태평하다. 앞서 26개 사업장에 발암물질 조사를 할 당시, 2009년 노동부 발암물질 목록은 56개에 불과했다(현재는 100여 종으로 발암물질 목록을 늘렸지만, 늘어난 유해물질에 대한 관리가 제대로 되고 있는지는 확인할 문제이다). 만약 국내 발암물질 목록으로 조사를 했다면, 위의 회사들은 대다수 청정 안전 사업장이 되었을 것이다. 그러나 조사에 채택한 기준은 국제암연구소와 유럽연합, 미국 등지에서 쓰이는 발암물질 목록이었다. 유럽에서 선정한 발암물질은 550개. 유럽과 미국 노동자들이 발암물질이라며 사용하지 않는 500개 이상의 물질을 우리는 알지도 못하고 사용한다. 그래도 몰라 속은 편하니, 암의 주요 요인이라는 스트레스는 안 받겠다.

심지어 국제암연구소는 500여 개의 발암물질 목록이 완성본이 아니라고 말한다. 전 세계적으로 유통되는 화학물질 13만여 종. 국제암연구소가 조사한 물질은 겨우 1,000여 개, 이 중 500개의 물질이 암을 일으키는 요인이라 밝혀졌다. 이조차 밝히는 데 50년이 걸렸다. 발암물질을 찾는다는 것은 오랜 시간이 필요한 작업이다. 아직 연구되지 않은 10만 종의 물질들과 그에 따른 부산·혼합물들이 있다. 그렇기에 유럽의 국가들은 물질의 성분을 기업이 입증하지 못할 경우, 발암성 물질로 간주한다. 성분이 확인되지 않은 물질을 안전하다고 판단하는 것은 위험하다고 보고 있다. 그러나 한국은 밝혀지지 않은 성분의 안전함을 의심하지 않는다. 그래서 안전할 수가 없다.

앞서 등장했던 김영국 화섬연맹 국장은 공단 내 화학물질을 관리할 필요성을 이렇게 말했다.

"생산이 없으면 소비도 없겠지요. 발암물질 제품도 결국 공장에서 노동자들에 의해 만들어지는 건데요"

화학물질 관련 사업장에서 애초 발암물질을 사용하지 않는다면, 제품에 잔류할 유해물질조차 없다. 김신범 산업위생실장도 이를 두고 말했다.

"소비자들은 무슨 제품에 석면이 들어가 있는지, 그래서 어떤 걸 구입하면 안 되는지 그런 정보를 굉장히 갈망해요. 그런데 진짜 대책은 석면을 쓰는 제품을 생산하는 곳에서 비석면을 쓰도록 이끌어내는 것이죠. 소비자들은 생산부터 하지 말라고 요구할 수 있는 거고, 노동자들은 우리가 이렇게 위험한 것들을 취급하고 그것들이 제품이 되어 시장으로 나가고 있으니 이런 문제를 해결하자라고 함께 목소리를 낼 수 있는 거고. 이로써 똑똑한 소비자만 보호되는 게 아니라 모든 소비자가 보호되는 거지요."

생산이 없다면 소비도 없다. 생산과정에서 발암물질을 사용하지 않는다면, 제품이 되어 나올 발암물질 또한 없다. 유해물질이 공장 담벼락을 넘을까 하는 걱정도 필요 없다.

다른 차원의 관리

공단 안 노동자들의 유해물질에 관한 알 권리를 증진시키고, 정부가 이러한 발암물질 관리에 앞장서야 한다. 가습기 사망 사건으로 대표되는 화학물질 피해 사건들은 정부가 화학물질을 제대로 관리하지 못하고 있음을 보여준다. '유해화학물질관리법'(유해법)은 기존 화학물질이 다른

용도로 쓰이는 상황은 규제하지 못한다. 관련하여 발생할 수 있는 부작용을 막지 못하는 것은 당연하다. 그러니 지금도 살인을 일으킨 가습기 세정제가 물티슈에 들어가고, 세정제에도 들어가 있는 게다.

유럽은 화학물질에 관련하여 리치(REACH, Registration Evaluation Authorisation and Restriction of Chemicals) 제도를 두고 있다. 기존 신규 화학물질을 모두 독성 평가하여 등록하는 제도이다. 독성 평가는 독성에 관한 연구로 이어졌고, 화학물질 전공 연구원들은 이렇게 나온 연구논문을 통해 각종 화학물질의 유해성을 판단해왔다. 2007년도부터는 법을 개정해 13만 종을 규제하고 있다.

한국에서는 안전보건 단체와 30여 명의 전문가들, 시민사회가 결합되어 2009년 발암물질감시네트워크를 구성했다. 노동부 등 정부에 요구하는 일이 더디기에, 아예 시민사회가 직접 발암물질을 감시하자고 만든 모임이다. 정부의 화학물질 관리 수준을 확인시켜주는 네트워크는 1년간의 조사 끝에 발암물질 목록 1.0을 발표했다. 목록에는 모두 495종의 발암물질이 올라 있다.

시민사회가 앞장선 추동으로 환경부는 2012년 '화평법'으로 불리는 '화학물질 등록 및 평가 등에 관한 법률'을 준비하게 된다. 신규 화학물질과 기존 화학물질을 등록 대상으로 삼은 한국형 리치 제도인 셈이다. 약 2,000종의 유해물질을 규제하도록 되어 있다.

병이 들고 죽어도 보상은 못 받아

이제 암에 걸려버린 사람들의 이야기를 하자. 숱한 발암물질이 있었고,

당연한 인과관계로 노동자들이 암에 걸렸다. 그런데 직업성 암에 걸렸다고 보고되는 한국 노동자는 한 해 20여 명 정도이다. 20여 명은 노동부 산하 근로복지공단이 직업병으로 인정한 암질환 수다.[13] 전체 암 인구가 100만 명이 넘지만 작업환경으로 인해 암에 걸린 뒤 국가의 인정을 받은 이는 겨우 스무 명이다. 세 끼 밥에 발암물질을 섞어 먹으니 꼬꾸라져 쓰러져도 별로 이상해 보이지 않는데, 한국 노동자들은 어찌나 튼튼한지 암에 잘 걸리지도 않는다.

그토록 적은 수가 걸리는 직업성 암이기에, 근로복지공단은 회사 때문에 병에 걸렸다고 찾아오는 이에게 뜨악한 얼굴로 묻는다.

"담배 많이 피워서 그런 걸 왜 여기 와서 이러나요?"

평생 고무 탄내를 맡으며 일해온 노동자가 폐암으로 죽자, 근로복지공단은 유가족에게 말했다. 노동자의 아내는 그때를 이리 기억했다.

"사람 취급을 못 받았어요."

일하다 숨이 끊어진 것도 억울한데, 왜 이런 기분을 느껴야 할까. 폐암으로 죽은 노동자는 30년 동안 발암물질 벤젠을 사용해 고무를 녹이고 으깨는 작업을 했다. 수십 년 전만 해도 고무 으깨는 작업을 밀가루 반죽하듯 손으로 했단다. 벤젠은 1급 발암물질이다. 벤젠과 고무, 그리고 갖은 화학물질이 섞이면 어떤 물질이 만들어질지 알 수조차 없다. 분명한 것은 담배보다 더 안 좋은 물질을 만들어낼 것이라는 사실이다.

금호타이어에서 30년 동안 일한 그는 폐암 진단을 받고 한 달 만에 세상을 떠났다.

"들어가면 입구에서부터 냄새가 났어요."

홀로 된 아내는 내게 말했다.

---

13 2006년부터 2010년까지 5년간 암에 관한 산재 인정률은 10퍼센트 초반대에 그쳤다.

"남편분 회사에 가보신 적이 있으세요?"

"가봤죠. 옛날에는 남편 고생하는 것 좀 보라고, 부인들을 회사에 초청하는 일이 가끔 있었어요."

"가보시니 어땠어요?"

"가슴이 아프죠. 새까맣고 눈이 잘 안 보이고. 누가 내 남편인지 잘 몰라요. 새카매."

검은 분진이 떠다녀 시야를 가리고, 작업장은 열기로 후끈거렸다. 기계 소리가 하도 커 이름 하나 부르려 해도 소리를 질러야 했다. 남편의 고된 노동을 보여주어 아내의 보살핌을 높이고, 이를 통해 노동자의 생산성을 올리겠다는 회사의 의도는 적중했다. 그녀는 고생하는 남편을 보고 왔다. 잘해주어야지 마음먹었다. 하지만 회사는 그녀가 남편의 병 앞에서 자신이 본 고된 노동을 떠올릴 것임을 예상치 못했다. 그녀는 폐암이라는 진단을 내린 의사에게 말했다.

"이건 회사 때문에 그런 거예요."

자신이 본 작업장 모습을 생생히 기억하고 있었다. 검은 분진이 떠다니던 곳에서 남편은 30년을 일했다. 남편이 집에 오면 냄새가 지독히 났다. 얼굴은 기름으로 번들거렸다. 냄새가 집 안 곳곳에 다 배겼다. 어릴 적 아이들은 아빠가 가까이 오면 "아빠한테 냄새 나"라고 말하면서 도망갔다. 그럴 때면 그녀는 아이들에게 말했다.

"어쩔 수 없어. 아빠는 일을 해야 하니까."

죽은 이의 동료가 작업 현장에 대해 말해주었다. 고무 작업을 하려면 벤젠 없이는 안 된다고 했다.

"벤젠을 고무에다가 칠하잖아요. 고무가 녹아요. 녹았다가 다시 붙어요. 고무가 녹았다가 다시 접착이 되면, 완전히 붙는 거예요. 그러니까 벤젠이 접착제 역할을 하는 거예요. 그거 없으면 작업이 안 돼요. 옆에다가 통을, 이만 한 걸 두 통 써요. 얼굴에 튀기고, 팔에도 튀기고, 그러다 얼굴에 새까만 게 묻으면 우리는 그게 나쁜 건지도 모르고 화장지로 벤젠 묻혀다 닦고."

아내는 남편의 병이 회사로 인한 것이라 믿었지만, 산재보험 신청을 할 생각은 하지 못했다.

"내가 소송을 안 한다 그랬어요. 내가 돈이 없기 때문에 못했어요."

남편은 당연히 산재보험에 가입했고, 가입자는 누구나 산재보험 보상금을 받을 자격이 있는데도, 그녀는 소송이라는 표현을 했다. 산재신청 절차를 알지 못했다. 돈이 없어 소송을 못하니, 직업병을 인정받지 못할 거라고 생각했다. 산재신청을 알게 되고 어렵사리 근로복지공단에 찾아갔을 때, 담배 많이 피워 그런 거 아니냐는 소리를 들었다.

페인트를 20년 칠해온 노동자도 암으로 죽었다.

"냄새를 맡지 못했어요. 그게 시간이 좀 되었어요. 그런데 어느 순간부터는 전혀 맡지를 못했어요. 이비인후과를 갔더니 코 속에 무슨 혹이 있다고 수술을 했는데, 제거하면 무조건 조직검사에 들어가잖아요. 결과가 나왔어요, 안 좋다고."

안 좋은 결과는 백혈병 진단이었다. 그가 일한 곳은 기아자동차 광주공장 도장부. 페인트를 칠하는 작업을 말하는 도장은 작업자들 사이에서 특히 힘든 일로 이야기된다. 페인트와 신나 냄새가 독한 것이 그 첫째 이유인데, 신나에는 발암물질 벤젠이 함유되어 있다. 지금이야 기계화가 되었지만 그가 다니던 10~20년 전만 해도 손으로 일일이 스프레이 칠을 해야 했다.

그는 세상을 떠났고, 아내는 말했다.

"23년을 근무하면서 페인트밖에 만져본 것이 없잖아요."

20년 넘게 페인트만 만진 남편은 마지막 몇 개월을 무균실과 중환자실을 넘나들며 보냈다. 남편의 죽음을 확인한 그녀 또한 쓰러져 소생실로 들어갔다.

"이 손발이 다 오므라들었어요."

제 몸을 다 추스르기도 전에, 이번에는 시어머니가 쓰러졌다. 정신이 하나 없다. 어느덧 정신이 드니 "모든 것이 다 억울하다"고 했다. 그녀는 남편의 인생을 한 문장으로 정리했다.

"고생…… 고생만 한창 하고 갔어요."

이쪽도 어렵사리 산재신청을 했다. 마침 그때 금속노동조합에서 발암물질 찾기 사업 등을 하며, 직업성 암 집단 산재신청을 하던 때였다. 소문을 들은 그녀는 남편의 산재신청을 해보자 했다. 아픈 몸을 추스르며 서류를 작성했다.

"나 혼자 집에 와서 곰곰이 생각하면, 일을 괜히 시작했나 싶기도 하고. 갔다 오면 속상하니까. 그동안 그 사람 고생하고 가고, 나 고생하고. 가족이, 한가족이 다 고생을 하잖아요. 이렇게 고생을 했는데 대우도 못 받고. 그 억울함을 풀어주려고 이렇게 일을 준비하고 있긴 한데."

고생만 하다 간 사람 억울한 것은 풀어주겠다는 마음에서 시작한 산재신청이 그녀를 고생스럽게 한다. "회사 가서 직원들 작업복 입는 거 보면 속상하다"는 그녀의 소망은 산재처리 과정이 빨리 끝나는 것이지만, 현실은 그리 쉽지 않다.

직업성 암환자가 나오기 쉽지 않은 현실은 굴뚝 없는 산업 반도체 공장도 마찬가지다. 반도체 공장은 무재해 사업장으로 유명했다. 2009년부터 반올림(반도체 노동자들의 건강과 인권 지킴이)이라는 단체가 만들어진 후 140여 명의 직업병 피해자 53명의 사망자 제보가 있었지만, 이 중 단 한 명(유방암)만이 직업병으로 인정되었을 뿐이다.

근로복지공단에서 직업병 승인을 받지 못한 한 삼성반도체 노동자를 만났다. 그녀는 꿈 이야기를 해주었다.

"반도체 이야기 들으면 지금도 아파요. 아픈 게 일주일이 가요. 아프면 꿈을 꿔요. 꿈에 반도체 공장을 가요. 내가 방진복을 다시 입고 있는 거예요. 꿈인데도 생각을 해요. 내가 왜 여기 왔을까? 왜 여기 와서 교대근무를 다시 한다 그러지? 여기 와서 아팠는데, 다시 아프면 안 되는데…… 애가 타는 거예요. 그래도 방진복을 입고 라인에 들어가요. 계속 걱정을 하는 거예요. 내가 여기 왜 와 있지, 나 아프면 안 되는데, 집에 가야 하는데…… 그러면서도 내가 여기서 일 안 하고 나가면 우리 가족은 누가, 누가 책임지지? 내가 가장인데……"

반도체 공장에서 3년 반을 일했다는 여자는 앉은뱅이 병이라 불리는, 팔과 다리에 마비가 오는 염증성 다발 신경염을 겪고 있다. 그녀가 일한 곳은 반도체 웨이퍼에 회로를 증착시키는 디퓨전(diffusion) 공정이었다. 화학물질과 가스 사용의 빈도가 높은 작업이다. 사용하는 약품으로 알려진 것만 불산, 이온화수, 과산화수소, 황산암모늄 등이 있다.

"회사 생활이 어땠냐면 맨날 졸음이 오는 거예요. 그게 3년 가까이 되니까 사람이 서서도 조는 거예요. 계속 코피를 쏟고 배탈이 나고 먹어도 몸에 살이 안 붙고. 나중에는 몸무게가 40킬로그램까지 가는 거예요. 몸에 뭔가 이상이 왔다는 느낌이 있었어요."

이상하다고 할 수밖에 없었다. 입사할 때는 멀쩡히 두 발로 걸어 들어갔는데, 나올 때는 다리를 쓸 수가 없어서 부축을 받으며 고향으로 내려갔다. 그래도 모르고 살다가 이주노동자 여성들이 약품 때문에 앉은뱅이 병에 걸렸다는 뉴스를 보게 됐다. 자신과 증세가 비슷했다. 그녀는 용기 내어 회사에 문의했고 다음 같은 답을 들었다.

"화학물질은 다 조금씩 쓰나, 화학물질이 인체에 해롭다는 것은 증명할 수 없다."

일을 못하니, 앉아서 돈만 까먹었다. 동네 사람에게 빌린 트럭에 실려 새벽녘 도시의 병원을 찾아다니던 기억만 아프게 남았다. 그런 그녀는 종종 꿈을 꾼다고 했다. 방진복을 입고 있는 자신을 보고 경악하면서도, 차마 그 문을 열고 나올 수가 없다고 했다. 내가 여기서 나가버리면 우리 가족은 누가, 누가 책임지지? 그 생각을 하며 일했을 당시, 그녀는 20대 초반이었다. 그리고 30대가 된 지금까지 같은 심정으로 꿈을 꾼다. 그녀는 말한다.

"내가 10년간을 속앓이하면서도 몰라서 어떤 보상도 받지 못했어요."

반도체 회사에서 근무한 남자도 있다. 하이닉스 매그나칩 반도체[14]에서 일한 남자는 사망할 당시 30대 후반이었다. 백혈병이었다. 그는 방사선에 노출되면 백혈병에 걸릴 가능성이 크다는 사실을 알고 있었다. 자신이 14년간 방사선에 노출되는 일을 했다는 것도 알았다. 백혈병 진단을 받고 그는 무엇이 잘못되었는지 알았다. 그럼에도 회사를 그만두지 못했다. 큰 수술을 받으려면 돈이 필요했다. 병이 나아도 한동안 직장을 구하지 못할 게였다. 그의 아들은 아직 어렸다. 그는 통원치료를 받으며 회사에 나갔다. 그리고 1년 뒤 세상을 떠났다.

임종을 앞두고 그는 아내에게 당부했다. 산재신청을 하라고. 자신의 병은 직업병이니 보상을 받으라고. 그리고 호흡이 정지되고 심장은 손

14 LG반도체-하이닉스-매그나칩으로
소속이 바뀌었다.

상을 입었다. 산소가 공급되지 않자 살이 썩어 들어갔다. 그의 아내가 보여준 그의 마지막 모습은 끔찍했다. 하지만 그녀는 그런 남편을 붙잡고 살아라, 살아라 했다.

"병실로 들어가서 남편한테 '금방 들어온 애기 누구야?' 하고 물으니까, 자기 친구래. '자기야, 우리 아들이잖아' 그러니까, '몰라' 그러는 거야. 기가 막히는 거예요. 사랑하는 자식은 알아볼 줄 알았거든요. 내가 또 '나는 누구야?' 그러니까 안다는 거예요. '알아, 빨간 잠바' 이러는 거예요. 그런데도 그 모습이 너무 사랑스러운 거예요. 하늘이 무너져 내리는 거 같지만 그 모습마저 예쁜 거예요. 그런 상태로라도 집에 데리고 오고 싶으니까. 평생 이렇게 살아도 같이 있고 싶으니까. 내가 '끝까지 버틸 거지?' 물으니까, 뇌에 이상이 생겼는데도 그 말을 잊지 않더라고요. 6인실에서 정신이 온전할 때 항상 둘이 한 대화가 그거였어요. '끝까지 버틸 거야? 안 버틸 거야?' 하면 '끝까지 버텨야지, 끝까지 버텨서 살아서 건강하게 예전으로 돌아갈 거다' 그랬어요. 뇌에 이상이 생겨서 나도 못 알아보고 자식도 못 알아보는 상황인데도 그 말은 기억하더라고. '버틸 거야? 안 버틸 거야?' 하니까. '버틸 거야, 내가 할 수 있는 건 그거야' 그러더라고요. 그 말은 안 잊어버렸더라고요."

그는 버티지 못했다. 아내와 다섯 살짜리 아이를 세상에 남기고 떠났다. 반도체 회사에 다니는 사람이 소개를 해줘서 남편을 만났다는 그녀는 '반도체 공장 엔지니어'라는 남편의 직업이 무엇을 뜻하는지 몰랐다.

"거기가 어떤 곳인지 몰랐어요. 저는 세상에서 반도체 공장이 제일 깨끗하고 좋은 데인지 알았어요."

© 오렌지가 좋아

직업성 암환자가 나오기 쉽지 않은 현실은 굴뚝 없는 산업 반도체 공장도 마찬가지다.
반도체 공장은 무재해 사업장으로 유명했다. 2009년부터 반올림(반도체 노동자들의 건강과
인권 지킴이)이라는 단체가 만들어진 후 140여 명의 직업병 피해자 53명의 사망자 제보가
있었지만, 이 중 단 한 명(유방암)만이 직업병으로 인정되었을 뿐이다.

열심히 일한 노동자가 더 다친다

모르는 사람은 그렇게 모르고 살았다.

"내가 10년간을 속앓이하면서도 몰라서 어떤 보상도 받지 못했어요."

"내가 (산재) 소송을 안 한다 그랬어요. 내가 돈이 없기 때문에 못했어요."

모르는 사람은 몰라 그렇게 살고 아는 사람은 어쩔 수 없어 그렇게 산다. 세상에는 우리를 '어쩔 수 없게' 하는 것들이 존재한다.

2008년 7월 산업재해보상보험법이 개정[15]되었다. 업무상질병판정위가 설치되어, 산재 판정에 엄격한 기준을 적용하겠다고 했다. "요양이 장기화되고 보험급여가 급격히 늘어나면서 제도의 질적 내실화에 소홀"했다는 이유였다. 그 후 근로복지공단의 산업재해 인정률은 줄어갔다. 2007년 55.4퍼센트였던 승인율이 2010년에는 46.1퍼센트에 머물렀다. 직업성 암 승인 비율 역시 계속 내리막길이다. 뇌심혈관계 질환에 대한 승인율은 4년 사이 40.2퍼센트에서 14.4퍼센트로, 3분의 2가량이나 줄었다.

'법리상 상당 인과관계 논리'가 있으면 작업과 질병의 연관성이 인

---

15 근로복지공단은 산재보험보상법안 개악의 배경을 다음과 같이 밝히고 있다.
– 1964년 우리나라에 도입된 이래 경제·사회적 발전에 따라 수차에 걸쳐 제도 확충을 꾀하였으나 요양이 장기화되고 보험급여가 급격히 늘어나면서 제도의 질적 내실화에는 소홀했다는 비판 제기.
– 요양·재활 부문에 대하여는 업무상 질병 인정 기준의 공정성, 요양 기간의

장기화, 재활치료 시스템의 미비 등의 문제가 주로 제기.
– 근골격계 질환, 뇌·심혈관계 질환 등 업무상 질병이 급격히 늘어나면서 그 인정 기준과 판정절차를 둘러싸고 시비 지속.
이에 대해 노동계 쪽은 공단의 개정 의도는 결국 "요양의 장기화→보험급여 증가→보험재정의 악화"에 초점을 맞춘 것이라 비판하였다.

정되던 것이 개정된 법은 '뚜렷한 생리적 변화, 뚜렷한 영향' '상당한 인과관계'를 보여야 함을 밝히고 있다. 자신의 병이 작업환경 때문이라는 뚜렷하고 상당한 근거를 제시해야 한다. 40년 50년 살아온 사람들의 질병을 엄밀하게 직업적 요인, 환경적 요인, 유전적 요인으로 나누어 구분 짓기 힘든 일이다. 그럼에도 근로복지공단은 더 엄밀하고 정확하게 평가하겠다고 한다.

엄밀하고 정확하게 평가하기 위해서는 돈과 시간이 드는데, 애초 이법 개정이 근로복지공단의 자금 사정을 개선하겠다고 나온 것이니 현실에서 자원 투자가 이루어질 리 없다. 객관적인 판단을 위해 설치했다는 업무상질병판정위의 위원들이 엄격한 판정을 하기 위해 주어진 시간은 서너 시간. 이 안에 평균 15건의 산재 승인을 결정해야 한다.[16] 질병판정위원들이 보는 자료란 2~3쪽 짜리의 요약본, 이들이 한 건의 승인을 내리는 데 주어지는 시간은 10여 분. 누군가 재활을 받고, 누군가 치료를 받을 수 있는, 노동자의 인생을 결정내리는 데 소요되는 시간이다.

자원이 투여되지 않은 엄격함은 돈을 내주는 데 엄격하겠다는 소리로만 들린다. 쉽게 돈(보상보험)을 내주지 않겠다는 것이다. 더구나 그들의 엄격함은 노동자들을 향해서만 존재한다. 기업은 '엄격하게' 작업환경이 고용한 노동자의 질병과 무관하다는 것을 밝혀낼 필요가 없다.

[16] 자료에 따르면, "서울·부산·경인지역의 근골격계 질환은 주 1.5회(연간 75회), 1회당 29~45건 심의, 뇌심혈관 질환은 주 1회(연간 50회), 1회당 16~23건 심의"로 나타나고 있다. 또한 "1건당 평균 심의 예상 시간 5분(부의안건 사전검토 전제)"을 하고 있다.

내가 흡입한 유기용제가 어떤 효과를 일으켜 내 몸에서 암을 발병시켰는지를 물질안전관리 목록조차 보지 못한 노동자가 밝혀야 한다. 반복 작업이 어떻게 내 근육을 손상시켰는지, 회사의 조명이 어떻게 내 시신경을 망가트렸는지, 회사의 환기장치가 제대로 작동하지 않은 까닭에 호흡기에 어떤 이상이 왔는지를 말이다. 데시벨, ppm, 온갖 기준점들이 난무하는 인체공학적 상관관계를 노동자가 밝혀내야 한다. 몸이라는 생산수단이 망가지고 더 이상 팔 수 있는 노동력이 없어 위태로운 처지에 있는 노동자가 도저히 할 수 없는 일이며, 말도 안 되는 소리이다.

직업병 피해자는 자신의 병을 입증할 시간과 여유가 없다. 산재 인정을 위해 뛰어다닐 시간도, 돈도, 건강한 몸도 없다. 가족들은 당사자를 대신해 돈을 벌러 가거나, 병원에 묶인다. 치료를 받다보면 재산은 하나둘 축이 난다. 그러다보면 "내가 돈이 없기 때문에 못했어요"라는 소리가 나오게 된다. 그렇게 나락으로 떨어지는 것이다.

안타까운 이야기지만 산업재해의 또 다른 특징을 하나 말해둘 것이 있다. "열심히 일한 노동자가 더 많이 다친다"는 사실이다. 내 노동력을 판 대가, 그 이상을 일한 노동자가 위험에 더 많이 노출된다는 것이다. 열심히 일한 대가로 병들었다. 병든 몸으로 보상을 해달라 했으나, 몸뚱이 팔아 돈 벌려는 사람 취급을 받으며, 스스로 아픈 이유를 입증하라고 요구받는다. 입증할 수 없는 노동자는 더 이상 사회가 원하는 노동력이 아니기에 버려진다.

그들은 우리가 쓰고 버리는 일회용품이 아니다. 그들은 인간이기에 일하다 병들지 않을 권리는 물론, 병이 든 후 보상을 받을 권리도 있다. 그 권리를 지키기 위해 산재보험 개정안에 대한 문제제기가 계속되고 있다.

작업환경을 측정하자

작업환경측정제도라는 것이 있다. 설명을 가져와보면 "근로자의 건강장애를 초래할 수 있는 유해인자의 노출 정도나 발생 수준 등 작업환경 실태를 파악하기 위해 해당 근로자 또는 작업장에 대하여 사업주가 측정계획을 수립하여 시료의 채취 및 분석, 평가를 하는 것"이다. 발암성물질을 취급하는 작업공정을 제외하고는 1년에 1회 이상 작업환경 측정이 법으로 정해져 있다.

한마디로 소음, 분진, 유해물질 등이 작업환경에 얼마만큼 영향을 주는지 주기적으로 검진한다는 것이다. 그럼 여기서 퀴즈!

측정 대상에 들어가는 유해요인이나 인자는 몇 가지일까?

벤젠, 페놀, 구리 흄(가스), 불화수소, 염소, 고열, 소음 등 190종이다. 100가지라 하니 많아 보일지도 모른다.

앞서 소개한 '발암물질 목록(V1.0)'[17]을 보면 발암물질 500여 종을 규정해두고 있다. 단순한 유해인자가 아니라 발암물질이다. 환경부가 유해물질로 리치 제도 목록에 둔 것은 2,000여 가지. 그에 비하면 190종은 턱없이 적은 수다. 부족한 검사 목록은 문제를 불러온다. 어떤 문제가 발생하는지 작업환경측정검사를 수행하는 이에게 직접 들어보겠다.

"가니까 작업자들이 천식이 있는 거죠. 이게 폴라스틴 가스에 의한 것

17   발암물질네트워크는 '발암물질없는사회 만들기 국민행동'으로 확대 개편되었다. 발암물질 목록은 관련 사이트(http://nocancer.kr)에서 확인할 수 있다.

같은데 이건 유기용제 측정 목록에 없어요. 심지어 측정 목록에는 화합물끼리 만들어내는 분해산물에 대한 규정도 없고요. 원료 외에 거기서 나오는 흄(가스) 같은 것도 들어가지 않아요. 그런데 종업원들은 천식기가 있고, 천식에 관여하는 물질은 따로 있고. 회사는 목록에도 없는 것을 왜 굳이 조사를 해서 문제를 일으키는 거냐 하는 거고. 사실 법은 최소 기준이거든요. 그렇지만 사업주는 그 최소한의 법을 신주단지 모시듯 하는 거고, 거기서 조금도 벗어나려 하지 않는 거죠."

사실 노동조합이 제대로 선 곳이야 회사랑 싸움을 해서라도 문제를 해결할 수 있지, 작업환경측정검사를 담당하는 이는 이번 해에 싸워 설사 그 문제를 제기하더라도 다음 해에 회사가 계약을 다른 곳과 체결하면 그만이다.

경제 논리로 굴러가는 회사는 더 싼 곳으로 더 절차가 간소한 곳에 작업환경측정을 맡기고 싶어한다. 게다가 작업환경측정은 건강검진과 맞물릴 때가 많다. 건강검진과 작업환경측정을 동시에 해줄 수 있는 곳을 찾는다. 보통 대학병원들이다. 종합병원 입장에서 보면 건강검진은 후에 개별 노동자들의 종합검진으로 이어져 이윤이 나지만, 작업환경 측정검사는 손해일 뿐이다. 그렇기에 건강검진을 따내기 위한 옵션 정도로 작업환경측정이 여겨진다. 성실할 리 없다. 하라는 검사만 몇 가지하고, 수치만 훑어보고 그만이다.

그래서일까, 400명의 질병자가 자신이 직업병이라고 주장해온 삼성반도체의 작업환경측정검사 결과조차 단 한 차례의 위험 수위를 보인 적이 없다. 그럼에도 작업환경측정검사 결과 기록이 반도체에 근무한 이들의 질병이 직업과 연관성이 있는지를 판단하는 거의 유일하다시피 한 기준이 되고 있다. 어디서부터 잘못되었는지를 찾으려면 머리만 아프다.

기운 빠지는 소리는 그만하고 좀 발전적인 선례를 찾아보자. 그 이야기를 해달라 했다. 산업위생사 곽현석 씨는 그런 이야기를 해줄 수 있는 사람이었다. 그가 소속된 곳이 녹색병원이다. 앞에서 소개한 '원진레이온 직업병' 피해 노동자들과 그 과정에 참여한 사회단체들은 자신들이 긴 싸움 끝에 얻어낸 산재보상금 중 일부를 산업재해 노동자를 위한 병원을 세우는 데 썼다. 바로 녹색병원이다. 침상 하나 있는 의원 수준으로 시작한 것이 지금의 모양새를 갖추었다.

녹색병원에 작업환경측정검사를 맡기는 업체는 산업재해 문제에 관심을 두고 있다는 것. 그런 사업주가 있을 가능성은 적다. 실은 사업주에게 녹색병원을 추천할 수 있는 노동조합이 있다는 것을 의미했다.

우리나라는 어딘가 요상해, 노동조합이라 하면 빨갱이 소굴을 보듯 하지만, 백과사전조차 '노동조합이란 노동자의 권리와 이익을 지키기 위한 노동자의 자주적 조직'이라 적혀 있다. 노동조합은 노동자의 당연한 권리이다. 이런 말은 식상하다만 그렇다고 노동조합이라도 없으면 건강검진 옵션에 껴 있는 작업환경측정검사를 제대로 받을 기회조차 없을 것이다.

곽현석 씨가 작업환경측정을 한 곳 중 하나가 바로 앞에서 소개한 바 있는 자동차 부품회사 두원공정이었다. 사실 노동자들도 작업환경측정검사에 그다지 관심이 없다. 정해진 목록 몇 가지를 전문가들이 보는 행위가 매년 있을 뿐이다.

그가 취한 방식은 작업환경측정조사에 관한 설문조사이다. 정부가 무작위로 사업장마다 내린 100여 개의 목록이 아닌, 직접 현장에서 일하는 이들이 측정조사에 무엇이 필요한지 개별 의견을 묻는다. 그것을 토대로 부서별 토론을 진행한다.

"사실 산업위생사들도 노동자들이 뭐가 위험하다고 하는지 신경을 못

쓰거든요. 작업장에 가면 어떤 위험을 막 강조하는 분들이 계세요. 그런데 개인이 말하는 것은 잘 안 들리는 거예요. 원래 그런 강한 어법을 쓰는 분일 수도 있고, 측정자도 근거가 없으니까요. 그런데 부서별 토론을 거친 자료가 들어오면 측정하는 사람도 태도가 달라지는 거죠. 회사도 최소한의 법에 적힌 목록만 강조할 수 없고."

이것이 작업환경측정검사 결과 설명회로까지 이어진다. 노동자들 스스로에게, 그리고 사업주에게도 의례적 사업이 아닌 측정검사의 진짜 의미를 강조하는 과정이 된다.

실제 제대로 된 작업환경 정보를 가지고 있는 것은 중요하다. 대우조선 석면 사용 노동자의 산재 인정, 금호타이어 직업성 암 인정의 근거가 되었던 것은 10여 년에 걸쳐 노동조합이 모아두고 있던 작업환경 정보였다.[18]

18 선례를 살펴본 김에 다른 국가들의 직업환경측정 방식을 보자면, 미국 등 일부 나라는 작업환경측정조사에 있어 사업주에게 측정 목록과 관리방안에 대한 포괄적인 책임을 준다. 사업주가 자발적으로 관리물질과 그 기준을 정할 수 있게 한다. 정부가 감독하는 것은 직업병 발생 시 사업주가 그동안 관리 감독을 성실히 해왔는가 하는 것이다. 적절한 기준을 가지고 제대로 된 관리를 해왔는가, 이것에 부합하지 않는다면 사업주는 처벌받는다. 국내에서도 이러한 제도가 대안으로 이야기된다. 사업주가 자율적으로 위해성 평가를 하도록 하는 산업보건 위해성평가(Risk Assessment)가 논의되고 있다. 지금은 사업주가 측정 보고서조차 누락, 왜곡시키는 형편이니 더 실질적인 제도를 마련하자는 것이다.

6부

더 낮은 곳의 직업병

"한 장군이 공을 세우면 만 명의 뼈가 마른다(一將功成萬骨枯)."

– 조송(曹松)의 〈기해세(己亥歲)〉 중에서

1

고객님은 항상 옳은가요?
— 행복할 수 없는 감정노동자

"더 이상 백화점 일 하고 싶지 않다"
한 감정노동자의 극단적 선택

백화점 내 감정노동에 대한 부담감이 한 판매 직원의 자살까지 이어졌다. 지난 9일 업계에 따르면 NC 백화점 송파점 액세서리 매장에서 일하던 협력업체 여직원 전모씨가 자택에서 스스로 목숨을 끊은 것으로 전해져 안타까움을 산 것이다. 그가 마지막으로 남긴 유서에는 "많이 힘들었고 많이 참았다. 더 이상 백화점 일을 하고 싶지 않다"고 적혀 있었다.

사건이 일어나기 3시간 전 백화점 측은 전씨에게 얼마 전 실시했던 서비스 모니터 평가의 점수를 통보했고, 일정 점수보다 낮은 것으로 드러났다. 이러한 서비스 모니터 제도란 백화점 측에서 선발한 모니터 요원이 손님으로 가장해 매장의 청결함이나 직원들의 서비스 상태 등을 점검하는 것으로, 직원에게 주로 잘못된 대응을 유도하거나 난감한 상황을 연출하는 것이 특징이다.

매일경제, 2013.7.10.

의무가 된 감정

"사랑합니다. 고객님." 전화 한 통에 사랑 인사를 받는다.

"무엇을 주문하시겠습니까? 고객님." 무릎을 꿇고 앉아 내 입맛을 묻는 이가 있다.

"좋은 하루입니다!" 버스만 타도 기사는 일일이 고개를 숙여 인사해 준다.

상냥한 세상이다. 그런데 행복하지가 않다. 버스에서 내려 일터로 돌아가면, 지금껏 내가 받은 인사와 친절이 고스란히 내 몫의 노동으로 돌아온다. 상냥함은 의무가 된다. 의무가 된 감정은 건강을 해친다.

여자는 마트에서 일하지만 마트 직원이 아니라 했다. A 회사에서 일하지만 A 회사 직원이 아닌 경우야 간접고용이 늘어난 지금의 노동 시장에서 새삼스러울 것 없지만, 그럼에도 여자의 말은 나를 놀라게 했다. 그녀가 마트에 판매되는 모 제품회사의 직원이라는 사실 때문이었다. 김과 참치 같은 식자재를 생산하여 판매하는 회사는 홍보를 위해 그녀를 마트에 파견한다고 했다. 달리 생각하면 대기업 공장에 기계와 함께 딸려와 그곳에서 시설관리를 하는 장비업체 노동자와 비슷한 경우인데, 이런 형태가 대형 마트는 물론 규모가 큰 동네 슈퍼마켓에도 퍼져 있다는 것이 신기할 따름이었다. 그녀와 같은 사람들을 두고 '입점 협력업체 직원'이라 부른다 했다.

일주일에 한 번씩은 마트에 가면서도 그 존재를 전혀 몰랐던 까닭은 그녀의 업무와 관련이 있다. 그녀가 자신의 제품 홍보와 진열만 했다면 오히려 쉽게 눈치 챌 수 있었을 것이다. 그런데 마트에 파견된 그녀는 뭐든지 다 했다. 상품 정렬, 재고 정비, 시식, 판매, 계산 등 모든 일을 한다. 조금 더 작은 마트로 파견을 나가면, 배추를 나르고 무 자르는 것까지 한다고 했다.

대형 마트에 파견되어 시식코너를 담당한 지 9년째라는 이 여성의 주 업무는 (본사 제품) 시식 행사다. 마트에서 일을 시작하는 순간, 그녀의 표현대로라면 "우리는 사람이 아니다".

"항상 '안녕하세요, 고객님'이라는 멘트를 '솔'톤으로 해야 해요. 항상 웃어야 하고요. 그리고 늘 크게 말해야 해요. 시식 음식도 많이 있어야 하고요."

그 '항상'이 그녀를 지치게 한다. 사람이 한결같이 친절할 수 있는 것, 아니 친절해야 하는 것은 몇 푼의 월급 때문이다. 이곳은 그녀의 직장이다. 그리고 그녀의 직업을 희롱하고 그녀의 인내를 시험하는 고객들이 있다.

"같은 사람이 열 번도 더 와요. 장사도 안 되는데 이걸(시식 음식) 다 먹고 가요. 그럼 우리도 사람인지라, 진짜 짜증난다, 인상이 잠깐 변해요. 그게 어디선가 찍혀가지고 걸리기도 하죠. 그럼 아줌마 바꿔라. 면접을 힘들게 보고 들어와 일해도 그렇게 잘리면, 꼬리표가 붙어요. 이 사람은 어디 지점에서 일하다가 떨어졌다, 그 지점은 못 들어간다, 꼬리표가 달려요. 그러니까 항상 그런 거에 신경 써야 하죠. 내가 기분이 나빠도 아무 상관없이 항상 웃어야 하고, '많이 드세요'라고 말하죠. 아이가 와서 열 번을 먹고 가도 '많이 먹고 가' 하고요. 속으로 부글부글 올라오지만 참아야 하죠."

참고 참은 이야기는 아직 남았다.

"한번은 제가 시식 판매를 하고 있었는데, 여자분이 막 급하게 오는 거예요. '이거 얼마예요?' '아 고객님, 13,500원입니다.' '그럼 낱개로 했을 때 얼마예요?' 이렇게 물어보는 거예요. 보통 그렇게 계산 안 하잖아요. '아, 예?' 그랬는데 벌써 성질이 나서 간 거예요. 그다음 날에 인터넷에 올라와요. 몇 시경, 한가한 시간이었는데 그거 낱개 계산도 안 해주는, 성의 없는 판매원이라고. 그래서 점장한테까지 가서 몇 번을 다시 해봐라, 어떻게 했느냐, 반복해서 보여줬어요. 그때 일주일 동안 시식을 못했어요. 시식대를 다 빼고, 집에도 못 가고. 매장 뒤에 숨어서 울었어요. 피가 말라 죽는 줄 알았죠."

친절을 강제하는 수단은 시식대 철수, 본사 제품 철수와 같은 징벌이다. 파견이 아니라, 볼모로 잡혀온 기분이 든다. 고객 불만에 노동자가 대응하거나 해명할 여지도 주어지지 않는다. 그네들에게 요구되는 말은 딱 하나, "죄송합니다"이다.

"요즘은 고객 감동이라고 해요. 고객에게 서비스가 아니고 감동을 주라고 해요. 손님이잖아요. 대형 마트 같은 경우도 고객이 왕이라고 해서 회사는 우리의 말을 듣지 않아요."

고객은 왕이다. 우후죽순 생겨나는 대형 마트 사이의 경쟁은 나날이 치열해진다. 동마다 대형 마트가 하나씩 들어선 형국이다. 대형 마트 본사는 마트들 간의 매출액을 점수화하고 상대 평가한다. 고객을 잃지 않기 위해 마트들은 고객을 왕으로 만든다. 왕 아래 무릎 꿇고 머리 조아리는 것은 결국 손님을 직접 상대하는 노동자다. 사과를 하다가 안 되면 실제 무릎까지 꿇는다. 그러한 판매 노동자를 백화점, 마트, 면세점 어디서나 만날 수 있었다. "우리는 숨도 제대로 못 쉬고 어디 가서 말도 못해요. 죄인처럼." 고객 유치를 위해, 아니 마트의 이윤을 위해 노동자는 죄인이 되어간다.

죄인이 된 이들은 마음에 입은 상처를 보듬을 시간조차 없다.

"손님이 그러면 정말 힘들잖아요. 마음 삭히려고 시식대를 빼가지고 나가면, 거기 담당자라는 사람이 와서 자리 비우고 어디 가냐고 해요. 그런 것도 스트레스예요. 자기네들도 말로는 나가서 잠깐 삭히고 오라고 하는데, 못 나가요."

마음을 다스릴 만한 장소는 있냐고 물으니, "화장실 가서 거울 한 번 쳐다보고, 한숨 몰래 쉬고 손 한 번 닦고 오는 거죠"라고 한다.

내가 만난 감정노동자들은 일명 '진상' 고객을 만났을 때 그 자리를 피하거나 고객에게 'NO'라고 말할 권리가 없다. 권리는커녕 쉴 수 있는 시간과 장소조차 부족했다. 직고용이 아닐 경우에는 휴게 장소가 아예 없거나 비좁은 공간을 파견업체 직원들이 공동으로 사용했다. 휴게실은 외진 곳이나 지하에 있는 경우가 많았다. 그녀의 좁고 복작거리는 휴게실도 마트 지하에 있었다. 몇 층이나 아래로 파내려간 마트의 지하에 있는 휴게실은 가는 데만 시간이 한참 걸렸다. 외진 곳까지 다녀오느니 그냥 화장실가서 심호흡 몇 번 하는 편이 낫다.

외국에서는 '브레이크 타임'(진상 고객을 만난 감정노동자가 자신의 감정을 해소하기 위해 15~30분간의 휴식 시간을 갖는 것)을 감정노동자에게 준다. 우리의 경우, 휴식권과 방어권 등 감정노동자의 권리가 전무하다고 할 수 있다. 그나마 "외국에서는 그럴 경우 쉴 수 있게 해준다지요?"라고 물어보는 노동자들은 노동조합에 가입했거나 감정수당을 받는 등 노동조건이 나은 편에 속했다.

마트는 이들에게 상처를 주는 것으로 그치지 않는다. 자체 평가로 판매직 노동자들의 목을 조인다. 한 조사에서 회사의 감시를 받고 있다고 응답한 노동자가 80퍼센트를 넘어섰다. 감시는 좋은 말로 포장된다. 모니터링이다.

"자체 모니터링이 있어요. 사람을 모집해서 서비스 평가를 매겨요. 한 달에 한 번씩 돌아요. 우리는 몰라요. 비밀리에. (모니터링은) 티 나게도 안 해요. 교묘하게. 모니터링인 거 같기도 하고 아닌 거 같기도 하고. 모니터링이 떴다 그러면 〈독도는 우리 땅〉이 울려요. 지금 모니터링 떴으니까 서비스를 잘해야 한다, 알려주는 거죠. 음악으로. 사전에 저희한테 교육을 시켜가지고."

이렇게 마트 본사가 시행한 모니터링의 결과는 점수로 바뀌어 전국의 점포 순위가 매겨진다. 그렇기 때문에 마트는 경쟁과 감시에 열을 올리게 된다.

"점수에 따라 점장 고가가 달라진대요. 진급에 영향을 미치니까, 굉장히 민감해요. 모니터링하는 사람들이 매장을 도는 거예요. 시식하는 사람들이나 진열하는 사람들을 보면 맞이인사 '안녕하세요, 고객님'을 해야 하고, 그런 다음에 '뭘 찾으십니까?'라고 말하죠. 그리고 배웅인사 '고맙습니다. 즐거운 시간 보내세요'라고 말해요. 그것 중에 한 가지라도 깜박하면 안 돼요. 웃는 소리로 해야지 인상을 쓰면 안 돼요. 그것도 평가하니까요. 사무실에 가면 (지적하는) 벽보가 있어요. 지금은 실명제라고 해서 이름까지 적어요. 어디 과의 누가 뭘 잘못했는지 적혀 있어요."

한편 각 제품마다 파견업체가 들어와 있는 마트의 성격상 서로의 경쟁은 당연시된다. 피가 말린다.

"서로 감시도 해요. 저쪽 담당이 전화를 걸어요. 그걸 받으면 매장 내에서 전화를 받았다고 지적을 해요. 매장에서는 전화를 받아서는 안 되거든요. 판촉끼리 진열에 대해 이야기할 수도 있는데 매장에서는 절대 얘기를 해서도 안 돼요. 그런 것 때문에도 저희는 스트레스를 받는 거죠. 담당이 전화를 해서 전화를 받았는데, 전화를 받았다고 위로 올라가고 그래요."

시식 노동자나 판매 노동자는 추운 냉동고 앞에서 몇 시간을 서 있느라 무릎이나 어깨 관절에 문제가 생길 가능성이 크다. 크고 작은 짐을 옮기는 것도 이들 몫이기에 근골격계와 같은 질환도 염려된다. 창문조차 없이 밀폐된 마트의 공기가 8시간, 10시간 그들의 호흡기를 통해 들어간다. 하지만 이들이 인간적으로 받는 모멸 앞에 몸의 질병은 감히 말할 축에도 끼지 못한다.

이들은 단정히 쓴 위생 모자, 곱게 화장한 얼굴 뒤로 상처받은 마음을 숨기며 일한다. 그래야 잘리지 않는다. 요새는 남편들이 마트에서 받는 스트레스를 말하면 예전처럼 때려치우라고 하지 않고, 원래 회사생활이 다 그런다며 달랜다고 한다. 돈벌이가 끊길까봐 걱정이라서 그런 거란다. 외벌이로 살기 힘든 세상이다. 팍팍해진 삶. 그 삶을 이용해, 그들의 상처를 통해 돈을 버는 것은 대형 마트와 백화점 같은 유통업체들이다. 그들을 볼모로 내몰아놓고 모른 척하는 제품 본사 또한 마찬가지다. 그럼에도 마트 노동자들은 본사 제품을 몇 개라도 더 팔면 집에 가는 발걸음이 가볍단다.

"왜냐면 내가 회사 소속이니까. 내 물건을 파는 거고. 월급을 받으니까. 내 밥값은 해야지. 오늘은 밥값 못했다, 그래서 장사 안 될 때는 오

늘은 죽도 못 먹겠다, 그러고. 장사 잘될 때는 집에 퇴근하는 걸음도 가
볍고."

답답한 이들이다. 그리고 열심히 사는 이들이다.

웃으면서 죽어가는 노동

마트 노동자들은 말했다. 마트 같은 데서 물건을 사니까 큰소리를 칠
수 있는 거라고. 어디 백화점 같은 데서는 그러겠냐고. 백화점 노동자
는 다른 말을 한다. 백화점은 다른 곳보다 비싸니까 그만큼의 서비스를
받으려 한다고. 높은 가격에 따른 서비스를 판매 직원들의 굽실거림으
로 받으려 한다.

고객들이 존중받아야 하는 이유는 마트나 백화점이나 가리지 않고
다양하다. 기업은 그 점을 활용한다. "요새는 친절로는 부족해요. 감동
을 줘야 해요." 감정노동자들이 입을 모아 하는 소리이다.

"요새는 다들 친절하잖아요. 웬만한 친절로는 경쟁이 될 수가 없어
요."

마트, 백화점, 면세점의 각종 고급 브랜드들은 경쟁력을 갖추고 싶
어하고, 그것을 감정노동자들의 친절을 뛰어넘는 감동 제공으로 얻으
려 한다. 그 감동은 마트 시식 코너에서 판매 노동자가 "맛있게 드세요"
가 아니라 "하나 더 드세요"를 외치는 것으로 채워진다. 물론 고객이 하
나 더 먹는 시식 음식을 자르고 굽고 따르고 전달하는 이는 판매 노동
자이다. 원청인 마트는 그 음식비용을 부담할 필요가 없다. 그것은 협
력업체가 제공한다.

이것은 공공기관에서도 마찬가지인데, 시민들의 감동과 복지를 생각한다는 서울시는 120 다산콜센터(서울시 종합민원 전화) 직원들한테 '홀몸 어르신'들에게 주 1회 연락을 하고 직접 방문하라는 업무 지시를 내렸다. 전화 상담이 주요 업무인 콜센터 직원들에게 방문 지시까지 내린 것은 서울시가 민간 위탁업체 KTCS, 효성ITX, MPC를 아래에 둔 '갑'의 지위를 가지기 때문이다. 다산콜센터 직원들은 민간 위탁업체의 일개 직원일 뿐이다. 위탁된 노동자들이 서울시의 감동을 대신 전해주고 있다. 물론 감동을 전달하는 과정에서 겪게 되는 모욕과 성희롱은 노동자가 견뎌야 할 몫이다.

친절을 넘어 감동을 줘야 하는 시대, 서비스는 이제 상품보다 더 큰 경쟁력이 있다. 그러나 친절 서비스를 행하는 당사자는 정책을 펼치는 관리자와 임원급이 아니라 판매 현장에서 일하는 직원들이다. 직원들이 고객에게 대응할 수 있는 권리가 없는 상황에서(특히 계약직 노동자와 같은 경우 고용 불안을 빌미로 권리가 더욱 축소된다), 친절 서비스란 위에서 보기에는 돈을 벌어들이는 서비스 상품이지만 노동자들에게는 하루하루 자존감을 깎아먹는 일이 될 수도 있다.

마트 노동자들이 진상 손님을 만나지 않을 거라며 부러워하는 백화점 판매 노동자는 "명품 판다고 지가 명품인줄 아냐" 같은 소리를 듣는다고 했다. 고급 브랜드 화장품을 판매하는 그녀는 일의 특성 때문인지 화장한 얼굴이 고왔다. 실제 나이를 알 수 없는 얼굴이었다. 인터뷰가 진행되자 고운 얼굴을 일그러뜨리며 말했다.

"우리 어릴 때 담임선생님이 뭐라고 그랬냐면, '너네 이따위로 공부하면 백화점 가서 판매직이나 할 거야!' 그랬어요. 우리 못된 말로 공돌이, 공순이라고 하잖아요. 판돌이, 판순이 그러면서 판매 사원을 그렇게 불렀어요. 한 20년 전에는 너무 아래 급이었죠. 점점 퀄리티가 높아졌다고 해도요, 나이가 많은 고객일수록 우리를 하찮은 직업으로 봐서 더 컴플레인 많이 걸어요. 되게 상처받아요."

판매 직종에 대한 낮은 사회적 인식이 그네들에게 상처를 준다. 판매노동자는 고객들이 자신을 아랫것이라 여겨 함부로 대한다고 생각한다.

사람들마다 편견이 있다. 그 편견이 계속 유지되는 이유는 그것으로 이익을 얻는 이들이 있기 때문이다. 마트, 면세점, 백화점 등의 판매처는 그 편견을 바꾸려 하지 않는다. 고객의 무례한 요구에 대한 무조건적인 수용을 서비스 제공으로 인식하기 때문이다. 고객이 판매 노동자에게 무례하게 굴어 화가 풀리고 사과를 받아 기분이 좋아졌다면, 마트 입장에서는 어떤 비용도 들이지 않고 고객 서비스를 높인 것이다. 손 안 대고 코 풀고 싶은 고용주들은 그 안에서 판매하는 노동자가 죽어가는 것을 못 본 척한다.

"자신이 느끼는 감정과는 무관하게 직무를 행해야 하는 감정적 노동"이라 정의되는 감정노동은 좀 더 현실적으로 표현하자면 "간 쓸개는 옛말이고 오장육부를 다 내줘야 하는" 일이다. 웃고 싶지 않을 때도 웃고, 친절할 수 없는 상황에서도 친절하고, 사과할 필요가 없는 일에 죄송하다고 해야 하는 일이다. 여기에 재량권(고객의 과도한 요구에 'No'라고 할 수 있는 권리) 박탈과 경쟁적 성과 평가가 더해지면 '웃으면서 죽어가는 노동'이 된다.

감정노동자는 아프다

"신종인플루엔자가 엄청나게 유행했잖아요. 제가 동국대 병원에 신종
인플루엔자인 줄 알고 응급실에 갔어요. 너무 아팠어요. 힘들고, 밥도
안 넘어갈 정도로. 의사 선생님이 이렇게 앉더니 '스트레스 많이 받으
세요?' 이래요. '받기야 많이 받죠' 그랬더니, 스트레스성 뭐뭐래요. '이
건 쉽게 말씀을 해드릴까요? 화병이죠. 이건 화병이에요. 아가씨, 이렇
게 하다가 골머리 썩어서 죽어요. 직장이 먼저가 아니라 아가씨가 죽
어요. 쉬세요' 이래요. 저를 위로해주려고 선생님이 그렇게 말씀해주
신 거 같아요."

"제가 탈모가 되게 심해요. 백화점 우리 화장품 여직원 중에 원형탈모
되게 많아요. 한 직원은요, 올 탈모. 다 벗겨졌어요. 가발 쓰고 다녀요.
몇 가닥 빼고 다 빠져서 가발을 쓰고 다녔어요. 지속적인 치료를 하고
지금은 나아져서 가발은 벗은 걸로 아는데, 탈모가 그렇게 많아요. 마
음에서 안 풀린 게 머리까지 오는 거죠. 그래서 직원들 퇴사 상담을 제
가 받잖아요. 99.9프로가 스트레스."

"제가요, 한약을요, 놔본 적이 없어요. 제 진료 차트에는 과중 스트레
스. 너무 스트레스가 많아서 가스가 가득 차서 몸이 망가지는 거예요.
방광염이 오거나, 가스가 가득 차서 장염이 오거나 그랬어요. 몇 년
전부터 주기적으로 한약을 먹고 있거든요. 온몸의 혈이 다 막혀 있는
거죠."

"직원 중에 자살한 애들 많은 거 알죠? 여직원들, 저희 OO(유명 화장품

브랜드)에만 3명 있었어요. 매니저급 2명이 자살을 했고, 한 명은 조원이 자살을 했어요. 안 좋은 감정들을 다 받아들여요. 내가 정말 핫바리구나. 컴플레인을 세게 맞고 나면요, 우울증이요, 짧게는 정말 3, 4일 가고요. 많게는 몇 년 가요. 기억에 남아요. 안 남겠어요? 인격적인 모독을 받는데? 그래서 자살한 직원들도 많아요. 뭔가 사생활도 안 좋고. 그러다보니까 이 세 박자가 맞으면서 길을 잃어버리는 거예요."

점차 말이 없어지고 짜증이 늘고 술을 찾게 된다. 스트레스로 머리카락이 빠지고, 소화가 안 되고 몸에 하나둘 이상이 온다. 노동환경건강연구소가 서비스업 종사자를 대상으로 조사한 결과, 전체의 반수가 우울증상을 보였다. 고도 우울증을 겪고 있는 이들도 적지 않아 8.1퍼센트 비율을 보였다.[1] 감정노동자들의 위태로운 정신건강은 소문만 무성했다. 그러다 2013년 롯데백화점, 이랜드 NC백화점 판매 노동자가 잇달아 목숨을 끊는 일이 벌어지며 감정노동자의 심각한 정신건강 문제가 세간에 알려졌다. 작게는 탈모, 안면홍조, 위궤양부터 크게는 우울증과 자살까지 이어지는 이들의 병은 심각한 산업재해다.

이들의 소리를 실컷 듣고 있다보면, 되묻고 싶다.

"그렇게 될 때까지 왜 이 일을 하세요?"

그것이 얼마나 철없는 소리인가를 알기에 입 밖에 내진 않는다. 여기 이 노동자만이 아니라 누구나 같은 대답을 할 것이다.

"먹고살려니까 그러죠."

그리고 많은 수가 자신의 일을 좋아한다.

---

1 2010년 11월 민간서비스산업노조연맹과 노동환경건강연구소가 민간 서비스업 종사자 3,096명을 대상으로 한 조사 결과이다.

"자부심이 있으니까요."

고객들의 편견 반대편에서 그들은 자부심을 가지고 일한다. 고객에게 정보를 준다는 자부심, 전문직이라는 자부심, 대기업 브랜드에 대한 자부심, 능력으로 평가된다는 자부심, 성실히 일해 내 가족을 먹여 살린다는 자부심, 이 자부심들이 그들을 움직인다. 때로 고객에게 연민을 느끼고, 도움을 주고 싶어하고, 줄 수 있어 다행이라 여긴다.

120 다산콜센터 노동자는 한 토론회 자리에서 자신이 하는 일을 죽 읽어 내려갔다. 그리고 물었다. "우리 일이 단순 안내 업무 같나요?" 화장품 판매 노동자는 100가지나 되는 친절 매뉴얼을 읊는 것 말고도 실제 업무가 따로 있다. 브랜드에서 매 계절마다 신제품을 쏟아내는 화장품의 성분과 효능, 알레르기 반응과 피부 결함 등을 공부하는 일이라 했다.

화장품 성분과 효과를 외우고, 시식 멘트를 고안하는, 안내번호를 정확하게 알려주기 위해 검색을 멈추지 않는 서비스 노동자에게 강요되는 '어서오세요'부터 '다음에 또 들러주세요' 같은 30여 개의 매뉴얼 멘트들과 등급을 나누기 위해 보는 억지 시험들은 그네들의 자부심을 떨어뜨린다.

감정노동자 보호를 위한 법제도는 몇 해 전부터 논의되고 있지만 많은 노력에도 불구하고 속도는 더디기만 하다. 2013년 5월, 20명의 국회의원들이 '감정노동자 보호법'을 발의했으나 여전히 국회에 계류 중이다. 반면 감정노동자의 권리를 축소시키고 고용지위를 불안정하게 만드는 간접고용의 확산은 빠르기만 하다.

한국노동사회연구소 김종진 연구실장이 감정노동(특히 콜센터 노동자)의 개선 사항을 언급했는데, 그중 몇 가지를 소개한다.

1. 직고용 등 고용 구조를 개선한다.

2. 현재의 일을 더 "가치 있고 보람 있는" 일로 만들기 위해 낭비되는 일을 줄인다.

3. 과도한 감정노동 해소 프로그램을 운영한다(불쾌한 언행을 한 고객을 대할 때 이를 대면하지 않을 권리 등을 주는 것).

4. 감정노동 휴가 제도를 도입한다.

5. 직무 및 숙련 형성 교육훈련 제도를 강화한다.

대학 청소 노동자들의 힘겨운 삶

감정노동은 노동시장에서 여성의 위치와 맞물리면서, 재미있지만 씁쓸한 경로를 그린다. 얼굴과 젊음마저 하나의 서비스가 되는 20대 여성은 주로 화장품 등의 판매직에, 육아와 병행을 할 경우가 많은 30~40대 여성은 콜센터에, 젊음을 잃은 40~50대 여성은 마트 판매직으로 간다. 그리고 더 이상 사회가 그들에게 젊음의 싱그러움, 환한 웃음과 같은 서비스를 요구하지 않은 나이가 되면 청소·식당 노동자로 또는 어머니의 역할이라 믿어지는 간병인·산모 도우미 등 돌봄 노동자로 변모하게 된다.

돌봄 노동자는 이전과는 다른 방식의 감정노동을 수행해야 한다. 무조건적 내리사랑 같은(사회가 어머니의 역할이라 믿는) 역할이 노동으로 요구된다. 평등한 가족 구성원의 위치로 노동을 행하는 게 아니다. 고용주와 종업원, 노동력이라는 상품을 사는 사람과 파는 사람, 갑과 을의 관계에서 후자에 속하는 노동자는 자신의 돌봄을 내리 주어야 한다.

더구나 나이든 몸은 약해진다. 안타깝지만 그것이 자연의 섭리이다. 손목도 무릎 관절도 젊은 사람보다 약한데, 공상일지라도 산재처리를 요구할 기회는 젊었을 적보다 현저히 줄어든다. 아니 박탈당한다. 이 일이 싫으면 '나가서 애나 봐라' 하는 소리나 듣는다. 그 어떤 것도 요구할 수 없다. 노인 계층의 일자리 수준을 끌어올리지 않는 한, 노인 부양 문제에서 효도를 말하는 것은 부양의 부담을 개개인에게 전가시키려는 얄팍한 수에 지나지 않는다.

여성학자 정희진이 지적했듯이 "한국 사회에서 노인은 기본적으로 계급적 개념"이다. "지식인이나 정치인, 재벌 등 사회적 지위가 높은 사람은 아무리 나이가 들어도 노인이라고 불리지 않"[2]는다. 삼성 회장 이건희에게 노인이라는 칭호를 붙이는 사람은 없다. 이명박 전 대통령은 일흔이 넘어도 누구도 그를 노인이라 하지 않는다. 자본주의 사회에서 나이 듦은 단지 신체가 늙어가는 생물학적 현상이 아니다. 그래서 노인에게 '이 일자리가 마음에 안 들면 가서 손주나 봐라'라고 이야기할 수 있다. 참고 일할 수밖에 없기에 그네들의 노동조건은 더 악화된다.

여기 노동조건의 하락을 몸소 겪고, 그것을 자신의 몸으로 막고 있는 이들이 있다. 대학에서 청소 노동자로 일하고 있는 이들이다. 홍익대 청소 노동자들의 농성이 가장 널리 알려진 싸움이지만, 그 앞뒤로 고려대, 동덕여대, 연세대, 이화여대 등에서도 청소 노동자들이 노동조합을 만들고 업체와 새로 근로계약을 맺었다. 최근에는 중앙대학교 청소 노동자들이 학교와 싸우고 있다.

여기서는 좀 다른 이야기를 해보겠다. 대학 청소 노동자들을 대상으로 한글 교실이 열렸다. 강사가 'ㅂ'을 설명하고 싶어, 예시를 들었다

"쓰레기를 어떻게 하지요?"

청소 노동자 수강생들이 입을 모아 대답했다.

"줍는다."

강사가 기대한 답은 '버리다'였다. 그러나 쓰레기는 줍는 것이 당연한 이들이었다.

미화원 휴게실 문이 열리면, 이들은 '후다닥' 움직인다. 전기장판에 몸을 지지고 허리에 찜질팩을 하던 것을 멈추고 전기코드를 뺀다. 반장이 보

2 정희진, 〈나이 듦과 늙음〉, 한겨레, 2003.12.31.

면 한소리 하기 때문이다. "전기 좀 아껴 써. 그러다 불이라도 나면 어떻게 하려 그래?" 반장이 문을 벌컥 열고 들어오는 시간은, 아침 작업이 끝난 청소 노동자들의 휴식 시간이다. "김씨, 복도에 쓰레기가 왜 있어?" 반장의 말에 노동자들은 자리를 추스르고 나간다.

오전 6시에 출근해 오후 4시쯤 퇴근을 한다. 한 노동자는 말했다. 자기는 이 일을 하면서 이때껏 잠을 편히 자본 적이 없다고. 출근하려면 4시에 일어나야 하는데, 그러기 위해서는 초저녁에 잠들어야 한다. 저녁도 차려야 하고, 상도 치워야 하고, 집안일도 마저 해야 한다. 그러고 나서 누우면 거실에서 식구들이 떠드는 소리, 텔레비전 소리가 들려온다. 잠을 자지 못한다.

"중간에 자다 깨다 해. 일찍 일어나야 하니까."

그네들이 실질적으로 학교에 있는 시간은 10시간에서 12시간. 법정 근로시간을 넘기는데, 시간외수당은 주지 않는다. 대학은 돈을 주지 않기 위해 두세 시간 정도를 휴게 시간이라 한다. 오전 근무를 마치고 점심시간까지 휴게 시간이다. 그러나 행정실이나 반장이 호출하면 즉각 움직여야 한다. 그게 아니라도 청소에 익숙해진 몸은 더러운 곳이 보이면 알아서 쓸고 닦는다. 대학 행사라도 있으면 쉬는 시간 자체가 무의미해진다. 마음 불편한 장시간 노동. 통증도 힘겹다.

"내가 낙엽을 쓸다가 팔이 다 나갔어요. 가을만 되면 침을 맞으러 다녀요. 이게 한 번 아프고 나면 쉽게 낫지가 않아요. 그럼 침을 계속 맞아야 해요. 낙엽은 9월부터 떨어지는데, 11월, 12월에는 낙엽 모아진 걸 쓸어 담는 것만도 한 시간 반이 걸려요. 큰 가마니로 열다섯에서 열일곱 가마니가 나와요."

다른 이도 말한다.

"쓰레기가 무겁거나 가득 채워서 묶을 때, 어깨랑 손이 아프지. 쓰레기 봉지를 한 손에 하나씩 드는 게 아니라 손가락에 하나씩 끼어서 가거든. 아침에 학생들 없을 때는 쓰레기봉지를 그냥 굴리는 거예요. 각자 맡은 층이 있으니까 다른 사람 피해주면 안 되니까 빨리 해야 하고, 그래서 다 들고 계단을 못 내려가니까 그냥 굴려버려요."

"마대자루, 이런 건 무겁거든. 그걸 4층에서부터 들고 내려와야 해요."

"걸레질하면 어깨 아파. 허리도. 무릎? 무릎은 허구한 날 아파요."

"나는 좀 뭘 잡고 오래 일하면 여기 손목서부터 저려와."

그냥 아픈 게 아니다. 병명도 분명하다. 터널증후군. 근육이 신경을 누르는 병이다. 많은 수의 청소 노동자들이 손목과 발목에 터널증후군을 겪고 있다. 하지만 치료받는 길은 요원하다. 몇 해 전부터 노동조합이 만들어졌다. 노동조합이 있어도 산재신청을 마음먹는 것은 쉬운 일이 아니다.

"나는 벌어먹어야 하니까 당장 치료하기는 힘들지."

머리카락 빠진 휑한 정수리를 굵은 머리띠로 감추고, 쉬는 시간이면 허리에 찜질팩을 두르고, 몸살 걸린 몸을 전기장판에 잠깐 누이다 일을 하러 가는 그녀들. 대부분의 대학은 노동조합조차 없다. 그리고 청소 노동자들은 아픔을 쉬쉬한다. "아프다 그러면 집에 가서 애나 보라는 소리 들어." 집에 가서 손주나 봐줄 형편이 아니다. 형편이 되어도 평생 일하는 것이 몸에 밴 이들이다. 늙은 노동력이라 내몰리지 않기 위해 그들은 손목을 움켜잡고 일한다.

그네들을 다시 본 것은 2년이 지난 뒤였다. 인터뷰를 할 당시 그네들은 노동조합을 세울 준비를 하고 있었다. 그런데 노동조합 만들기가 1968년 전태일이 평화시장에서 '바보회'를 만들던 시절과 다르지 않았다. 일이 끝나면 노동자들은 두어 명씩 짝을 지어 옆 학교로 갔다. 관리자의 눈을 피해

다른 학교에서 모임을 가지는 게였다. 이동 또한 들키지 않기 위해 조심스럽게 이루어졌다. 다행히 노동조합이 만들어지고, 다시 본 그들은 퇴근을 하고 있었다. 노동조합의 요구로 본관 반장실에 있던 출퇴근 카드가 정문과 후문으로 옮겨진 모양이었다.

후문 경비실에 청소 노동자들이 하나둘 모였다. 출근 카드를 찍을 때마다 반장한테 한소리 듣는 것이 스트레스였다는 그녀들이 까르르 웃고 있었다. 경비실 창문에 몸을 쑥 집어넣어 잡담을 하고 서로 손을 흔드는 모습이 보기 좋았다. 노동조합이 그네들의 삶을 달라지게 했다. 이제 일하다 다치고도 개인 돈으로 치료받는 일은 줄어들 것이다. 하지만 여전히 공상처리 정도일 테다. 한국에서 산재보상보험 신청은 엄청난 일이므로.

2

아무도 모르게 일하다 죽다
—보이지 않는 곳에서 노동하는 사람들

산재 사각지대 놓인 외국인 노동자들
사망자 증가세, 대책 필요

24일 한국산업안전보건공단 경인지역본부에 따르면 인천 지역에서 산업재해를 입은 외국인 노동자 수는 지난 2010년 370명, 2011년 396명, 지난해 380명으로 전체 산재 노동자(1만 7,074명) 중 6.7퍼센트에 달한다.

지역 내 산업재해 20건 중 1건 이상이 외국인 노동자에게 발생하는 셈이다. 불법체류 등의 이유로 신고하지 않은 외국인 노동자 산재를 포함하면 그 피해자 수는 더 늘어날 것으로 추정된다.

특히 산업재해로 숨진 외국인 노동자는 매년 증가하고 있다. 지난 2010년 산재사망 외국인이 2명에 그쳤지만, 2011년 6명, 지난해 9명으로 증가 추세이다. 반대로 지역 내 전체 산재 사망자 수는 지난 2010년 98명에서 지난해 91명으로 감소했다.

경기일보, 2013.7.25.

줄을 그으며 책을 읽는 편이 아니지만, 요사이 밑줄을 치며 읽은 글이 있다. 명문이거나 심금을 울리는 표현은 아니지만 잊지 말아야 하는 그 것, 아니 그곳, 영세사업체에 관한 구절이었다.

"대부분의 영세업체에서는 근로계약서 자체가 작성되지 않으므로, 아이러니하게도 이들 업체에 고용된 노동자들은 모두 정규직인 셈이다. 영세업체 노동자들에게는 내일부터 나오지 마 이 한마디가 곧 노동법이기 때문이다. 이들에게 경영상 해고는 너무 먼 이야기이다."[1]

이 건조한 문구에 밑줄을 친 까닭은, 내가 만나온 대부분의 노동자들이 50인 이상의 사업장 소속이었기 때문이다. 한국의 대기업 수가 70여 개, 거기에 중견기업이 3,000~4,000개라고 한다. 나머지는 다 중소영세사업체이다. 300명 미만 사업장에서 일하는 노동자가 전체의 85퍼센트, 10명 중 7명은 50인 미만 사업장에 근무한다. 그런데 한국의 노동조합 조직률은 전체 노동자의 10퍼센트 이하, 노동조합이 있는 사업장의 수는 800개 안팎이다. 이 중 300명 미만의 사업장의 조직률은 2퍼센트. 50인 미만의 사업장 조직률은 소수점으로 표현되는 수이다.

한 노동안전보건 단체 활동가는 현장을 돌아다니면 "사람이 어떻게 이런 데서 일하면서도 멀쩡하지?" 하고 의문을 품게 되는 일터들을 다수 보게 된다고 했다. 그런 곳에 갈 수 없었다. 노동조합이 없는 곳이

---

1   근로기준법 10조는 법의 적용 범위를
상시 5인 이상의 사업장으로 두고 있다.

대다수였고. (노동조합에 가입된 이의 수가 전체의 10분의 1. 없는 것이 당연했다.) 사람들은 일터 깊숙이 숨어 있다가 저녁이 되면 뿔뿔히 흩어져 우리에게로 숨어든다. 우리이기도 한 그들의 존재는 그래서 접할 수가 없다. 산재 문제의 80퍼센트 이상이 50인 미만 사업장에서 발생됨에도.

당신의 반짝이는 구두

성수동 거리는 공업사와 구두 공장으로 뒤얽혀 있다. 어울릴 것 같지 않은 두 개의 업종이 위화감 없이 어울려 있다. 낮은 2층짜리 건물이 늘어서 있고, 그중 한 곳으로 들어섰다. 색색의 구두가 가지런히 놓인 진열대가 희뿌연 형광등 불 아래서 도드라졌다. 그것 말고는 색을 찾을 수 없었다. 탁하고, 어두웠다. 작은 창문과 느리게 돌아가는 환풍기, 시멘트 벽으로 둘러싸인 공간에서 분홍빛 구두들이 유독 눈에 들어왔다.

이 구두들 밑창에 유명 브랜드 이름이 새겨져 백화점이나 제화점으로 간다고 했다. 한 켤레당 30~40만 원에 팔린다. 구두공들은 이 구두들을 두 손으로 감싸 쥔 채 저마다의 자리에서 웅크리고 앉았다. 목욕탕에서 볼 수 있는 낮은 의자에 가죽을 대고 앉아 널찍한 나무판을 무릎에 받치고 구두를 두 손으로 감싸 눌렀다. 갑피 작업 중이란다. 구두 본에 가죽을 대는 작업이다. 가죽을 자르고, 붙이고, 망치로 두들겨 모양을 잡는다. 주변은 온통 들러붙은 본드와 풀, 다시 그 본드에 들러붙은 철심 투성이다.

한 작업자 옆에 쪼그리고 앉았다. 일하기가 어떠냐고 묻자, 요새 일이 없어 큰일이라는 말부터 돌아온다. 단가가 싼 중국으로 공장들이 옮겨간다. 아니 정확히 말하면 옮겨가는 것은 공장이 아니다. 이들의 원청인 유명 브랜드 구두 회사들이 중국에 주문을 한다. 하청 벌이를 하는 성수동의 작은 공장들은 주문이 없다. 구두 5켤레 만들고 집에 가는 날도 있다고 했다. 대부분의 구두공들이 월급이 아닌 구두 하나당 수당을 받는 도급제로 일하기에 타격은 크다. 한 켤레당 6,000원이니, 다섯 켤레 만들고 집에 가려니 죽을 맛이다.

한참 벌이가 괜찮던 때에는 하루 12시간을 일했다고 했다. 종일 쪼그려 앉아 구두 가죽을 잇고, 밥은 배달시켜 자리에서 후딱 먹었다. 본드 냄새가 가득한 곳이다. 한 푼이라도 더 벌어보자고, 구두 두드리던 망치가 자기 손을 쳐도 악 소리 낼 시간도 없이 일했다. 그래도 돈만 된다면 일할 맛이 난다고 했다. 그때는 단가는 낮아도 물량은 꽤 되었다고, 그는 아쉬워한다. 구두 하나당 주어지는 돈은 10년째 제자리다.

그는 자신이 별로 겪어보지도 못한 옛이야기를 한다. 구두공들이 잘나가던 시절. 초등학교도 마치지 못한 채 선생님(도제 시스템인지라 자신에게 기술을 알려주는 이가 스승이다)에게 구두 만드는 것을 배우기 시작했을 때다. 그의 나이가 쉰이 넘었으니, 40년 가까이 된 이야기다. 수제화가 인기이던 시절이었다. 지금 같은 공장에서 대량 생산한 기성화는 보기 힘들었다. 명동 거리 멋쟁이들이 너나 나나 수제화를 신고 다녔다. 그때는 한마디로, 잘나갔다. 공무원이 된장찌개를 먹고 있으면, 그 옆 테이블에서 구두공들은 도가니탕을 먹었다고 할 정도다. 이후 기계가 들어오며 도제 방식은 사라져갔다. 대형 기업들이 제화산업에 들어오고 이들이 작은 구두 공장들을 하청화하면서, 벌이도 예전만 못해졌다. 벌이는 안 되고 힘들기만 한 이 일에 이제는 도가니탕을 먹여줄 스승도, 구두 만들겠다는 젊은이도 들어오지 않는다. 이곳에 있는 8명의 구두공들

평균 나이가 40대 후반이다.

여기 있는 사람들, 어릴 적 일을 배우러 작업장에 들어와 그곳에서 컸다. 바깥세상 모르고 구두만 들여다보다, 현금으로 쥐는 한 달 치 수당을 받으면 성수동 바로 옆 경마장으로 가는 구두공들이 많았다. 돈을 다 잃고 나면 다시 들어와 일을 했단다. 아는 거라고는 구두와 돈, 그래도 서로를 선생님이라고 부른다. 미약하게 남아 있는 도제식 흔적이다. 운 좋고 성실히 돈을 모은 구두공들은 구두 공장을 차린다.

유명 브랜드 회사의 요구대로 구두를 만든다. 돈도 많을 기업들이 어음이나 구두상품권으로 결제를 한다. 내키지 않는다고 안 할 수는 없다. 밥줄이다. 한참 지나도 자금이 돌지 않는다. 그러니 몇 십 퍼센트 손해를 보고 '깡'을 한다. 어음과 구두상품권을 싼 가격에 파는 것이다. 그런데 요새는 그 원청회사에서 주는 물량마저 줄었다. 구두 공장 사장이건, 구두공이건 허리띠를 졸라맨다. 허리 끊어지겠다.

구두 공장에서 디자이너로 일하는 이는 말했다. "업체를 차리면 안 되는 사람들이 업체를 차렸다"고. 임금 체불 등 온갖 위법을 저질러도, 악착같이 노동자를 쥐어짜고 벌어도 잘 먹고 잘살 수 없는 형편의 업체들을 난립시켜 놓았다는 것이다. 그러니 양심 없이 노동자만 들볶는다고.

하지만 이 말을 하는 그녀도 알고 있다. 선택할 수 있는 다른 길이 없다는 것을. 그나마 돈이라도 모아야 영세한 업체라도 차릴 수 있는 게다. 평생을 구두 밑창만 매만지며 살아온 노동자가 나이가 들어 할 수 있는 일이 무엇이 있을까. 공장에서 나는 것은 분명 본드 냄새임에도, 외부 손님이 왔다는 이유로 석유 냄새라 박박 우기며 창문을 열라고 직원들을 들볶던 그녀의 사장도 한평생 구두 만드는 일에서 벗어나지 못한 이다.

그녀 또한 달리 선택할 수 있는 길이 없다. 구두 디자이너들은 줄어
드는 물량과 낮아지는 단가를 피해 중국으로 일터를 옮긴다. 모험일 수
밖에 없다. 그녀도 중국으로 데려가겠다는 업체 말만 믿고 몇 개월을
벌이도 없이 발이 붙잡힌 적이 있다. 내리막길을 걷는 그녀의 직장과
팍팍한 삶은 다른 선택을 가로막는다.

월급 밀리고, 돈 떼이고, 갑자기 해고된다. 구두공들도 한철 장사라
며, 물량이 줄어들면 미련 없이 공장을 떠난다. 여기서 6개월 일한 노
동자는 자신이 너무 오래 한 곳에서 일했다고 했다. 일자리가 불안정하
다. 이곳저곳 일터를 옮기다 지친다. 거기서 거기라 힘만 든다. 이런 상
황에서 물량이 조금이라도 있으면, 머리 박고 일한다. 구두 공장에 들
어서면 토할 것 같은 본드 냄새? 그것은 아무것도 아니다. 본드 냄새에
바보가 될지라도, 당장 내 입에 풀칠해주는 그것은 고마운 밥 냄새와
다를 바 없다.

전단지 돌리는 청소년들

영세업체 노동자는 구석진 곳에 숨어 있다. 노동은 숨어 보이지 않으
나, 인쇄물은 쏟아지고, 재봉된 옷감을 실은 오토바이는 달리고, 구두는
주인을 기다리며 진열된다. 고층 빌딩 뒤편, 다닥다닥 붙은 낮은 지붕
아래에서 노동은 계속된다. 그런데 노동 자체를 부정당하는 노동자도
있다.

제과점, 커피전문점, 패스트푸드점, 편의점 노동자들의 얼굴을 들여

다보면, 앳되다. 고등학생일지도 모른다. 10대 청소년 329만 명 중 아르바이트 경험이 있는 이는 21만 명가량. 그럼에도 "학생이 무슨 아르바이트냐"는 소리를 듣는다. 하루 8시간 주 5일을 꼬박 일해도, 아니 12시간을 넘겨 일해도 그저 아르바이트 취급당한다. 차라리 아르바이트 노동자 대우라도 해주면 낫지. 자신이 고용해놓고 학생이 무슨 일을 하냐며, 훈육을 하는 사장도 있다. 아르바이트 노동자의 월급을 부모에게 지급하겠다고 하고, 일을 그만두는 청소년에게 인생 그렇게 살지 말라며 잔소리를 하기도 한다.

청소년들이 노동하는 것을 부정하는 사회지만, 어른들 말씀대로 '학생은 공부나 할 수 있는' 현실은 아니다. 청소년 쉼터에서 만난 한 이는 저녁 내내 아르바이트를 한다고 했다. 아무 일이나 가리지 않는다고 했다. 사람들은 물었다. "그렇게 일하고 사는 거 힘들지 않아?" 그이는 말했다. "그럼 어떡해요. 힘들다고 사람들한테 열심히 이야기했는데, 아무도 안 도와주잖아요." 힘들었다. 편부모는 무능력했고, 아래로는 어린 동생이 둘이나 있었다. 모텔방을 개조한 원룸에 온 가족이 살았다. 모텔이었던 건물은 방음이 전혀 되지 않았다. 그이는 벽을 타고 소리가 넘어갈까봐 어린 막내 동생을 조용히 시키느라 하루를 다 보낸다.

그런 이에게 "학생이 무슨 아르바이트냐"는 이야기가 무슨 도움이 될까. 아르바이트로 채용해주는 것조차 감지덕지하여 최저임금도 안 주는 사장에게 군소리도 하지 못하는 데나 도움이 될 뿐이다.

생계를 위해서가 아닌 아르바이트도 있다. 부모에게 손 벌리고 싶지 않아서, 친구들과 놀고 싶은데 돈이 부족해서, 각자 나름의 사정이 있어서 돈이 필요할 수 있다. 어떤 이유든 한 시간 노동을 하는 데 달랑 4,000원 주는 것을 정당화할 수는 없다.

한 기관에서 조사한 결과, 청소년들의 시간당 평균 임금은 4,111원으로 법정 최저임금에도 미치지 못했다. 그 돈을 받는 수가 자그마치 12만 3,000명이었다(2011년 기준). 최저임금 이상을 받는 청소년들을 가끔 보는데, 그들은 보통 일이 힘들기로 소문난 고기 집이나 대기업 패스트푸드점에서 일했다. 그러나 이들도 주휴수당, 시간외수당까지 계산해보면 임금을 제대로 받지 못하고 있었다. 청소년 법정 근로시간은 7시간이다. 시간외수당을 주지 않기 위해 출퇴근 시간을 조작하는 일이 비일비재했다. 오늘 일한 3시간의 초과 노동을 일이 없는 다음 날 근무로 작성하는 게다. 그럼에도 주 6일 35시간을 일한 한 아이는 월급이 70여만 원 나올 것이라 기뻐했다. 오직 최저임금만 받고 있음에도 말이다.

0.5퍼센트도 되지 않은 노동조합 가입률은 말할 필요도 없다.[2] 사업주에게 욕설을 듣거나 폭행이나 임금 체불을 당하지 않으면 다행이다. 산재보험은 가입되어 있을 리 없고, 일터에서 사고가 나면 그 손해는 온전히 아르바이트 노동자의 몫이다. 노동재해(산재) 경험을 했을 시, 치료비 부담 여부를 물은 설문에 '내 돈 혹은 부모님 돈으로 해결했다'라는 응답이 37퍼센트를 차지했다. 배달 사고 같은 경우는 사고가 난 차량의 파손비까지 아르바이트 노동자가 짊어지는 경우도 적지 않았다.

2013년 고용노동부가 919곳 영업소에 근로감독을 벌인 결과 789곳 2,756건의 법 위반 사항을 발견했다. 80퍼센트 이상의 사장들이 임금 체불, 최저임금 위반, 근로계약서 미체결 등 위법을 하고 있었다.

그런데 이 영업소 사장님들, 무엇이 노동 착취인지 무엇이 인권 침해인지도 모르고 행한다. 아니 안다고 해도 그것을 지킬 마음도 없고,

---

2 경제활동인구조사 부가조사, 통계청, 2009년 8월.

그럴 상황도 아닌 것 같다. 한 청소년 노동 상담사가 편의점 사장을 만났다. 자신이 고용한 아르바이트 직원에게 시급 3,000원을 주며 일을 시켰다. 그것도 야간에 일을 시키면서 적어도 너무 적은 임금을 제기하자 사장은 큰 소리로 말했다. "나도 12시간 매일 꼬박 일해 150만 원 벌어가요!" 사장이 최저임금 수준으로 버니, 알바에게 준 시급 3,000원도 많아 보인다. 그래서 지각비도 떼고, 파손비도 뗀다.

사장님이 열심히 일하는데도 사정은 나아지지 않는다. 몇몇 재벌기업이 동네 구멍가게마저 독점하고 있는 상황이다. 본사는 소속 편의점에 24시간 영업을 의무사항으로 규정한다. 자영업자 혼자 온종일 편의점을 지킬 수 없다. 그러니 알바를 쓴다. 아까워 눈물이 난다. 장사가 잘되는 것도 아니다. 동마다 타사 편의점은 물론 같은 브랜드 편의점도 몇 개씩 들어선다. 24시간 운영에 전기비, 난방비나 뺄 수 있을지 모르겠다.

그 현실을 보여주듯, 2013년 3월 편의점주가 연탄불을 피우고 자신이 운영하던 편의점에서 자살을 했다. 집을 담보로 연 편의점은 적자에 시달리고 있었다. 매출액의 35퍼센트인 본사 수수료, 임대비, 대출이자를 내다보면 생활비조차 남는 것이 없다. 인건비를 아끼기 위해 24시간 편의점 카운터 뒤에 장판을 깔고 살았단다. 시급 1만 원이 현실적인 생활 임금이라 주장하는 알바연대는 편의점주의 죽음을 두고 판매 수수료를 챙기는 데 열을 올리는 재벌기업들을 규탄하는 성명서를 냈다.

2013년 2월 알바연대는 GS25 편의점을 비롯한 '알바 오적'[3]을 선정하여 발표했다. "해당 기업들은 매출 규모가 급성장해 당기순이익이 수백억에서 수천억에 달하는데 알바들은 여전히 최저임금을 받으며 일

---

3   알바 오적은 GS25, 파리바게트, 카페베네, 롯데리아, 고용노동부이다.

하고 있다"며 "영세 가맹점을 양산해 알바들의 노동조건을 취약하게 만드는 데 결정적인 영향을 끼쳤다"는 것이 알바연대의 주장이다. 그리고 이들을 수수방관하고 있는 고용노동부를 그 오적에 포함시켰다. 옳은 소리이다.

당신이 보지 못하는 사람

보이지 않는 건 아닌데, 안 보이는 사람들도 있다. 정확히는 별로 볼 필요가 없는 사람들이다. 한 사업장에서 유독물질이 나오는 공정이 발견되었다. 노동부는 시정조치를 내렸다. 공정 자체를 개선하는 것은 까다롭고도 비용이 많이 드는 일이었다. 그렇다고 그대로 둘 수 없다. 노동부의 과태료도 문제지만, 직원 중에 암이라도 발병되면 골치 아파진다. 고심 끝에 회사는 아주 간단한 방법으로 이를 해결했다. 공정 관리를 외주업체에게 맡긴 후, 작업장을 이주노동자로 채운 것이다.

잔머리 잘 굴리는 사장 하나의 발상은 아니었던 것이 지역의 공단을 갔을 때였다. 자동차 완성차의 협력업체의 2, 3차 하청을 취재하고 싶다고 했을 때, 담당자는 난색을 표했다. 그곳은 들어가기도 힘들지만, 가봤자 인터뷰가 되지 않을 거라고 했다. 말이 통하지도 않을 거라고. 그곳에서 일하는 대다수는 이주노동자였다. 그나마 한국말이 익숙한 이들은 떠나고, 정말 갈 곳이 없는 이주노동자들이 모여 있다고 했다.

기업의 산업재해 은폐는 피해자에게 돈다발을 안기거나, 작업환경측정을 조작하거나 하는 수준을 넘어 더 낮은 등급의 사람을 고용하며 이뤄지고 있다. 설사 죽어도 돈 몇 천만 원이면 해결되는 인종들로.

"죽은 사람이 이주노동자였는데, 2006년인가 2007년에 함안공단에 한국주광이라는 사업장이 있었거든요. 베트남 노동자 열두 명이 교대근무로 일하고 있었어요. 그런데 이들 살던 데가 회사가 제공한 기숙사, 컨테이너 박스예요. 대부분 그래요. 요즘도 중소사업장 이런 데는 그래요. 그중 한 사람 이름이 황반납이었는데 아침에 안 일어나는 거예요. 사람들이 흔들어보니 돌아가신 거예요. 과로사였죠. 그 사람이 25살 청년이었고, 한 달 잔업 시간만 100시간이 넘었어요.

함안에 있는 장례식장에 모셔져 있었어요. 밤에 가니 영안실에 베트남에서 같이 온 친구들 몇 명이 앉아 있어요. 밥통을 열었는데 말라붙은 밥만 남아 있고 먹을 것도 무짠지 이 정도만 있는 거예요. 보통 장례식장에서는 볼 수 없는 장면이 거기 있었죠. 관리하시는 분한테 얘기하니까 회사가 이주노동자들은 밥도 많이 갖다주면 있는 대로 다 먹으니까 조금만 주라고 했다는 거예요.

이제 보상에 대한 문제를 합의해야 하는데, 회사랑 합의가 안 됐죠. 베트남 영사관에서 사람이 온 거예요. 그런데 이 사람은 빨리 해결하고 싶은 거죠. 저희가 아무리 설명을 해도 이 사람이 하는 얘기는 '당신네 나라가 1970년대 독일에 많은 산업 일꾼들을 보냈듯이 우리는 지금 그렇게 하고 있다. 우리는 회사가 원하는 대로 정리할 수밖에 없다'고 말해요. 베트남 인민민주주의공화국이 적혀 있는 서류를 들이밀면서. 설명을 해도 안 되고 막아도 안 되고 해서 저희가 장지로 가는 버스 앞에 주저앉았어요. 두어 시간인가 버텼죠. 결국 장례식 차가 못 나가게 되니까 회사가 산재신청하는 데 협조를 하겠다고 약속을 한 거죠."

그때 장례 버스를 막은 이 중 한 명인 마산거제산재추방연대 사무장이 들려준 말이다. 이주노동자 한 명이 죽었는데, 과로사가 의심됐다.

장례 버스까지 세우고 회사에게 얻어낸 것이 고작 산재신청을 방해하지 않겠다는 약속이다. 현실이 그렇다.

이주노동자가 죽으면, 업체는 보통 노동시간과 업무 내용을 감추거나 수정한다. 근로시간도, 임금도 다 위법이다. 들켜봤자 좋을 것 없다. 산재신청을 의뢰받은 사람들이 회사까지 가서 근무기록표를 뒤진다. 결국 위조 사실이 발각되면 궁지에 몰린 업체 사장은 빽 소리친다.

"너희들이 현실을 알아!"

불법을 행하지 않고는 회사를 운영할 수 없는 현실이라 말한다. 사업주는 위법이 난무한 노동을 하다 죽은 노동자의 삶을 어쩔 수 없는 것이라 여긴다.

한국 산업체의 99퍼센트가 중소업체라 하지만, 실은 1퍼센트 대기업의 하청의 하청일 뿐이다. 대기업에서 사용하는 기계를 만들고, 그 기계에 들어가는 부품을 만들고, 그 부품을 닦을 유기용제를 제조한다. 하청이 뭐 그리 돈이 있을까. 유해물질이든 뭐든 싸다고 하면 산다. 주야간 가리지 않고 잔업 뺑뺑이를 돌려도 노동자에게 돌아가는 임금은 150만 원 남짓이다. 그 돈 받고 종일토록 일하려는 사람이 없어, 사장은 발을 구른다. 요즘 것들은 배가 불렀다며 힘든 일을 싫어한다며 원망한다. 이주노동자를 고용한다. 그러다 이주노동자마저 쓰러지면, 사장은 자신의 전부이자 이윤도 나지 않는 낡은 공장을 떠올린다. 얼마나 원망스러울까. 나보고 어쩌라고. 이렇게 돌리고 또 돌려도, 납품하는 단가가 얼마인지 알아? 당신들이 현실을 알아? 외치는 게다.

사장님의 원망은 알겠으나, 사람이 죽었다. 이은주 사무장에게 황반납 씨 사건에서 기억에 남는 것이 있냐고 물었다. 그녀는 소리라고 했다.

"화장터에 갔는데, 황반납 씨가 타는 소리가, 타닥타닥 타는 소리,

그 사람이 마지막으로 남기고 가는 소리가 들리는 거라. 참 멀리서 와서. 그것도 그가 어떻게 죽었는지 제대로 밝힐 수도 없고, 자신의 나라의 대표라는 영사관 사람은 죽음을 빨리 무마하려고 하기만 하고. 그가 남기고 가는 건 저 소리밖에 없구나."

남기고 간 소리, 체취, 온기, 말, 살아온 사연이야 뻔하다. 하지만 각박한 세상에서 사연, 말, 온기, 체취, 냄새 따위를 기억하는 일은 사치이다. 유가족은 계산부터 해야 한다. 모든 것이 비용의 문제가 된다. 고향에서 가족이 올 형편이면 가족이, 그마저도 안 되면 노동인권단체 등이 산재 보상 문제를 처리한다. 밤새 오고가는 보상금 이야기. 100만 원을 더 준다, 못 준다. 고인의 영정을 앞에 두고 구체적인 액수가 왔다 갔다 한다. 도와줄 단체도 만나지 못한 이는 회사와 협상마저 할 수가 없다. 조용히 고국으로 돌아간다. 차갑게 식은 몸이 되어, 한국으로 오기 위해 진 빚을 고스란히 안고.

별스럽지 않은 죽음들

앞서 고3 실습생 김민재 학생이 기아자동차에서 일하다 과로로 쓰러져 식물인간이 되었다는 소식을 잠깐 전했다. 관련하여 취재를 하다 당황스러운 소리를 들었다.

"보통 2년에 한 번꼴로 죽죠."

19세 실습생들이 2년에 한 번꼴로 죽어간다는데, 처음 듣는 말이었다. 이 말을 해준 것은 학생들을 기업에 보내온 고3 담임이었다. 그는[4]

---

4 하인호, 전교조 조합원, 인천문학정보고 교사.

관련하여 문제의식을 느끼고 '청소년노동인권지킴이네트워크' 활동을 하고 있었다.

"다행히 기아자동차는 대기업이기도 하고, 노동조합이 있어서 문제가 알려진 거죠."

노동조합도 없고, 대기업도 아닌 업체에서 죽은 학생들은 소문조차 내지 못한다. 그 당혹한 말을 입증이라도 하듯, 민재 학생 사건이 일어난 그다음 해 울산에서 작업선을 탔던 19세 실습생과 여럿이 배가 전복되어 한겨울 바닷물에 잠겨 죽었다. 대선을 앞둔 시점에서 급하게 합의가 진행됐다. 고등학생의 죽음도, 한 가정의 아버지이고 남편이고 아들이었을 이들의 죽음도 곧 잊혀졌다. 그마저 한꺼번에 많은 수가 죽어 알려진 게였다. 2년에 한 번꼴로 죽었다는 학생들은 소문을 전해 들은 교사들의 기억 속에 있을 뿐이다.

사람이 일하다 죽는 것은 교통사고만큼도 주목받지 못한다. 교통사고는 사고 다발지역이라는 표지판이라도 붙지, 일하는 사람의 죽음에는 그조차도 없다.

우리 주변의 누군가 일을 하다 쓰러지고 병에 걸렸다고 해도, 우리는 '어쩌다 그랬대?'라는 소리밖에 하지 못한다. 매년 2,000여 명이 일하다 죽는데도, 우리는 그들이 명이 다해 가는 것처럼 여긴다.

영세업체의 근로기준법

노동계는 '5인 미만 사업장에 근로기준법을 확대 적용'할 것을 요구하고 있다. 현재 법은 상시 5인 이상 사업장에만 근로기준법을 강제하고 있다. 5인 미만 사업장에는 해고 제한, 퇴직금 제도, 휴업 수당, 연장근로 제한, 연장 야간 휴일 근로, 연차유급휴가 등이 적용되지 않는다. 영세사업장에 법 적용을 하지 않는 이유는 영세사업장의 지불 능력 한계 때문이다. 노동법을 지킬 여력이 영세업체에게는 없다는 것이다.

영세업체를 배려한 법은 양보한 비용을 영세사업장 노동자들에게 요구한다. 5인 미만 사업장에서 일하는 노동자들은 근로기준법을 적용받지 못한다. 연장근로를 강요받고 연차도 사용할 수 없다. 회사가 휴업을 하면 손가락 빠는 처지에 몰린다. "내일부터 나오지 마" 이 한마디가 곧 노동법이 된다.

소규모 사업장이 영세화를 면치 못하는 이유는 '인력 확보'의 어려움에 있기도 하다. 구두 공장에서 만난 노동자들은 3개월 일하고 떠나는 것이 관례라고 했다. 조금이라도 나은 조건이 있다면 떠난다는 것이다. 남을 이유가 노동자에게는 없다. 오래 일하는 노동자가 없으니 공장은 늘 불안정하다. 악순환이다.

영세업체 혼자서 해결할 수 있는 문제가 아니다. 1퍼센트밖에 안 되는 대기업을 중소업체와 영세업체가 둘러싸고 있다. 둘러싼다는 표현은 적절하지 않다. 보통은 이렇게 말한다. '중층적 다단계 하청 구조.' 영세사업장의 저임금에 기반을 둔 수혜는 중소기업과 대기업이 가져간다. 단물을 빤이들이 책임도 함께 져야 한다. 5인 미만 사업장에도 근로기준법을 적용해야 한다. 적용하여 생기는 비용은 이득을 얻는 자가 대야 한다. 국외에서 더 값싼 노동자를 불러와 시신을 돌려보내는 방식으로는 해결할 수 없다.

아프도록 일하는 사회
―다른 이야기, 남은 이야기

'새로운 결심을 하는 것'은 가장 무의미한 행위다.

― 오마에 겐이치

노동자는 누구인가

"노동자가 뭐냐고요?"

건설 용접 일을 20년 넘게 해온 이가 내 질문에 되묻더니 말했다.

"내가 일하던 곳이 조선소였습니다. 조선소 알죠? 배는 커도 칸칸이 사람 하나 제대로 못 들어가게 생긴 곳이 많아요. 거기서 용접을 하고 내려와서 다음 날 사다리를 타고 올라가는데, 머리부터 올라가는 순간 숨이 컥 막히는 거예요. 내려와서 여기 이상하다 했더니, 전날 작업하고 가스를 안 뺀 거라면서 가스 빼는데, 그동안 나는 작업을 안 하고 노는 거예요. 가스가 다 빠지고 나니까 사람 하나가 죽어 있더라고요. 머리 하나만 더 밀어넣었어도 나도 어떻게 되었을지 모르는 거예요. 그런데도 가스 빼는 그 시간 동안 쉬는 게 너무 좋은 거예요. 그러다가 사람 죽었다니까 등골이 싸하고. 그게 노동자입니다."

그가 이런 말을 한 것은 내가 '노동의 자부심'을 물어서였던 것 같다.

"숙련공의 자부심요? 작가님 말이 참 예쁘긴 하지만, 막상 일을 하면 그런 건 없습니다."

노동이란 그런 것인가. 핸드폰이 고장 나 서비스센터에 갔다가 요상한 대접을 받은 적이 있다. 고객이 올 때마다 마중을 나가 의자까지 뒤로 빼주는 직원의 에티켓(?)을 접한 것이다. 고객인 나에게 '갑질'을 하라고 요구하는 과도한 친절이었다.

이런 송구스러운 광경은 자주 눈에 띄는데, 서울역 모 마트 정문 앞에서 고객들에게 고개를 숙여 인사하는 노동자를 봤을 때도 마찬가지였다. 처음에는 그가 무슨 벌이라도 받는 줄 알았다. 인파가 많은 역사였다. 고객은 끊이지 않았다. 사람이 지날 때마다 고개를 숙였다 올렸다 해야 하는 그는 멀리서 보면 한때 유행한 고개만 까닥거리는 인형이었다. 끝나지 않을 것만 같았다. 마치 그건 형벌같이 보여, 신을 속인 대가로 바위를 산꼭대기로 계속 굴려 올리는 시시포스를 떠올리게 했다.

노동은 죄인가.

택시를 타는 승객들 문을 열어주는 일을 하기 위해 겨울 한밤에 몇 시간씩 밖에서 떨어야 하는 노동자, 각자 일을 하다가도 식당을 나가는 손님에게 "안녕히 가세요" 하고 전 직원이 소리쳐야 하는 상황, 그러나 그가 8시간을 쥐고 있어야 하는 아주 자그마한 마우스, 다닥다닥 붙은 학원들 사이 창문도 없는 교실에서 온종일 보내야 하는 학원 강사, 식비에 관해 반장이 말이 없자 내일은 치사하게 말하지 말고 김밥이라도 한 줄씩 싸오자고 하는 청소 노동자들의 대화. 식사 공간이 없어 차에서 한 끼를 때우는 택배 기사, 학습지 교사, 시간 강사 같은 가짜 사장님들. 마른 빵을 한 입 베어 물다, 누군가는 이런 한탄을 떠올릴지 모른다.

열심히 살았는데, 내가 왜.

그네들을 보며 대체 저들은 가슴에 어떤 불덩이, 어깨에 어떤 돌덩이를 이고 살까 싶었다.

너무 가까이 있어 불편한 산재

산업재해를 취재하는 일은 노동이 무엇인지를 알아가는 과정이었다. 조선소 노동자부터 우체국 집배원을 거쳐 마트 판매원에 19세 직업훈련생까지, 그네들의 노동을 파고드는 작업은 그리 신나는 일은 아니었다.

공통적으로 그들에게는 자신의 노동시간이나 방식을 통제할 수 있는 권한이 없었다. 그것은 기업의 규모와 직급을 뛰어넘는 공통점이었다. 가난하거나 늙고 힘없는 노동자만이 그러한 것이 아니었다. 자신의 위에 사장을 모시는 사람들은 보통 그러했다.

노동자란 멀게 느껴지지만, 속내를 들여다보면 나와 너무도 가까이 있기에 불편한 이름이었다.

같은 맥락에서 산업재해는 꽤 가까이 있어 불편했다. 산업재해라 하면 햇빛 못 봐 버짐 핀 하얀 얼굴로 피를 토하는 여공, 기계 속으로 빨려 들어가는 노동자의 팔, 공사장 건물에서 아래로 뚝 떨어지는 '노가다꾼'만을 떠올리는 것이, 정신건강에는 좋다. 그럼에도 우리는 뭉치는 근육도, 야근 후 나는 코피도, 빈속에 이는 통증도, 일을 하다 생긴 문제임을 안다. 같은 작업을 반복해서 하다, 무거운 것을 드느라, 바빠 끼니를 챙기지 못해서 아프다. '진상' 고객님을 머리 위로 받들고 살려니 경련이 이는 입꼬리도, 8시간 내내 전화를 받느라 멍멍해진 귀도, 가슴에서 울컥 치받는 불덩이도 무엇 때문인지 안다.

그러나 그것을 '직업병'이라 입 밖으로 소리 내어 말하지 않는다. 상사와 회사가 좋아하는 단어가 아니다. 상사 얼굴에 대고 이건 직업병인데요, 라고 말할 수 있는 용자나 바보가 어디 있을까. 우리가 '병과 직업의 연관성'에 대해 말할 수 없는 것은 비겁하거나 나약해서가 아니다. 우리를 개별로 찢어 나약하게 만드는 그 사회적 힘이 작용하고 있기 때문이다. 우리는 한탄할 뿐이다.

"누가 내 병을 알아주겠어."

4시간에 한 명꼴로 일하다 죽는 사회

소위 진보적이라 불리는 몇몇 출판업체에서 비슷한 일이 있었다고 들었다. 손목 통증이 심해 산재신청을 하려는 직원을 보고 상사가 난감한 표정을 지었다고 했다. 정말 그게 직업병이야? 온종일 전화 다이얼을 돌린 한국통신 114 직원들과 타자를 연신 두드려야 하던 방송국 구성작가들이 공식적으로 산업재해를 받은 사례가 이미 10년 전에 있다. 더불어 출판 노동자들의 손목과 손가락 관절 통증이 업무에서 기인한 것은 공공연한 사실이다. 그런데도 아무것도 모른다는 얼굴로, '그게 일 때문이라고?' 묻는 이들에게서 앞서 비판한 몇몇 대기업의 얼굴이 겹치는 것은 기분 탓일 게다.

이것은 직업병에 대한 인식이 부재하다는 하나의 사례일 뿐이다. 우리는 업무를 수행하는 과정에서 생긴 통증과 장애를 보상받는 것을 부차적인 문제로 취급한다. 산재에 관한 낮은 인식은 사망률에 반영된다. 네 시간에 한 명꼴로 사람이 일하다 죽는다. 이마저 산업재해보상보험 절차를 통해 인정된 산재만을 나타낸 수치이니, 실제로는 더 많은 사람이 산재로 인해 목숨을 잃는다고 볼 수 있다. 사람이 책 한 권을 읽는 데 네다섯 시간이 걸린다고 한다. 이 책을 읽는 동안 누군가의 가족이자 친구인 이가 일하다 죽는다.

죽음만치 안타까운 것은 일하는 이들의 자부심이었다. '자부심 그런 거 없습니다'라고 했지만 그네들은 '이 일이 제일 재밌다'고 했고, 자신의 경력과 업적, 성실함을 자랑했다. 때로 기나긴 노동시간과 몸을 해치며 하는 노동 강도도 자부심의 근원이 됐다. 그들은 달인의 경지에 오를 만큼 빠른 손놀림으로 작업을 했다. 빠른 손놀림이 그들에게는 자부심이었다. 인터뷰에 응한 한 노동자는 최저임금을 받는 처지를 슬퍼했다. 동시에 일 잘한다고 관리자가 따로 불러 올려준 시급 100원 인상에 자부심을 보였다. 그들은 '숙련됨', '기술 있음', '요령을 앎'에 자부심을 느꼈다. 기계처럼 일하는 와중에 그들 자신을 기계로 만들지 않는 것은 이런 종류의 자부심이었다.

조선소에 갔을 때 도정공은 안타까워하며 말했다. "젊은 사람들이 안 들어오니까 오래 일한 사람들이 가진 노하우랑 기술이 끊기고 말아요." 나는 잠시 입을 다물었다. 공장 노동에 전수할 만큼의 가치가 있는 노하우와 숙련된 기술이 있을 거라는 생각을 하지 못했다. 취재를 하며 기찻길 우는 소리만 들어도 어디가 아픈지 안다는 철도원을 만났고, 보닛에 청진기도 아닌 귀를 대고 진찰하는 정비사를 만났으며, 다양한 고객들을 만나며 얻은 인맥이 자신의 자산이라 말하는 판매원도 만났다.

그러나 그네들의 자부심은 현실에 의해 뚝뚝 끊겼다. 노가다 취급당하는 건설 현장에 젊은 사람이 들어오지 않고, 떠돌이 하청 직원들이 철도 선로를 살핀다. 월 100만 원을 겨우 받는 정비소 초봉에 다들 떠나기 바쁘고, 고객은 판매 직원 면상에 돈을 집어던진다. 낮은 대우, 열악한 환경, 불안정한 고용형태, 노동 존엄성이 없는 작업장은 그들의 자부심을 훼손시킨다. 노동의 존엄이 없는 사회는 노동하는 자들의 자부심만 해하는 것이 아니다. 목숨도 같이 위협한다. 노동자가 일하다 다치지 않기 위한 예방과 다친 후의 보상을 불필요한 비용으로 여기기 때문이다.

우리는 위험 위에 올라 일한다. 아파트 공사 현장 꼭대기 타워크레인에 있어서 위험한 것이 아니다. 쇳물을 다루어서, 전기 감전 위험이 있어서 위험한 것이 아니다. 모니터를 오래 들여다보다 침침해진 눈은 백내장을 의심해야 할지도, 퇴근만 하려 하면 가져다 맡기는 업무로 피로한 몸은 갑상선암을 의심해봐야 할지도 모른다. 이를 거부하고 근로계약대로 일하려 하면, 안전장치를 찾으려 하면 왕따가 되거나 상사의 눈밖에 난다. 인사고과, 승진 등에 악영향을 끼친다. 계약 해지로 해고가 통보되는 비정규직이 전체 노동자의 반이 넘는 사회다.

취재를 하며 들은 소리가 있다.

"1억, 2억짜리 기계도 저리 다루는데, 우리는 어떻게 부리겠습니까?" 크레인이 자재의 무게를 이기지 못하고 '디귿'자로 부러졌다는 소식을 전하면서, 건설 플랜트 노동자가 한 말이었다. 일용직 노동자의 몸값은 그가 이 기술을 닦기 위해 몇 년을 공사판에서 굴렀는지, 눈에 넣어도 안 아플 자식을 몇이나 두고 있는지 따위는 고려되지 않기에, 기계보다 값싼 헐값이었다.

애지중지하는 장비도 허리가 아작 날 만큼 과중된 노동을 시키는데 고작 몇 천만 원짜리 인간은 고려 대상이 아니었다. 정부와 기업의 질타를 받는 '강성 노조' 대공장 노동자들조차 힘이 있어 보이지 않는다. 사회보장 체제가 전무한 사회에서 고용은 곧 목숨줄이고, 그들은 줄이 끊기는 것을 두려워한다. 두려움은 자신의 몸을 혹사시켜 철야를 하는 것으로, 자신의 양심을 혹사시키며 비정규직의 처우를 못 본 척하는 것으로 표현된다. 하청에 위험을 전가하는 기업, 그런 기업과 커넥션을 맺고 있다는 의심을 받을 만큼 기업의 편의를 우선하는 정부, 일하는 노동자는커녕 하청업체에게도 없는 알 권리와 통제권. 그 결과는 무수한 위험들을 낳는다.

책임이 없기에 예방도 없다

그럼에도 하나의 희망이 있는데, 그것은 파견법 시행 이후 10년 동안의 변화이다. 외환위기 이후 국가 차원에서 비용 절감을 외치며, '충분한 인력'을 '낭비되는 비용'으로 몰아가는 사회 분위기가 도래한 지 거의 15년. 2006년에는 비정규직법이 통과되면서 파견허용업종이 32개로 늘어난 파견법 개정이 있었다. '유연화된 노동'이라는 말이 낯설어 사람들이 고개를 갸우뚱거리던 10년 전만 해도, 같은 업무를 하는 노동자들 사이에서 임금과 복지 혜택이 현격하게 차이가 나는 것은 이상한 일이었다.

진보 언론이나 노동운동 측은 '같은 일을 해도 비정규직'이라는 말을 반복해 사용했다. 그 말이 먹히던 때가 있었다. 그러나 10년이 지나고, 지금은 같은 일을 한다고 같은 노동자가 아님을 누구나 안다. 중고등학생들도 자신을 가르치는 교사가 비정규직인지 정규직인지를 구분하려 든다. 파견직 '미스 김'의 이야기를 다룬 〈직장의 신〉이라는 드라마가 공중파를 탈 정도다. 격세지감, 세상이 변했다. 이렇듯 10년이면 강산은 물론, 사람 인식까지 변한다. 당연하지 않은 것이 당연한 것이 되는 데 고작 10년이면 된다. 우리는 10년 동안 잃어왔지만, 그 반대도 가능하다.

스웨덴의 누군가가 말했다는 "일을 하다가 사람이 왜 죽나요?"라는 말도, 지금 한국 사회에서는 아주 당연하지 않은 소리이겠지만 잘만 하면 10년이 지나면 당연한 소리가 될 수 있다. 한 파견 노동자가 10년 사이의 변화를 떠올리며 적은 글을 보았다. "그때 파견법이 나쁘다고만 하지 말고, 어떤 변화가 생기는지 말해주었다면 좋았을 건데요." 사람이 일하다 죽는 일을 막기 위해 어떤 법과 제도가 필요하다고만 말하지 말고, 어떤 일이 있었는지 말하려 했고 이제 어떤 변화가 필요한지 말하려 한다.

일하는 이가 일터의 위험을 통제할 수 있어야 한다. 이미 위험 위에 오른 이는 위험을 말할 수 없다. 위험을 통제할 수 있을 때에야 보상이 아닌 건강을 말할 수 있다. 자신의 건강을 해할 위험을 통제하는 크고 작은 수단들을 일하는 이들이 가져야 한다. 그것이 법이 될 수도, 노동조합일 수도, 동료들 간의 단합일 수도, 상사와의 힘겨루기가 될 수도 있겠다. 일터 밖에서 찾기도 한다. 당장의 고용에 목매지 않도록 기본소득이나 사회보장제도 도입을 요구하는 것도 한 방법일 게다.

현재의 위험을 실질적으로 통제하고 있는 이들에게 요구하는 방식도 있다. 위험을 제공한 이가 그 위험을 도로 환수해야 한다. 고용한 노동자들이 안전하게 일할 수 있도록 책임을 져야 하는 것은 당연히도, 기업이다.

취재를 하는 내내, 지루하다시피 확인한 사실은 바지사장과 다를 바 없는 하청업체 사장이 자체적으로 할 수 있는 안전관리란 안전모 지급과 아침마다 하는 잔소리뿐이라는 게다. 저가 낙찰 방식으로 협력업체를 선정하는 원청의 계산 방법을 맞추려면 안전모나 마스크마저 예산에서 빼야 한다. 하청의 힘만으로 안전관리는 불가능하다. 안전의 책임은 실질적으로 원청에 있다고 봐야 한다.

그러나 취업 카페에 협력업체 직원이 "일이 힘들다"는 글을 올렸다는 이유로 수습사원을 퇴출할 정도로 엄격했던(또한 원청 기업의 통제권을 확실히 보여준) 이마트[1]는 협력업체 직원들의 안전장비에는 무관심했다. 4명의 협력업체 직원이 이마트 탄현점 창고 보수작업 중 냉매가스에 질식사하는 동안, 어느 누구도 면 마스크 하나 쓰고 있지 않았다. 안전교육은 없었고, 사망자들은 단순 일용직이었다. 얼마 뒤, 이마트는 1,978명을 불법 파견으로 고용한 사실까지 밝혀졌다.

이마트가 4명의 하청 노동자 죽음에 대해 진 책임은 벌금 200만 원 (탄현점 지점장과 이마트 법인이 각 100만 원씩)이 다였다.[2] 산업안전법에 따르면 사업주의 안전·보건조치 의무 위반으로 노동자가 사망한 경우 사업주를 최고 7년 이하 징역 또는 1억 원 이하 벌금에 처한다고 되어 있다. 실제 이루어지는 경우는 드물다. 2008년 노동자 40명이 사망한 경기도 이천 냉동창고 화재 사건 정도의 규모는 되어야 벌금이 2,000만 원 수준이다. 그들은 당시 야간 연장근무 중이었고, 저장 시설(사일로)은 24년

1 이와 비슷한 일로 협력업체가 관리하는 창고에 《전태일 평전》이 있었다는 이유로 협력업체 사장을 불러 책 주인을 색출하는 작업을 한 사례도 있다.

2 2011년 7월 11일 이마트 본사의 강아무개 파트장은 상급자에게 보낸 '탄현점 관련 고용노동부 동향'이라는 제목의 이메일에서 이렇게 전했다고 한다.
"(고용노동부 고양지청의 담당 과장이) 이마트가 유가족과 직접 협상에 나서면 안 되며, (냉동기 수리 하청업체인) ㅌ업체를 앞세워 보상하게 하고…… 최소 3차례 정도는 (유가족에게) 실망감을 안겨주고, 마지막에 도의적으로나마 장례식 비용 정도는 해주겠다는 식으로 접근하는 것이 좋을 것 같다는 개인적인 의견을 이야기했다."
이 말인즉슨, 산업재해로 사망한 아르바이트생의 유족과 보상 협상을 벌일 때 이마트가 어떻게 대처해야 될지를 다름 아닌 고용노동부 직원이 직접 회사 쪽에 조언해줬다는 뜻이다.

이 지나 노후한 상태였다. 그럼에도 책임을 느낄 사람은 없었다. 한 해에 500여 명이 일하다 죽어간다는, 그래서 10년이면 5,000명이 죽는 건설 현장에서 사업주가 중대재해로 구속된 사례는 10년 동안 7건이었다. 그것도 사장님이 잡혀간 것이 아니다. 팀장님, 이사님 등 일명 꼬리치기라 불리는 아래 직원이 책임을 뒤집어쓰고 구속된다. 실질적인 통제권이 있고, 실제 이득을 얻는 기업은 짐짓 뒷짐이다. 그것이 가능한 사회이다.

우리가 선망하는 OECD의 선진 국가들의 많은 수는 산업재해를 구조적 살인으로 규정하고 있다. 양벌 규정이란 산업재해 문제에서 위법행위자뿐 아니라 업무 주체도 함께 처벌하는 규정이다. 실질적인 이익을 가장 많이 얻는 자가 그와 관련한 손해와 사고 등의 책임도 져야 한다는, 단순한 사회정의에서 기인하는 법이다.

이 법안을 채택하는 데 앞장선 국가는 영국이다. 2003년 당시 영국의 블렁케트 장관은 "기업 조직 전체의 중대한 부주의(negligence)로 사망한 사건에 대해 기존 형법으로 기업을 살인(manslaughter)죄로 처벌하는 데 성공한 사례가 적은 것에 대해 사회적 우려가 매우 높다. 사회의 신뢰를 확보하기 위해서 법이 분명해야 하고 효과적이어야 하고 나아가 기준을 정하거나 지키지 못함으로 인해 사망을 야기하는 대기업에 확실하게 타격할 수 있어야 한다"며 '기업살인처벌법' 법안을 통과시켰다.

영국에서 '기업살인법'으로 첫 유죄판결을 받은 기업은 지질환경 측정회사였다. 노동자가 시험 광구에서 샘플을 채취하다 웅덩이에 빠져 사망한 것이다. 기업에 부관된 벌금은 38만 5,000파운드(한화 7억 원)였다.

당시 판사는 판결문에 이 말을 덧붙였다

"벌금 때문에 회사가 파산한다 해도 이것은 불행하지만 필연적인 결과다."

회사가 안전관리를 소홀하게 해서 한 사람의 목숨을 앗아간 대가로 적절하다는 판결이다. 2007년 시행된 영국의 기업살인법의 벌금은 하한(50만 파운드)만 있을 뿐 상한선이 없다. 벌금 액수가 징벌적인 성격임을 분명하게 하기 위함이었다. 그 결과, 2년 만에 1만 명당 사망 노동자 수가 0.06명에서 0.04명 수준으로 떨어졌다. 영국의 노동 가능 인구가 5,000만 명이라 친다면, 300명의 사망자가 200명으로 줄어든 것이다. 줄어든 숫자만큼의 사람이 목숨을 잃지 않았다. 7억 원 이상의 가치가 있는 생들이다(여기서 잠깐 기억을 더듬을 수치가 있는데, 한국에서 산재로 사망하는 노동자 수는 한 해 2,000명이 넘는다).

안전에 투자해야 안전해진다

안전에 관한 법과 기준이 엄격할수록 기업이 안전해질 것임은 분명하다. 사람 하나 죽어도, 기업주에게 가는 책임은 고작 벌금 몇 백만 원이다. 기업이 안전설비를 설치하지 않고, 협력/파견업체를 이용하여 아끼는 비용의 몇 십분의 일에도 미치지 못하는 수준을 처벌이라고 한다. 그러니 사람이 죽어가는 데 안일할 수밖에 없다.

모든 것을 '비용'의 문제로 다가가는 것이 기업이다. 안전을 책임지지 않았을 때 자신들이 져야 할 부담이 크다는 것을 말해주어야 한다. "안전은 '불감'이라는 용어로 설명할 수도 없고 해서도 안 되는 합리적이고 과학적 '경영 행위'이다. 투자를 하면 위험이 감소한다는 것을 알면서 '불감'이라는 용어를 끌어들이는 것은 범죄를 눈감아주는 것"[3]이다. 투자가 있어야 결과가 있다. 마찬가지다. 안전에 투자를 해야 안전해진다. 거의 불변하는 진리라고 할 수 있겠다. 안전장비를 제대로 세우면 덜 죽는다. 30미터 크레인에 직각의 사다리가 아니라 엘리베이터를 설치하면 사람이 떨어져 죽을 일이 없다. 안전수칙을 매뉴얼대로 따르면 덜 다친다. 동시 작업, 무리한 공기 단축을 멈춘다면 급작스러운 폭발 사고가 반 이상 줄어들 것이다. 모든 것이 비용의 문제라면, '안전을 지키지 않을 시의 비용'을 높여 잘못을 바로잡아야 한다.

원하는 것은 '안전에 대한 투자', 바로 기업의 예방 노력이다. 노력을 하게 만들 강제력과 경각심이 우리 사회에 필요하다.

산업재해로 딸을 잃은 아버지가 내 딸의 죽음이 산재가 아니라 "살인"라 말했던 것은 우리 사회에 던진 깨달음이다. 우리는 중대재해를 제대로 알 필요가 있다. 산업재해는 미필적 고의 같은 말로 가릴 수 없는 범죄이다.

기업은 더 많은 이득을 위해 사람 죽는 것에 눈을 감았다. 몇몇 기업만이 아니다. 이 사회가 그러했다. 그로써 벌어들인 이득을 이제는 뺏어내야 한다. 이득을 얻은 기업이 실질적인 책임을 져야 한다. 정부는 기업이 노동자의 목숨을 책임질 수 있는 법안과 지원책을 내야 한다. 재해 예방에 필요한 인력을 배치하고 예산을 세워야 한다. 경쟁적

3 '하청 노동자 5명을 사지로 내몬 살인기업 현대제철 우유철·박승하 사장의 책임을 묻는다', 노동건강연대 성명서, 2013.5.15.

이고 소모적인 방식의 노동을 지양해야 한다. 산업재해 수치가 제대로 반영되도록 사고 은폐 행위를 멈춰야 한다.

그래야 우리가 죽지 않는다.

노동자, 쓰러지다

초판 1쇄 펴낸날 | 2014년 6월 4일
초판 4쇄 펴낸날 | 2019년 2월 13일

지은이	희정
펴낸이	박재영
편집	강곤
본문 일러스트	정성희
디자인	나윤영

펴낸곳	도서출판 오월의봄
주소	경기도 파주시 회동길 363-15 201호
등록	제406-2010-000111호
전화	070-7704-2131
팩스	0505-300-0518

이메일	maybook05@naver.com
트위터	@oohbom
블로그	blog.naver.com/maybook05
페이스북	facebook.com/maybook05

ISBN 978-89-97889-36-5 03300